pauker.

Abschluss2023
Realschule Baden-Württemberg

W0240149

◢ **Name:** ______________________________

◢ **Schule:** ______________________________

◢ **Klasse:** ______________________________

hutt lernhilfen

hutt.lernhilfen ist eine Marke der
Bergmoser + Höller Verlag AG
Karl-Friedrich-Straße 76
52072 Aachen

T 0241 93888123
F 0241 93888188
kontakt@buhv.de

Umsatzsteuer-Id.Nr.: DE 123600266
Verkehrsnummer: 10508
Handelsregister Aachen HRB 8580

Vorstand:
Andreas Bergmoser
Peter Tiarks

Aufsichtsratsvorsitz:
Holger Knapp

Autorinnen/Autoren:
Beate Fuhrmann, Judith Heinz, Jasmin Johner (Deutsch)
Dr. Gerd Kogel, Joachim Krick, Klaus Opitz (Mathematik)
Andreas Danner (Englisch)

Lektorat:
Antonia Aleker, Simone Grohmann, Ulrike Jungmann,
Kevin Koch, Joachim Krick, Magdalena Noack

Gestaltung: Hanne Hutt

Umschlag:
Konzeption + Gestaltung:
Hanne Hutt
Fotografie:
Anna Leippe

Ausgabe 2022/2023

ISBN: 978-3-88997-859-2

klimaneutral Printprodukt natureOffice.com | DE-077-178633

SPORT IN DER SCHULE

KEINE MACHT DEN DROGEN

Inhaltsverzeichnis

Deutsch – Lösungen

Die Lösungsvorschläge in den Schreibaufgaben sind als Orientierungshilfen gedacht. Andere Lösungen werden dadurch keineswegs ausgeschlossen.

Mathematik – Lösungen

Die Lösungswege in Mathematik orientieren sich am Bildungsplan der Realschule Baden-Württemberg.

Englisch – Lösungen

Die Lösungsvorschläge im Teil „Writing" sind als Orientierungshilfen gedacht. Andere Lösungen werden dadurch keinesfalls ausgeschlossen.

Textverständnis

1. Richtiges Zitieren

Keine Musterlösungen

2. Sachtexte

Sachtext 1: „Zukunftsforscher Horx zur Krise – ‚Wir lernen Dinge, die wir verlernt hatten'"

1. Vier positive gesellschaftliche Aspekte während der Corona-Krise nennen

- intensive Pflege naher und ferner Beziehungen
- Gesellschaft als gemeinsames Bestreben wahrnehmen
- Zusammenhalt
- Stärke durch Bewältigung der Krise

2. Zeilen nennen, die die Aussage belegen

- Z. 16 f.: „In dem Kampf gegen das Virus vereinen wir uns ein Stück weit wieder."
- Z. 31 – 37: „Wir können auch feststellen, dass die Populisten, die Hasser und Neider und Spalter im Netz und Trolls ja immer noch da sind, aber es hört ihnen keiner mehr zu, weil natürlich in einer Gesellschaft, die nach einem Konsens sucht, nach einer gemeinschaftlichen Antwort auf eine Gefahr, eine Krise, das Bedürfnis nach Spaltung nicht mehr besonders groß ist."
- Z. 44 – 47: „Wir machen plötzlich Erfahrungen, die darauf hinweisen, dass nicht immer unsere schlimmsten Erwartungen dann tatsächlich auch eintreten."

3. Aussage begründen

In Krisenzeiten muss man sich großen Herausforderungen und Problemen stellen, aber indem man diese bewältigt, wächst man und entwickelt sich weiter. (vgl. Z. 50 – 53)

Sachtext 2: „Diskriminierung"

1. Aussagen in Bezug auf Grafik prüfen

a) trifft zu
b) trifft zu
c) trifft nicht zu
d) trifft nicht zu
e) nicht genannt
f) trifft nicht zu

2. Zeilen nennen, die die Aussage belegen

- Z. 6 – 10: „Diskriminieren steht für ‚trennen', ‚Unterscheidungen treffen', ‚aussondern'. Diskriminierung ist die ungleiche, benachteiligende und ausgrenzende Behandlung von Gruppen und Individuen ohne sachlich gerechtfertigten Grund."

3. Aussage anhand des Textes begründen

Indem eine Mehrheit festlegt, welche Normen vorherrschend sind, werden die Menschen, die diesen nicht entsprechen, diskriminiert. (vgl. Z. 24 – 32)

4. Positive Diskriminierung erklären

Positive Diskriminierung bedeutet, dass Benachteiligungen durch gezielte Bevorzugung abgebaut werden sollen, z. B. mithilfe einer Frauenquote.

Sachtext 3: „Die Stadt der Zukunft ist flexibel"

1. Richtige Aussage ankreuzen

☒ Es wird intensiv an der Entwicklung von Flugtaxis geforscht.

2. Zeilen nennen, die die Aussage belegen

▶ Z. 18 ff.: „Gleichzeitig ist es wichtig, den Menschen die Angst zu nehmen, ihre individuelle Mobilität könnte dieser Transformation zum Opfer fallen."

3. Mögliche Lösungsansätze für zukünftige Stadträume beschreiben

Bei zukünftigen Stadträumen kommt es vor allem darauf an, flexible und anpassungsfähige Modelle zu entwickeln, um auf die veränderten Verkehrsmittel sowie den immer knapper werdenden Raum zu reagieren. Die Stadt muss im Wandel bleiben und gleichzeitig entschleunigen, damit die Lebensqualität für alle erhalten bleibt.

4. Jane Fondas Aussage erklären

Jane Fondas Aussage bedeutet, dass die Menschen so verschwenderisch mit der Erde und ihren Rohstoffen umgehen, als wären diese nicht irgendwann zerstört bzw. aufgebraucht.

Sprachgebrauch

1. Groß- und Kleinschreibung

1. Nominalisierungen suchen und begründen

von Neuem	von + Wort mit Endung -m: *von dem* → signalisiert Nominalisierung (in diesem Fall ist eine Kleinschreibung ebenfalls möglich)
aufs Eindringlichste	aufs ist eine Verschmelzung mit dem Artikel: *auf das* → signalisiert Nominalisierung
kein Wenn und Aber	als Paarform auftretende Konjunktion, die als Substantiv verwendet wird → *das* Wenn und *das* Aber
am (selbstständigen) Lernen	am ist eine Verschmelzung mit dem Artikel: *an dem* → signalisiert Nominalisierung
sein Möglichstes	als Substantiv verwendetes Adjektiv, im *-s* (Möglichstes) steckt der Artikel → *das* Möglichste
Schöneres	als Substantiv verwendetes Adjektiv, im *-s* (Schöneres) steckt der Artikel → *das* Schönere

2. Wortart bestimmen und zuweisen

Nominalisierte Adjektive	Nominalisierte Verben
das Besondere	das Schmökern
Unbekanntes	beim Lesen
Spannendes	beim Ausleihen
alles Neue	
einer der Schnellsten	

3. Kleinschreibung begründen

hohe	→ Adjektiv
alarmierend	→ Adjektiv (Partizip I von alarmieren)
meisten	→ Mengenangabe, die die Erwachsenen aus dem vorherigen Satz näher beschreibt
fehlerhaft	→ Adjektiv
lassen	→ Verb

4. Groß- oder Kleinschreibung wählen

Das internationale *Reiseverhalten* unterscheidet sich stark. Es gibt die *Abenteurer*, die *Ängstlichen*, die *Träumer*, die *Sparsamen* und die *Verschwender*. Japaner reisen gerne in Gruppen und bleiben dabei unter sich. Das macht sie eher zu *sparsamen* und *ängstlichen* Reisenden. Im *Kontrast* dazu stehen die Amerikaner. Sie haben zwar ein ausgeprägtes Sicherheitsbedürfnis, geben aber *verschwenderischer* Geld aus. Aber was ist mit den Deutschen? Laut Vorurteilen sind sie konservativ, sparsam und genau. Falsch, denn die *meisten* lieben es, in ferne und fremde Flecken der Erde zu reisen und diese für sich zu entdecken. Das macht die Deutschen definitiv zu *erlebnishungrigen* Abenteurern.

2. Getrennt- und Zusammenschreibung

1. Fehler unterstreichen und korrigieren

Redekunst

In Prag strapazierte ein Angeklagter die Nerven des Gerichts, indem er endlose Redenhielt **Reden hielt**. Sein Ziel war es, die Richter durch seinen Monolog irre zu führen **irrezuführen** und ihnen lästig zu werden. Die Richter forderten, dass er sich zurückhalten solle, womit sie allerdings kein Gehörfanden **Gehör fanden**. Die erste Übersetzerin durfte bereits Heim kehren **heimkehren**. Sie konnte dem Redeschwall gerade zwei Tage Stand halten **standhalten**. Der Engländer hätte theoretisch Monate reden können, da das Gesetz nicht vorschreibt, dass er direkt zum Thema sprechen muss. Glücklicherweise beschränkte er sich auf nur wenige Wochen. In dieser Zeit war er bereit, unwichtige Details aus seinem Leben preis zu geben **preiszugeben**. Er erzählte, wie er täglich zum Waschsalon ging, um seine Wäschezuwaschen **Wäsche zu waschen**. Zudem war er ein leidenschaftlicher Wintersportler. Regelmäßig ging er Eis laufen **eislaufen**, Schlitten und Skifahren **Ski fahren**. Der Richter drohte schließlich irrezuwerden **irre zu werden** und unterbrach die Verhandlung.

Quelle: nach Duden – 150 Diktate. Regeln und Texte zum Üben. Bibliographisches Institut & F. A. Brockhaus AG, Mannheim 2006, S. 36

2. Richtige Schreibweise wählen

Eis essen
liegen lassen
bloßstellen
fernsehen
teilnehmen
joggen gehen

3. Verbindung mit „irgend" wählen

a) Irgendjemand kommt immer zu spät.
b) Das fehlende Buch muss doch irgendwo sein.
c) Irgendetwas stimmt hier nicht.

4. Getrennt- und Zusammenschreibung erklären

a) eiskalt	Nomen + Adjektiv, wird zusammen- und kleingeschrieben
b) auslaufen	Partikel + Verb, wird zusammengeschrieben
c) Irgendetwas	Verbindung mit irgend, wird zusammengeschrieben
d) allein stehen	Adjektiv + Verb, wird getrennt geschrieben
e) spazieren gehen	Verb + Verb, wird getrennt geschrieben
f) Zusammensein	Substantivierte Wortverbindung, wird groß- und zusammengeschrieben
g) Football spielen	Nomen + Verb, wird getrennt geschrieben

3. Rechtschreibstrategien kompakt

Keine Musterlösungen

4. Wörter auf Mehrfachkonsonanten prüfen

1. Schreibweise erläutern

Kontrollleuchte → Zusammensetzung der Wörter Kontrolle und Leuchte
Knalllaute → Zusammensetzung der Wörter Knall und Laute

2. Strategie für Einzel- oder Doppelkonsonanten nennen

Welle → Konsonantendopplung nach kurz gesprochenem Vokal
Streik → nach „ei" nur k
schick → „ck" folgt auf einen kurz gesprochenen Vokal
Pauke → nach „au" steht nur k
Salz → nach „l" steht immer nur z
Satz → „tz" folgt auf einen kurz gesprochenen Vokal
All → Konsonantendopplung nach kurz gesprochenem Vokal
Aal → nach verdoppeltem lang gesprochenem Vokal nur „l"
Qual → nach lang gesprochenem Vokal nur „l"
Qualle → Konsonantendopplung nach kurz gesprochenem Vokal

3. Entscheidung für Doppel- oder Einzelkonsonanten

a) Im nassen Element, dem Wasser, fühlen sich nicht nur Fische wohl.
b) Bei hohem Wellengang muss man sehr seefest sein, damit es einem nicht übel wird.
c) Vor Kurzem erzählte der Bäcker, wie er Brezeln macht.
d) In den 70ern waren knappe Röcke total schick.
e) Immer noch unvergessen bleibt die Reise, bei der wir mit der ganzen Familie die Niagara-Wasserfälle bewundern durften.

5. Lang gesprochene Vokale

1. Schreibweise erklären

Schnur → Wörter, die mit Sch beginnen, haben kein Dehnungs-h
Zahl → vor dem Konsonanten l steht in den meisten Fällen ein Dehnungs-h

2. Schreibweise begründen

Bei allen diesen Wörtern ist die Schreibweise nicht durch Regeln zu unterscheiden, sondern die Wortbedeutung muss aus dem Textzusammenhang erschlossen werden und dadurch kann dann auch die korrekte Schreibweise abgeleitet werden. Häufig unterscheidet sich auch der Artikel.

die Wahl → z. B. die Wahl des neuen Präsidenten
der Wal → ein großer Meeressäuger
die Ware → z. B. Konsumgüter oder Lebensmittel werden als Waren bezeichnet
wahre → Synonym für wirklich, aufrichtig, z. B. wahre Freunde

die Boote → Plural von Boot, Synonym für kleines Schiff
der Bote → Person, die etwas überbringt, z. B. Postbote, Pizzabote

3. Beispiele zu Regeln finden

1. klug, Betrug
2. Mehl, Gewehr
3. quer, Tür
4. gehen, flehen
5. Ziel, viel
6. Beere, Teer

6. Wörter mit s-Laut

1. Beispiele finden

Zeugnis – Zeugnisse, Bus – Busse

2. Schreibweise erklären

a) Das stimmlose -s in Schmaus wird im Plural zum stimmhaften -s, Schmäuse (vgl. auch Gras – Gräser).
Bei Strauß folgt auf den Zwielaut ein ß, was sich auch im Plural nicht verändert, Sträuße.

b) ich weise → 1. Person Singular von weisen, stimmhaftes -s
ich weiß → 1. Person Singular von wissen, stimmloses -s

3. Lücken ergänzen

Meine Tante trinkt jeden Nachmittag zwei gro**ß**e Ta**ss**en hei**ß**es Wa**ss**er. Das finde ich ein bi**ss**chen merkwürdig, aber für sie i**s**t das zu einem richtigen Ritual geworden. Ab und zu sü**ß**t sie das Getränk auch noch mit etwa**s** Sirup. Mir würde das nicht schmecken.

7. Das oder dass

1. Lücken ausfüllen

Man schreibt *das*,
... wenn *das* ein **Artikel** ist. Bsp. → **das** Mädchen
... wenn *das* ein **Relativpronomen** ist. Bsp. → Das Pausenbrot, **das** mir meine Mutter gemacht hat, schmeckt gut.
... wenn *das* ein **Demonstrativpronomen** ist. Bsp. → **Das** geht mir gehörig auf die Nerven.
... wenn *das* durch folgende Wörter ersetzt werden kann: **jenes**, **welches**, **dieses**.

Man schreibt *dass*,
... wenn *dass* eine **Konjunktion** ist. Bsp. → Ich habe gehört, **dass** du auch zur Party kommst.
... wenn das Einsetzen von **jenes**, **welches**, **dieses** im Satz keinen Sinn ergibt.
Es steht immer ein **Komma** vor *dass*.

2. Das oder dass einsetzen und Ersatzprobe durchführen

a) Das Haus, **das** einen grünen Anstrich hat, gefällt mir.
☑ Ersatzprobe: Das Haus, welches einen grünen Anstrich hat, gefällt mir.

b) Hast du mitbekommen, **dass** unsere Abschlussfahrt nach Prag geht?
☒ Ersatzprobe: Hast du mitbekommen, welches unsere Abschlussfahrt nach Prag geht?

c) **Das** finde ich schön, **dass** Pietro auch mitkommt.
☑ ☒ Ersatzprobe: Dies finde ich schön, jenes/dieses/welches Pietro auch mitkommt.

d) Weil Vahid den Wettkampf gewonnen hat, hat sein Vater ihm **das** Buch gekauft, **das** ihm so gut gefällt.
☑ ☑ Ersatzprobe: Weil Vahid den Wettkampf gewonnen hat, hat sein Vater ihm dieses Buch gekauft, welches ihm so gut gefällt.

3. Beispielsätze mit das/dass als Relativpronomen/Demonstrativpronomen bzw. Konjunktion bilden

a) Mein Vater fährt ein Auto, das schwarz ist.
Wenn Kerem Handstand macht, findet das sein Bruder bewundernswert.
Das ist ein sehr hohes Dach, das man vom Schloss durch die Bäume sieht.

b) Ich bereue, dass ich nicht zugeschlagen habe, als das Videospiel im Angebot war.
Jenny hofft, dass sie bald ihren Schulabschluss hat.
Die Mutter schimpft: „Ich möchte, dass du dein Zimmer aufräumst."

8. Zeichensetzung

1. Kommas setzen und Regel nennen

a) Meine Schwester ist oft frech,[1] unordentlich und rücksichtslos,[2] sie bekommt deswegen aber selten Ärger.
[1] Komma bei Aufzählung
[2] Komma zwischen nebengeordneten selbstständigen Sätzen

b) Studien haben ergeben,[1] dass im heutigen Berufsleben fundierte Englischkenntnisse essenziell sind,[2] weitere Sprachkenntnisse sind von Vorteil.
[1] Komma vor Konjunktion „dass"
[2] Komma zwischen Haupt- und Nebensatz

c) Um das Wetter genau vorhersagen zu können,[1] werden Tausende von Satellitendaten ausgewertet.
[1] Komma bei Infinitiv mit „um … zu"

d) Ein Auslandsjahr,[1] z. B. als Au-Pair,[2] ist nicht nur spannend,[3] sondern auch sehr lehrreich.
[1+2] Komma bei Einschub
[3] Komma vor Konjunktion „sondern"

2. Kommas erklären

a) Erklärung: Komma vor eingeschobenem Relativsatz

b) Erklärung: Komma bei eingeleitetem Infinitivsatz mit „um ... zu"

c) Erklärung: Komma zur Abtrennung von Haupt- und Nebensatz

d) Erklärung: Komma vor Konjunktion „dass"

3. Kommas einsetzen und Regel finden

Dieses Jahr wollen wir ohne Eltern in die Ferien fahren. Der eine Teil unserer Gruppe möchte ans Meer, der andere in die Berge. 3 Eigentlich ist es ja egal, ob Bergsee oder Meer, Hauptsache man kann baden. 5 + 2 Wir suchen auf jeden Fall eine Unterkunft, die allen gefällt. 4 Wichtig ist noch, dass es ansprechende Freizeitaktivitäten, wie z. B. Mountainbiken, Wandern, Tauchen oder Surfen gibt. 8 + 5 + 3 Für welches Reiseziel wir uns am Ende auch entscheiden, Spaß haben werden wir auf jeden Fall. 2

9. Zeitformen

1. Zeitform bestimmen

a) Präsens
b) Präteritum
c) Perfekt
d) Futur I

2. Satz in andere Zeitform übertragen

a) Perfekt
Jeder Form von Diskriminierung **hat** eine Unterscheidung und Bewertung durch eine Mehrheit zugrunde **gelegen**.

b) Plusquamperfekt
Jeder Form von Diskriminierung **hatte** eine Unterscheidung und Bewertung durch eine Mehrheit zugrunde **gelegen**.

3. Beispielsätze in Zeitformen formulieren

a) Präsens: Heutzutage ist es normal, dass jeder ein Smartphone besitzt.

b) Futur I: In den nächsten Jahren wird es noch wesentlich leistungsstärkere Mobiltelefone geben.

c) Präteritum: Aber das war nicht immer so.

10. Wortarten

1. Positiv belegte Adjektive finden

höflich
wohlerzogen
zuvorkommend
respektvoll

2. Wortarten bestimmen

Auf – Präposition
der – Artikel
sonst – Adverb
grünen – Adjektiv
Wiese – Substantiv
liegt – Verb
jetzt – Adverb
eine – unbestimmter Artikel
dichte – Adjektiv
Schneedecke – Substantiv
die – Relativpronomen
ideal – Adjektiv
zum – Präposition + Artikel (zu dem)
Rodeln – substantiviertes Verb
ist – Verb

3. Wortarten suchen

a) Substantiv: Mobilitätswende, Gesamtzahl
Verb: sieht, ist
Konjunktion: denn, ob

b) fahren, Flugzeug, reisend, rollend, fortbewegen, Zug

11. Satzglieder und Satzgefüge

1. Satzglieder umstellen und bestimmen

a) Die Plastikflut steigt stetig weiter an, obwohl wir uns bemühen, im Alltag auf Plastik zu verzichten.
im Alltag = adverbiale Bestimmung der Zeit

b) Das Elefantenhaus, das wegen Platzmangels neu gebaut wird, bietet zukünftig dreimal so viel Fläche wie das alte.
wegen Platzmangels = adverbiale Bestimmung des Grundes

c) Kinder lernen in der Natur, z. B. beim Besteigen von Bäumen, auf spielerische Weise, wie man sich beim Klettern am besten festhält.
auf spielerische Weise = adverbiale Bestimmung der Art und Weise

2. Sätze umformulieren

a) Vor der Klasse ihr Referat zu präsentieren, hat sie sehr viel Überwindung gekostet.

b) Für Leo ist es eine Selbstverständlichkeit, mit dem Fahrrad zur Schule zu fahren.

3. a) Unterstrichene Satzglieder bestimmen

Das Bild = Subjekt
(kleiner werdender) Eisflächen = Genitivobjekt
sich zeigt = Prädikat
an den Polen = adverbiale Bestimmung des Ortes

b) Haupt- und Nebensätze unterstreichen sowie Nebensätze bestimmen

Den Eisbären schmilzt ihr natürlicher Lebensraum buchstäblich unter den Füßen weg,
HS
was zur Folge hat, dass ihnen immer weniger Zeit zum Jagen bleibt, sie schneller abmagern und im schlimmsten Fall durch die Kraftlosigkeit qualvoll ertrinken, da sie die immer weiter werdenden Strecken zwischen Eis und Festland nicht mehr schwimmen können.
NS

- was zur Folge hat, dass ihnen immer weniger Zeit zum Jagen bleibt, sie schneller abmagern und im schlimmsten Fall durch die Kraftlosigkeit qualvoll ertrinken → Konsekutivsatz (Folge), eingeleitet mit Konjunktion „dass"
- da sie die immer weiter werdenden Strecken zwischen Eis und Festland nicht mehr schwimmen können → Kausalsatz (Grund), eingeleitet mit Konjunktion „da"

4. Sätze zu Satzgefügen verbinden

a) Kausalsatz
Das Klettern an einer Steilwand ohne Sicherung ist gefährlich, weil man leicht abstürzen kann.

b) Temporalsatz
Der Mann kam am Bahnhof an, nachdem der Zug gerade losgefahren war.

c) Konzessivsatz
Die Polkappen schmelzen weiter, obwohl wir uns bemühen, den CO_2-Ausstoß zu verringern.

d) Finalsatz
Die Produktion von Textilien wird ins Ausland verlegt, damit die Produktionskosten sinken.

e) Adversativsatz
Eisbären bevorzugen Robben, Fische oder gestrandete Wale auf ihrer Speisekarte, wohingegen Braunbären drei Viertel ihres Bedarfs durch pflanzliche Nahrung decken.

f) Modalsatz
Wir tun etwas fürs Klima, indem wir mehr Fahrrad fahren.

5.

Vorfeld	linke Satzklammer	Mittelfeld	rechte Satzklammer	Nachfeld
Allerdings	wird	der Beitrag der Wasserkraft zur Stromerzeugung auch zukünftig nicht groß	sein.	

6.

Vorfeld	linke Satzklammer	Mittelfeld	rechte Satzklammer	Nachfeld
Nach einer Weile	begann	er sich über Leute	zu ärgern,	
die		nur wenige Etagen nach unten	fuhren.	

7.

Vorfeld	linke Satzklammer	Mittelfeld	rechte Satzklammer	Nachfeld
Mittagsschlaf	wird	dann auch schon mal in der Hängematte	gemacht	– schaukelnd zwischen den Bäumen.

12. Wortschatz

1. Sprachliche Bilder in eigenen Worten erläutern

a) <u>das Fass zum Überlaufen bringen</u> → eine Kleinigkeit reicht, damit man explodiert, einen Wutausbruch bekommt oder eine Situation eskaliert

b) <u>schießen wie Pilze aus dem Boden</u> → etwas entsteht schnell und in großer Zahl

c) <u>scheiden sich die Geister</u> → unterschiedlicher Meinung sein, einen unterschiedlichen Geschmack haben

d) <u>Die Sonne lacht</u> → intensiv scheinen

e) <u>rosarote Brille</u> → alles als schön ansehen und eventuelle Probleme oder Schwierigkeiten nicht sehen/ausblenden

2. Begriffe mit gleicher Bedeutung finden

Evolution (Z. 2) – Entwicklungsgeschichte
Gebietsmarkierung (Z. 4) – Reviermarkierung
Art (Z. 5) – Spezies
allseitig, umfassend (Z. 5) – komplex
Verständigung untereinander durch Laute (Z. 5) – Lautkommunikation

3. Antonyme finden

a) Die neue Erlebnislandschaft mit Klettersteig befindet sich im Freien. → drinnen, Indoor, in der Halle

b) Feinstaubalarm findet immer noch statt. → nicht mehr

c) Höhenangst ist für einige Menschen unproblematisch. → problematisch, ein Problem

4. In Standardsprache umformulieren

a) Ich bin stark beeindruckt.

b) Das neue Auto deines Vaters ist wirklich schön/gefällt mir sehr.

c) In der Klassenarbeit hat er schlecht abgeschnitten.

13. Aktiv und Passiv

1. Sätze ins Aktiv umformen

a) Influencer/-innen oder die Modeindustrie beeinflussen häufig aktiv Mode und Trends und lenken sie in die gewünschte Richtung.

b) Ein gesplittertes Smartphone-Display ist zwar sehr ärgerlich, ein fachkundiger Handy-Shop repariert es in der Regel aber schnell.

c) Die Schüler/-innen verfolgten den Vortrag des Rektors über die neuen Prüfungen mit höchster Aufmerksamkeit.

2. Zustands- oder Vorgangspassiv bestimmen

a) Das Loch im Fahrradschlauch ist geflickt.

☒ Zustandspassiv

b) Die Glühbirne ist 1879 von Thomas Edison erfunden worden.

☒ Vorgangspassiv

c) Jetzt kann man nichts mehr ändern – der Präsident ist gewählt.

☒ Zustandspassiv

3. Sätze ins Passiv umformen

a) Für diese Woche wird vom Wetterbericht kein Regen vorhergesagt.

b) Die Klassenfahrt musste von unserer Lehrerin verschoben werden.

c) Meine Schwester sagt: „Wenn du 18 Jahre alt bist, wird die Führerscheinprüfung von dir bestanden worden sein."

14. Indirekte Rede

1. Korrekten Satz ankreuzen

☒	In einem Zeitungsartikel steht, die Olympischen Spiele seien ursprünglich ein kleiner sportlicher Wettbewerb gewesen, der im antiken Griechenland zu Ehren der Götter stattgefunden habe.

2. Satz in indirekte Rede setzen

Er sei der Meinung, dass auf dem Schulhof mehr Spielfläche zum Austoben für die jüngeren Klassenstufen vorhanden sein solle, sagt der Schulsprecher Boran.

3. Sätze zuordnen

Direkte Rede: a), d)
Indirekte Rede: b), c)

4. Text vervollständigen

Der NDR schreibt in einem Artikel, dass es durch Fortschritte in der Medizin und geeignete Hygienemaßnahmen mittlerweile **gelungen sei**, etliche Infektionskrankheiten einzudämmen. Doch wenn es heute darum **gehe**, neue Seuchen und Pandemien mit Verhaltensmaßregeln zurückzudrängen, **griffen** Experten dabei immer noch auf viele der Maßnahmen zurück, die bereits im Kampf gegen Pest und Cholera eingesetzt worden seien. Dazu sagt etwa Medizinhistoriker Karl-Heinz Leven zu Beginn der Pandemie, sie **seien**, wenn sie sich die Bekämpfungsmaßnahmen gegen Corona **anschauten**, im Frühjahr 2020 auf dem Stand der Frühen Neuzeit: Seuchenabwehr durch Abschließungsmaßnahme. Dank neuer Technologien **bleibe** die Abriegelung allerdings nicht das einzige Mittel der Wahl. Die Corona-Warn-App zum Beispiel **solle helfen**, Infektionsketten leichter nachvollziehen zu können und die Ausbreitung des Virus so zu bremsen.

Ganzschrift – Lektüre

1. Aufgaben zur aktuellen Ganzschrift

„Blackbird" (Matthias Brandt)

a) Mottes Lehrer/-innen charakterisieren und ihren Einfluss erläutern

Frau Standfuss

Mottes Deutschlehrerin, Frau Standfuss, ist eine einfühlsame, nette und humorvolle Lehrerin. Sie ist selbstbewusst und hat ihren eigenen Willen, den sie auch gegenüber eher unsympathischen Kolleginnen und Kollegen durchsetzt. Motte schätzt sie sehr, weil sie sich rücksichtsvoll verhält, z. B. als sie ihn einmal korrigiert, dies aber nicht vor den anderen macht. Er fühlt sich von ihr ernstgenommen.

Herr Kragler

Der Sportlehrer mit braunem Gedankengut ist das absolute Negativbeispiel eines Pädagogen und „nicht gerade die hellste Kerze auf der Torte", wie Motte es einmal formuliert. Er macht immer wieder Schüler/-innen fertig, übt psychische und physische Gewalt aus. Einmal prügelt er unbarmherzig auf einen von Mottes Mitschülern ein. Als ein anderer Schüler einen Sportunfall hat, steht Kragler nur unbeteiligt und mitleidslos daneben. Kragler empfindet keinerlei Sympathie für seine Schüler/-innen, außer wenn er sich von ihren Leistungen persönliche Vorteile und Anerkennung seiner Arbeit als Lehrer verspricht.

b) Veränderung der Freundschaft beschreiben

Bereits kurz nach Bogis Erkrankung hat Motte das Gefühl, dass Bogi gar nicht mehr zu seiner Welt gehört; er ist ihm fremd geworden. Anstatt traurig zu sein, empfindet er vor allem Wut auf Bogi, fühlt sich von ihm im Stich gelassen und schämt sich gleichzeitig für dieses Gefühl. Motte weiß, dass er seinem Freund eigentlich beistehen und helfen sollte, ist aber dazu nicht in der Lage. Als er Bogi zum ersten Mal im Krankenhaus besucht, wissen sie beide nicht, über was sie miteinander reden sollen. Motte ist überfordert mit der Situation; dabei konnten sie früher über alles sprechen. Besonders in seinem Gefühlschaos der ersten Liebe vermisst er Bogis Rat sehr.

c) Bedeutung der Mädchen für Motte erläutern

Motte verliebt sich in Jacqueline Schmidebach, als sie einmal mit dem Fahrrad an ihm vorbeifährt und ein „Kribbeln" in ihm auslöst. Er denkt nur noch an sie, fühlt sich aber gleichzeitig sehr unsicher, ob sie ihn auch gut findet. Mit ihrem Kuss macht sie ihm falsche Hoffnungen, wie sich später bei ihrem gemeinsamen Kinobesuch herausstellt, der für ihn in einer Katastrophe endet: Jacqueline wendet sich dem Austauschschüler Callum zu. Noch größer als sein Schmerz über die Zurückweisung ist seine Scham – er möchte am liebsten unsichtbar werden.

Als Motte nach langer Zeit seine Klassenkameradin Steffi aus der Grundschule wiedersieht, erkennt er sie zunächst gar nicht. Er trifft sie erneut, nachdem er zum ersten Mal einen Joint geraucht hat. Der Jugendliche ist überrascht, dass er sich in ihrer Nähe wohlfühlt. Wie Bogi versteht auch Steffi, was er will, bevor er es sagt. In seiner schwierigen Lebenssituation ist das Mädchen für ihn als Ansprechpartnerin und emotionaler Anker sehr wichtig. Später verliebt er sich in sie.

d) Zentrale Themen beschreiben und belegen

In Mottes Leben gerät vieles aus den Fugen: Seine Eltern trennen sich, er verliebt sich zum ersten Mal, sein bester Freund erkrankt schwer und verstirbt. Der Jugendliche versucht, seine Beobachtungen und sein Gefühlschaos in Worte zu fassen, findet oft aber nicht die richtigen: „Die Wörter und Gedanken in meinem Kopf wurden immer mehr, aber immer weniger davon kamen am Ende als verständlicher Satz heraus." (S. 31) Oft sagt er einfach gar nichts, aus Angst, das Falsche zu sagen.
Diese Sprachlosigkeit kennt Motte bereits von zu Hause. Auch mit seinen Eltern hat er nie über wirklich wichtige Dinge gesprochen: „Aber ich war das nicht gewöhnt, dass man Dinge so ansprach. Das machte bei uns zu Hause keiner. Ehrlich gesagt, strengten wir uns alle unheimlich an, genau das nicht zu tun. Und jeder hielt sich an diese Verabredung." (S. 166) Als seine Eltern sich trennen, sprechen sie nicht mit ihrem Sohn über diese auch für ihn einschneidende Veränderung.
Vor allem der Umgang mit Bogis Krankheit ist von Sprachlosigkeit und Schweigen geprägt: „Außerdem, wir würden dann ja, wenn ich ihn besuchte, sowieso wieder nicht wissen, was wir miteinander reden sollten." (S. 148) Von der Clique ist Jan der Einzige, der es schafft, Bogi regelmäßig zu besuchen, Motte und Walki drücken sich oft davor. Motte fühlt sich deshalb als Versager, als „blödes, gefühlloses Arschloch, das seinen Freund alleine ließ" (S. 103).
Auch die Freunde untereinander wissen bei vielen Erlebnissen oft nicht, was sie sagen sollen, etwa, als Walki Kragler die Stirn bietet und sich mit ihm anlegt: „Wir standen dann noch ziemlich lange da rum und sagten nichts." (S. 144)
Nach der traumatischen Erfahrung von Bogis Tod beschließt Motte, nicht mehr zu sprechen: „Auf keinen Fall wollte ich getröstet werden und vor allem über das, was eben passiert war, kein einziges Wort mehr verlieren. Heute nicht und überhaupt niemals mehr." (S. 202) Das ist sein radikaler Weg, weil er das Erlebte ohnehin nicht in Worte fassen kann. Erst Steffi gelingt es ganz am Ende des Romans, ihn aus seiner Sprachlosigkeit herauszuholen, und er sagt nach wochenlangem Schweigen sein erstes krächzendes Wort – „ok" (S. 276). Das lässt hoffen, dass er mit ihrer Hilfe seine schlimmen Erlebnisse verarbeiten kann und so auch seine Sprache wiederfindet.

e) Beispiele für Spachbilder nennen und ihre Verwendung erklären

Nach seinem ersten Besuch bei Bogi im Krankenhaus empfindet Motte Schmerz und Verzweiflung, die er mit einem eindrücklichen Sprachbild beschreibt: „(...) und dann fühlte ich etwas, wofür ich keine Worte hatte, was sehr wehtat (...). Etwas, das bitter schmeckte und kurz und grell aufleuchtete, als hätte ich die zuckende Neonröhre (...) verschluckt." (S. 38)
An anderer Stelle erklärt er: „Es war, als ob Bogis Krankheit von einem Tag auf den anderen eine riesige Schneise in unser Leben geschlagen hatte." (S. 188) Er kann nicht direkt sagen, dass er furchtbar verzweifelt und traurig ist, sondern umschreibt diese Gefühle, die er kaum aushalten kann, mit Metaphern.
Als Motte nach Bogis Tod im Dunkeln an seinem alten Haus vorbeikommt, sieht es aus, als sei es „falsch belichtet (...). Wie bei einem verdorbenen Film, alles zu hell." (S. 208). Damit drückt er aus, dass ihm sein früheres Zuhause fremd geworden ist.
An Bogis Beerdigung erscheinen dem Jugendlichen die anderen Trauergäste am Grab seines Freundes „wie ein einziger schwarzer Trauerkloß" (S. 270). Sie sind ein Bild für den Trauerkloß, den er selbst im Hals hat und der ihn am Sprechen hindert.

f) Mottes Brief an Bogi verfassen

Hi Bogi,

es wird Zeit, dass ich dir einen Brief schreibe. Na ja, in letzter Zeit hatte ich kein so großes Glück mit Briefen, musst du wissen. Der an Jacqueline war jedenfalls ein totaler Reinfall. Egal.
Was ich jetzt schreibe, hätte ich dir natürlich sagen müssen, als du noch gelebt hast, logisch. Aber ich konnte nicht. Ausgerechnet mit dir konnte ich plötzlich nicht mehr reden. Obwohl wir uns doch immer sogar ganz ohne Worte verstanden haben. Und obwohl wir zusammen immer mit den Wörtern gespielt haben. Plötzlich ging es einfach nicht mehr.
Ich komme mir echt mies vor, dass ich es nicht geschafft habe, dir während deiner Krankheit beizustehen, wie es sich für einen wahren Freund gehört hätte. Und das kann ich auch nie wieder gutmachen. Ich hoffe nur, dass du trotzdem gewusst hast, dass du mein bester Freund bist.
Nach deinem Tod wusste ich nicht, wie ich ohne dich weiterleben soll. So ähnlich wie Elvis ohne Elvis. Der aus dem Freibad. Als der echte Elvis starb, wusste der zuerst auch nicht, wie's ohne sein Idol weitergehen sollte. Ganz allmählich geht's mir wieder besser. Vor allem Steffi hilft mir dabei. Ihr wärt bestimmt gute Freunde geworden.
Also, Bogi, ich hoffe, du hast dort, wo du jetzt bist, genug Blackbirdfielder. Lass es krachen.

Dein Motte

g) Gespräch zwischen Steffi und Motte verfassen

Steffi: „Na Klapsmüller, hast du deine Sprache wiedergefunden? Freut mich. War echt schwierig ohne sie. Obwohl, ich kann's schon gut verstehen, dass du nicht mehr reden wolltest."

Motte: „Es … hat … einfach … so … wehgetan. Tut es immer noch. Aber ein klitzekleines bisschen besser ist es geworden. Vor allem, weil ich dich hab."

Steffi: „Jetzt fang ich gleich an, zu heulen … Ich kannte Bogi ja gar nicht richtig. Trotzdem kann ich mir vorstellen, was er dir bedeutet hat."

Motte: „Er war einfach mein bester Freund. Und das schon seit der Grundschule. Wir haben uns einfach super verstanden, sogar ohne Worte. Bogi wusste immer Rat, wenn ich mal Probleme hatte. Deshalb war ich am Anfang auch sauer, dass er krank wurde und mich quasi „verlassen" hat. Dafür schäme ich mich heute noch. Richtig kennengelernt hab ich ihn im Karnevalskostüm als „ausgelaufene Batterie". Wer hätte gedacht, dass seine Batterie tatsächlich so schnell ausläuft. Blöder Gedanke, aber so war's nun mal."

Steffi: „Vielleicht schaffst du es ja, eine andere Art von Beziehung zu ihm aufzubauen. Wenn jemand gestorben ist, heißt es immer, man solle denjenigen oder diejenige „loslassen". Das find ich richtig bescheuert. Man will doch gar nicht loslassen, sondern festhalten. Also muss man sich was einfallen lassen. Was genau, weiß ich auch noch nicht, aber vielleicht finden wir gemeinsam einen Weg. Zu einem neuen alten Bogi."

Motte: „Das ist zumindest eine schöne Vorstellung. Würde Bogi bestimmt gefallen. Der Neu-Bogator. Echt jetzt."

„Nathan und seine Kinder" (Mirjam Pressler)

a) Figuren ihren Religionen zuordnen

Nathan der Weise steht für das Judentum, Sultan Saladin für den Islam und der Patriarch von Jerusalem für das Christentum.

b) Dajas Lebensumstände damals und heute gegenüberstellen

Damals
Daja wuchs bei ihrer Großmutter in sehr ärmlichen Verhältnissen in Deutschland auf. Die Großmutter war keine nette Person. Sie behandelte Daja schlecht. Zudem war sie eine Judenhasserin. Schon früh verlässt Daja daher die Heimat, um in der Ferne nach einem besseren Leben zu suchen.
Heute
Inzwischen lebt Daja seit vielen Jahren im Wohlstand in Nathans Haus. Er hat sie aufgenommen, als es ihr schlecht ging und sie ohne Hoffnung in Jerusalem „gestrandet" war. Er behandelt sie gut und respektvoll. Daja fehlt es an nichts. Sie ist glücklich in ihrer Rolle als Rechas Zofe.

c) Beispiele für die Bedeutung von Identität und Herkunft erläutern und belegen

Der Waisenjunge Geschem weiß nicht, wer seine Eltern sind. Zudem hat er keinen Namen und keine Religion: „Ich weiß noch nicht einmal, ob ich Hebräer oder Muslim bin", (...) „Oder vielleicht sogar Christ." (S. 22) Er selbst nennt sich Jeled – Junge. „‚Ich habe keinen Vater und keine Mutter', sagte ich. ‚Ich hab keine Familie und keinen Namen. Ich weiß nicht, wer ich bin.'" (S. 20) Er bekommt erst eine Identität, als Nathan ihm einen Namen gibt, mit dem er sich in gewisser Weise identifizieren kann: „‚Was magst du denn am liebsten?' ‚Regen', sagte ich. (...) ‚Dann wirst du in Zukunft also Geschem heißen, Regen.'" (S. 22) Allerdings bleibt für Geschem auch nach der Namensgebung die Frage nach der religiösen Identität. Erst im Laufe eines Entwicklungsprozesses kann er diese Frage eindeutig für sich beantworten und entscheidet sich, Jude zu sein: „Ich hatte mich entschieden. (...) ‚Ja', sagte ich, ‚das bin ich. Geschem Ben Abraham.'" (S. 202)

Im Gegensatz zu Geschem hat Curd von Stauffen zwar einen Namen, eine Heimat und einen Vater, dennoch fühlt er sich auf der Burg Stauffen nie angenommen: „Burg Stauffen ..., die mir Heimat gewesen war und mich doch nie angenommen hatte ..." (S. 147) und muss sich immer wieder mit dem Satz „einer wie du" (S. 147 – 150) auseinandersetzen. Er kämpft während seiner gesamten Kindheit mit Kränkungen und dem Druck, härter arbeiten zu müssen als alle anderen, um ein wenig Anerkennung zu erhalten.
Später erfährt er, dass weder sein Name noch sein Vater echt sind. In Wahrheit heißt er Leu von Filnek, „ich hieße Leu von Filnek" (S. 150) und sein Vater ist nur sein Oheim: „Er sei nicht mein Vater, ..., sondern mein Oheim, der Bruder meiner Mutter." (S. 150) Diese Erkenntnis treibt Curd von Stauffen weg aus der Heimat hin zu den Tempelrittern. Er versteckt sich hinter seinem Glauben. Als er sich aber in die (angebliche) Jüdin Recha verliebt, gerät er erneut in eine Identitätskrise: „... du musst das Judenmädchen vergessen." (S. 152), „Ich fühlte mich einsam und verloren ..." (S. 178), „Curd von Stauffen ist tot, dachte ich, und Leu von Filnek ist nur eine Illusion." (S. 179)
Erst als Saladin ihm wieder einen festen Platz in der Welt gibt und ihn als verlorenen Neffen anerkennt, findet er ein neues Selbst: „... er der Sohn Assads sei (...), die Ähnlichkeit sei wirklich auffallend. (...) Der Sultan ist so glücklich, dass er ihn gefunden hat, ..., es ist wohl

egal, ob er Christ ist oder Muslim. Als Neffe des Herrschers darf er sein, was er will. Und außerdem heißt er nicht mehr Curd von Stauffen, sondern Leu von Filnek." (S. 220)
An beiden Beispielen zeigt sich, dass die Herkunft zwar einen Einfluss darauf hat, wer man ist, für die wahre Identität aber entscheidend ist, was man daraus macht und welche Menschen einem auf diesem Weg beistehen.

d) Veränderung von Rechas Wahrnehmung von Curd von Stauffen beschreiben

Als Curd von Stauffen Recha aus dem Feuer rettet, verklärt sie ihn in ihrer Erinnerung als Engel, nimmt ihn als göttlichen Retter wahr. Sie schwärmt auf eine kindliche Art für ihn. Doch dieses überzogene Idealbild gerät ins Wanken, als ihre unterschiedlichen Religionen zum Thema werden und Recha begreift, dass dieser Unterschied zwischen ihrer Liebe steht. Als Recha dann von Daja erfährt, dass sie eigentlich Christin und nicht Jüdin ist und Curd sie somit heiraten könnte, gerät ihre heile Welt komplett aus den Fugen. Recha ist wütend, dass Curd sie nur als Christin will und ihre Liebe somit nichts wert ist, wenn sie nur von der Religion abhängt. Diese Oberflächlichkeit und Intoleranz kann und will sie nicht akzeptieren.

e) Aktualität der Ringparabel erläutern

Die Frage nach der einen wahren Religion ist auch heute noch von großer Bedeutung und Grund für Kriege auf der ganzen Welt. Andersgläubige werden verfolgt, vertrieben oder gar getötet. Man nehme beispielsweise den Nahostkonflikt: Hier ist es bis heute nicht gelungen, eine für alle drei Religionen akzeptable und friedliche Lösung des Zusammenlebens zu finden.

f) Rechas Tagebucheintrag verfassen

Jetzt ist mein Vater schon eine ganze Weile tot und ich frage mich immer noch, ob ich seinem geistigen Erbe gerecht werden kann. Das scheint für mich eine grenzenlose Aufgabe voller Großmut zu sein. Ich war doch gerade noch ein Kind und jetzt bin ich das Familienoberhaupt. Diese Last liegt schwer auf meinen Schultern. Mir drängt sich die Frage auf, ob ich diesem Erbe gewachsen bin.
Wenn ich das Ganze allerdings aus einem anderen Blickwinkel betrachte, bin ich sehr dankbar für alles, was mein Vater mich gelehrt hat. Insbesondere hat mich auch seine Unerschütterlichkeit in Bezug auf seine Liebe zu mir geprägt – Liebe als höchstes Gut der Menschen. Niemals hat er auch nur den geringsten Zweifel daran gelassen, dass ich seine Tochter bin. Selbst dann nicht, als ich gezweifelt habe. „Liebe ist ein starkes Band, manchmal noch stärker als Blut." Diesen Satz werde ich nie vergessen und auch an meine Kinder weitertragen, egal ob es meine eigenen oder Findelkinder sein werden. Und ich glaube, genau das ist es, was ich mir für meine Zukunft wünsche: allen mit Liebe und Humanität entgegenzutreten, ganz egal, an wen oder was sie glauben und wer sie sind. Das ist das, was sich auch mein Vater gewünscht hätte.

g) Elijahus inneren Monolog verfassen

Es ist alles so furchtbar, mein Freund und Begleiter Nathan ist tot. Ich kann es immer noch nicht fassen. Gerade hatte ich den Mut gefasst, ihm von meiner Liebe zu Zipora zu erzählen und mein größter Wunsch, mit ihr ein gemeinsames Leben zu führen, schien in greifbarer Nähe. Und nun ist alles wieder zerplatzt. Wie könnte ich unter diesen Umständen mit Zipora fortgehen? Recha braucht mich und ich kann sie nicht im Stich lassen. Auch die

Annäherung an Sultan Saladin und seine Schwester war so vielversprechend. Er hat Nathan respektiert und ihn als Freund geschätzt, ganz unabhängig von irgendwelchen religiösen Unterschieden. Nathan war unglaublich stolz, als er Sittah die Stoffe präsentiert hat. Auch ich war stolz, ein Teil dieser neuen Beziehung zu sein. Als dann noch der Christ Curd von Stauffen, jetzt Leu von Filnek, an der Seite Saladins erschien und sich das Gerücht bestätigte, dass er als der verlorenen Neffe gilt, glaubte ich, die Kluft zwischen den Religionen könne überwunden werden. Ich hegte die leise Hoffnung, dass kein Blut mehr vergossen und kein Krieg mehr stattfinden werde. Dass endlich alle Menschen friedlich in dieser wunderbaren Stadt miteinander leben können. Umso niederschmetternder ist für mich der hinterhältige Mord an Nathan, der diese Hoffnung jäh zerstört. Ich bin zutiefst erschüttert und traurig.

2. „Der Mann, der barfuß lief – Die Geschichte des Abebe Bikila" (Paul Rambali)

a) Abebes Heimatdorf beschreiben

Abebe kommt aus einem traditionellen äthiopischen Dorf. Es herrscht Armut – die Hütten der Dorfbewohner/-innen zerfallen und es gibt wenig Essbares, weil der Regen ausbleibt. Aufgrund der Trockenheit ist kaum Landwirtschaft möglich. Abebe will dem entkommen und nach Addis Abeba gehen, um Soldat der Kaiserlichen Garde zu werden. Damit will er in die Fußstapfen seines Vaters treten und finanziell ein besseres Leben führen.

b) Bedeutung von Abebes Olympiasieg darstellen

Abebe ist stolz und überwältigt von seinem Sieg. Er ist der erste Afrikaner, der einen olympischen Marathon gewinnt. Es ist die erste Goldmedaille eines Äthiopiers. Bei früheren Wettkämpfen wurde das Land vom Olympischen Komitee arrogant abgewiesen. Deshalb ist dieser Sieg sehr bedeutungsvoll für das Land, den Kontinent und alle schwarzen Menschen. Auch für seinen Trainer Niskanen geht mit der Teilnahme und der Medaille ein Kindheitstraum in Erfüllung.

c) Unterschiedliche Lebenssituationen von Wilma und Abebe darstellen

Wilma und Abebe sind beide schwarze Menschen. Wilma lebt allerdings in den USA, wo Schwarze in der Minderheit sind und unterdrückt werden. Selbst nach ihrem Sieg ist ihre Freude gedämpft. Sie trägt ihre Medaillen – anders als Abebe – nicht sichtbar. In ihrer Heimat soll die Rassentrennung lediglich für einen Tag aufgehoben werden. Abebe dagegen hat von diesen Problemen noch nichts gehört. In Äthiopien leben Weiße als Gäste, das ganze Land ist stolz auf seinen Sieg. Wilma lebt in den USA ein modernes Leben, während Abebe aus einem traditionellen Dorf stammt. Er staunt, dass auch Amerikaner mit einem scheinbar perfekten Leben ohne Hunger und Armut Probleme haben.

d) Abebes Aussage erklären

Das Laufen hat für Abebe seit seiner Kindheit eine sehr große Bedeutung. Als Junge wollte er immer nur der Sonne hinterherlaufen. Die Berge, hinter denen sie unterging, markierten für ihn das Ende der Welt. Als Mann stellt Abebe sich beim Laufen seine Heimat mit dem „Berg des Lichts" vor. Er symbolisiert für ihn die olympische Flamme. Er motiviert ihn, durchzuhalten und für seine Ziele zu arbeiten. Wenn er nicht läuft, fehlt ihm dieses Ziel.

e) Abebes Rede verfassen

Liebe Sportlerinnen und Sportler, liebe Zuschauerinnen und Zuschauer,

ich laufe, seit ich denken kann. Bereits als kleiner Junge wollte ich immer nur zum Horizont laufen. Ich konnte mir nicht vorstellen, welche Welt sich dahinter verbirgt. Zuhause in meinem Dorf träumte ich davon, nach Addis Abeba zu gehen, um dem Kaiser zu dienen, doch niemals hätte ich daran geglaubt, an einem Ort wie diesem eine Rede zu halten. Ich möchte Ihnen als Beispiel dienen, dass man immer für seine Ziele kämpfen sollte. Niemand glaubte früher daran, dass sich Afrikaner bei internationalen Wettkämpfen behaupten können, doch die Olympischen Spiele zeigen, dass wir Menschen alle gleich sind. Man sagte zu mir, dass es unmöglich sei, einen Marathon zwei Mal zu gewinnen, doch ich stehe hier und trage mit Stolz meine zwei Goldmedaillen, die nicht nur für mich persönlich von großer Bedeutung sind. Sie zeigen, dass jeder alles erreichen kann. Behalten Sie Ihre Ziele im Auge wie das olympische Feuer und hören Sie nicht auf, zu kämpfen.

Ich wünsche Ihnen viel Freude bei den Spielen.

3. „Das Jahr, in dem ich lügen lernte" (Lauren Wolk)

a) Annabelle und Betty charakterisieren

Annabelle ist ein sehr einfühlsames und gewissenhaftes junges Mädchen. Sie leidet mit, als sie ihre Freundin Ruth verletzt sieht, und auch mit dem ehemaligen Soldaten Toby, der vom Schicksal gezeichnet ist, verbündet sie sich. Sie ist mutig und konfrontiert beispielsweise Betty mit den Vorwürfen, dass diese an Ruths Verletzung Schuld habe, und bietet Toby Unterschlupf bei sich an, weil sie von dessen Unschuld überzeugt ist, auch wenn sie damit entgegen der Meinung aller anderen handelt. Das zeugt von Selbstbewusstsein und innerer Stärke.
Betty hingegen scheint eine sehr zwiespältige Persönlichkeit zu sein. Auf der einen Seite verbreitet sie Angst und Schrecken und ist gar boshaft gegenüber ihren Mitschülern und Mitschülerinnen, auf der anderen Seite scheint sie selbst aber auch große Angst zu haben – so zeigt sich das beispielsweise an ihrer Reaktion, wenn von Andy gesprochen wird. Auch ihr Verschwinden und ihr früher Tod weisen darauf hin, dass Betty sich in einer schwierigen und gefährlichen Situation befunden haben musste, die ihre Angst erklärt. Dass sie in diesem Zuge aggressiv und bösartig gegen Gleichaltrige vorgeht, zeigt, dass sie mit der Angst und ihren Gefühlen nicht gut umgehen kann, sondern diese durch ihr Verhalten zu überspielen versucht.

b) Verhältnis zwischen Annabelle und Toby beschreiben

Zwischen Annabelle und Toby besteht ein sehr vertrauensvolles, freundschaftliches Verhältnis. Toby bedeutet Annabelle viel, denn sie ist bereit, für ihn einige Unannehmlichkeiten auf sich zu nehmen, beispielsweise als sie anbietet, ihn bei sich zu verstecken. Das wiederum beeindruckt Toby nachhaltig, denn nur durch ihr selbstbewusstes Auftreten lässt er sich von ihr vor dem wütenden Mob, der Betty sucht, retten. Auch Annabelles Trauer, als sie von Tobys Tod erfährt, ist ein Zeichen für die Verbundenheit der beiden. Toby erfährt durch Annabelle erstmals Verständnis, die übrigen Leute meiden ihn aufgrund seines Auftretens, ohne sich für seine Geschichte zu interessieren, während das Mädchen ihm zuhört und an seine gute Seite glaubt. Toby wünschte sich sogar, eine Tochter wie Annabelle gehabt zu haben.

c) Erklären, warum Annabelle Toby versteckt hält

Einer der Gründe, wieso Annabelle zu Toby hält, ist sicherlich, dass sie Betty kennengelernt hat und weiß, wie tyrannisch diese sein kann. Außerdem haben Annabelle und Toby ein großes Vertrauensverhältnis zueinander: So streitet Toby gegenüber Annabelle beispielsweise nicht ab, schlimme Dinge getan zu haben, aber stellt gleichzeitig klar, dass er Ruth nicht verletzt hat. Indem er ehrlich zu Annabelle ist, kann sie ihm auch vertrauen, wenn er sagt, dass er weder für Ruths Verletzung noch für Bettys Verschwinden verantwortlich sei. Weil sie sich im Gegensatz zu allen anderen die Mühe gemacht hat, Toby wirklich kennenzulernen, kann sie einschätzen, dass dieser nichts mit den Vorfällen zu tun haben kann, weshalb sie zu Toby hält und versucht, ihn zu schützen, indem sie ihn versteckt.

d) Bettys und Tobys Beerdigungen erläutern und vergleichen

Bettys Beerdigung findet normal auf einem Friedhof statt, wobei sich viele Trauergäste eingefunden haben, „die Betty nie kennengelernt hatten" (Z. 457), aber ihre Großeltern oder Eltern kannten, was zeigt, wie einsam Bettys Leben eigentlich war. „Tobys Beerdigung war völlig anders." (Z. 496) Sie findet nicht auf einem Friedhof statt, sondern in der Nähe der Wolfsschlucht, wobei der Wolf symbolisch für das Leben von Toby steht, der ja auch ein einsames Wolfsleben geführt hat. Schlicht und ohne viele Gäste findet die Beisetzung statt, nur Annabelles Familie ist anwesend. Während Bettys Beerdigung zeigt, wie einsam diese gewesen sein musste, auch wenn viele Gäste anwesend waren, zeigt die Trauerfeier von Toby, dass er eben nicht so einsam war, wie er zu Lebzeiten glaubte.

e) Gespräch zwischen Annabelle und ihrer Mutter verfassen

Annabelle: „Mama, glaubst du, dass Alles irgendwie einen Sinn hat? Ich hatte so sehr gehofft, dass sich die Dinge zum Besseren entwickeln würden. Ich hatte mich mit Toby angefreundet und mir seine Geschichte angehört. Ich hatte das Gefühl, dass er dadurch nicht mehr so einsam ist und dass das seinen Schmerz gelindert hat ... Und irgendwie hat mir die Freundschaft zu ihm den Mut gegeben, mich gegen Betty behaupten zu können, nicht mehr zu schweigen über die schlimmen Dinge, die sie mir und vor allem Ruth angetan hatte. Ich dachte, vielleicht würde endlich Frieden einkehren, aber als Betty verschwand, wurde alles nur noch viel schlimmer und jetzt sind beide tot."

Mama: „Oh Annabelle, manche Dinge werden wir nie verstehen. Aber eines Tages wirst du auch das Gute sehen können. Toby fand in dir eine Zuhörerin, die er sich wahrscheinlich schon sehr lange gewünscht hat. Du hast ihm Verständnis und Glauben entgegengebracht, was ihm ein kleines bisschen Freude zurückgab. Und er lehrte dich, für dich selbst einzustehen. Und auch die Begegnung mit Betty hat dich doch so vieles gelehrt. Dass nicht alles so ist, wie es scheint, nicht wahr? Du hast bemerkt, dass hinter der rauen Fassade eine zerbrechliche Person steckte, die sich zu einsam und ungeliebt gefühlt hatte, um es nach außen zeigen zu können. Manche Dinge werden uns gegeben und auch wieder genommen. Und wir dürfen um sie trauern und den Schmerz herauslassen, aber gleichzeitig wissen, dass es nicht umsonst gewesen ist und dass wir loslassen können und über den Schmerz hinweg Freude haben dürfen, über das, was uns gegeben wurde."

Annabelle: „Danke Mama. Ja, du hast recht. Es tut weh und es wird wohl auch noch lange weh tun, aber ich will nicht das Schöne vergessen, was ich erfahren durfte und ich will es in meinem Herzen bewahren. Es war nicht umsonst."

Dialektische Erörterung

1. Smartphones

Smartphone – unbegrenzte Möglichkeiten oder Stress?

Das Smartphone ist für die meisten Menschen nicht mehr wegzudenken und ein ständiger Begleiter im Alltag. Auch die Nutzung unterwegs nimmt zu, was sich beispielsweise in einem gestiegenen Datenvolumen widerspiegelt. Im Folgenden werde ich erörtern, welche Vor-, aber auch Nachteile die ständige Nutzung des Smartphones mit sich bringt.
Wer das Smartphone immer bei sich trägt, ist auch dauerhaft erreichbar. Das führt bei vielen Menschen zu Stress: „In der TK-Stressstudie aus dem Jahr 2016 gab bereits jeder Dritte der Befragten an, sich durch die ständige Erreichbarkeit des Smartphones und [das mobile] Internet gestresst zu fühlen." (Z. 54 – 57) Die Möglichkeit, dass jederzeit Anrufe, Mails und Nachrichten eingehen könnten, lässt Nutzer/-innen nicht abschalten und zur Ruhe kommen.
Ein weiterer Nachteil der vermehrten Smartphonenutzung ist die Verminderung der Selbstständigkeit und Spontanität. Mittlerweile googeln wir die einfachsten Dinge – wie z. B. „Schleife binden" oder sogar das aktuelle Datum – und verlassen uns auf die Hilfe des Smartphones. (vgl. Z. 112 ff.) Das führt allerdings auch zu einer Art von Abhängigkeit, weil man verlernt, Probleme alleine zu lösen, oder keine anderen Informationsquellen mehr kennt.
Weiterhin führt die ständige Nutzung des Smartphones auch zur Verschlechterung der Gedächtnisleistung. Informationen, die man jederzeit schnell abfragen kann, werden vom Gehirn auch schnell wieder vergessen. Früher musste man sich beispielsweise Telefonnummern einprägen oder umständlich im gedruckten Adress- oder Telefonbuch nachschlagen und anschließend eintippen. Heute dagegen wählt man mit einer Bewegung den Kontakt aus und das Smartphone wählt automatisch die zugehörige Nummer.
Andererseits wird das Smartphone auch so häufig genutzt, weil es entsprechend viele Vorteile bietet. Zum Beispiel sorgt es für Unterhaltung und Ablenkung. Die zahlreichen Möglichkeiten „verkürzen die Zeit im Hier und Jetzt". (Z. 50) Das ist ein Vorteil, wenn man sich beispielsweise die Wartezeit an der Bushaltestelle mit Tagesnachrichten oder kurzen Filmen vertreiben kann.
Ein weiterer Vorteil ist, dass einem Smartphones Vieles erleichtern. So muss man sich z. B. keine Telefonnummern mehr merken oder kann in wenigen Sekunden an jegliche Information gelangen. Durch diese Erleichterungen kann man sich dann auf das Wesentliche konzentrieren. Die Nutzung des Smartphones spart in vielen Bereichen Zeit, weil sich Dinge wesentlich schneller erledigen lassen. Dies ist besonders im heutigen Zeitalter der Digitalisierung wichtig, in dem sich die Welt so rasant verändert wie noch nie. (vgl. Z. 20 f.)
Der größte Vorteil ist jedoch, dass Nutzer/-innen selbst bestimmen können, in welchem Umfang das Smartphone eingesetzt werden soll.
Die ständige Nutzung des Smartphones hat sicherlich viele Nachteile, wie z. B. Stress durch die dauerhafte Erreichbarkeit oder die Tatsache, dass man sich oftmals nur noch auf das Smartphone verlässt und davon abhängig wird. Mit einer bewussten Umgangsweise kann man diese Nachteile allerdings umgehen, sodass für mich die Vorteile überwiegen. Mit meinen Eltern habe ich z. B. die Verabredung getroffen, während der gemeinsamen Familienzeit das Handy nur im Flugmodus zu nutzen, etwa um zu fotografieren. Wenn man sich selbst einige Regeln für die Nutzung aufstellt, kann man von den Möglichkeiten des Smartphones enorm profitieren.

2. Rückkehr des Wolfes

Chancen und Probleme einer flächendeckenden Ausbreitung des Wolfs

Seit den 1990er-Jahren, als der Wolf unter Naturschutz gestellt wurde, siedeln sich in Deutschland immer mehr dieser Raubtiere an. Viele Naturschützer/-innen sowie Biologen und Biologinnen freuen sich über die Rückkehr der wilden Vierbeiner. Es gibt aber auch große Vorbehalte von Tierhaltern und Tierhalterinnen, Jägern und Jägerinnen und Wandernden gegenüber einer erneuten Ausbreitung der großen Raubtiere.

In vielen Märchen ist die Rede vom „bösen Wolf" und dieser Mythos hält sich bis heute. So haben beispielsweise viele Wandernde und Waldspaziergänger/-innen Angst vor einer Begegnung mit diesem Raubtier. Auch Schafzüchter/-innen sehen die Ausbreitung der Wölfe kritisch. Immerhin rissen Wölfe im Jahr 2018 in Sachsen 170 Schafe und Ziegen.

Wölfe jagen jedoch vor allem Wildschweine und Rehe, weshalb Jäger/-innen sie oft als Konkurrenten sehen. Sie haben Angst, dass die Bestände der Beutetiere durch die vermehrte Ansiedlung der Wölfe zurückgehen könnten.

Damit erschöpfen sich aber bereits die Argumente gegen den Wolf. Insgesamt lässt sich sagen, dass Deutschland ausreichend Platz bietet für die erneute Ansiedlung der Raubtiere. Nach einer Studie des Bundesamts für Naturschutz hätten hierzulande rund 400 Rudel Platz.

Die Gefahr, dass Wölfe Nutztiere reißen, lässt sich in der Regel mit entsprechendem Schutz der Herden durch Zäune oder Herdenschutzhunde abwenden. Zudem zeigte eine Untersuchung in der Lausitz im Jahr 2012, dass weniger als ein Prozent der Beutetiere Nutztiere waren.

Auch die Angst von Wandernden sowie Spaziergängern und Spaziergängerinnen ist meist unbegründet. Wölfe sind sehr scheue Tiere und meiden den Kontakt mit Menschen. Das Bild vom „gefährlichen Wolf" stammt vermutlich aus einer Zeit, in der es in Deutschland noch Tollwut gab. Damals fielen infizierte Exemplare tatsächlich hin und wieder Menschen an. Doch die Tollwut gilt in Deutschland seit 2008 als ausgerottet.

Jahrhundertelang sorgten Wölfe für ein natürliches Gleichgewicht. Anders als Jäger/-innen können sie gezielt schwache und kranke Tiere fangen. Naturschützer/-innen befürworten deshalb eine Rückkehr der Wölfe.

Wie die Argumentation gezeigt hat, gibt es sicherlich Bedenken gegenüber einer flächendeckenden Ansiedlung der Raubtiere. Viele der angeblichen Probleme sind jedoch übertrieben, wie etwa die bei vielen tief sitzende Angst vor Wölfen als einem lebensgefährlichen Raubtier. Andere Streitpunkte wie der Herdenschutz lassen sich durch entsprechende Maßnahmen weitgehend regeln.

Meiner Meinung nach ist eine Rückkehr des Wolfes in viele Regionen Deutschlands wünschenswert. Immerhin hat das Raubtier jahrhundertelang für ein Gleichgewicht in der Natur gesorgt. Außerdem ist der Mensch für den Wolf weitaus gefährlicher als umgekehrt – man denke nur an den Straßenverkehr, dem bereits viele Exemplare zum Opfer gefallen sind. Ich finde es deshalb gut, wenn der Wolf wieder ein Bewohner unserer heimischen Wälder wird, auch wenn ich bei einer Begegnung im Wald vermutlich trotzdem ein mulmiges Gefühl hätte.

3. Elektrofahrräder

E-Bikes – beliebt, aber problematisch

Sie sind überall zu sehen: E-Bikes erobern die Straßen und Radwege. Ein Segen für die Umwelt und verkehrsgeplagte Städte sagen die einen, eine gefährliche ökologische Mogelpackung die anderen. Um die moderne Variante des herkömmlichen Fahrrads wird heftig gestritten.

Die Vorteile der E-Bikes liegen auf der Hand: In erster Linie ist ein solches Fahrrad deutlich umweltfreundlicher als ein Auto. Es verursacht weder Feinstaub noch Kohlenstoffdioxid und macht auch keinen Lärm. In verkehrsgeplagten Städten ist das ein großer Vorteil gegenüber dem Auto. Hinzu kommt die deutlich größere Reichweite von E-Bikes, mit denen sich zum Beispiel auch der Weg zur Arbeit entspannt bewältigen lässt. Angesichts der alltäglichen Pendlerströme in die Städte ist dies ein gewichtiges Argument (vgl. Material II).

Auch die vielseitigen Einsatzmöglichkeiten der E-Bikes für Einkaufsfahrten, zum Kindertransport oder zu längeren Radtouren veranlassen viele, sich ein solches Fahrrad zuzulegen. So können auch weniger sportliche Zeitgenossen sich im Grünen erholen.

Wenn man mit dem elektronischen Drahtesel dann gleich ganz aufs Auto verzichtet, spart man zudem sehr viel Geld. Sowohl Anschaffungs- als auch Unterhaltungskosten sind deutlich niedriger als beim Pkw.

Damit beginnen aber auch schon die Schwierigkeiten. Durch den Boom der E-Bikes in den vergangenen Jahren sind diese mittlerweile sowohl in den Städten als auch beispielsweise in den Alpen überall in Massen zu finden. Laut Ulf Dworschak von der Nationalparkverwaltung Berchtesgaden erreichen die motorisierten Radler inzwischen auch Bereiche, in denen geschützte Tiere leben. Deren Lebensraum wird dadurch immer weiter eingeschränkt (vgl. Material III).

Ein weiteres Problem ist die erhöhte Unfallgefahr, die mit den E-Bikes verbunden ist. Viele Nutzer/-innen unterschätzen das elektronische Gefährt und überschätzen die eigenen Fähigkeiten. Oft tragen sie auch keinen Helm, weshalb sich immer wieder schlimme Unfälle ereignen. So stieg die Zahl der Todesopfer bei E-Bike-Unfällen im Jahr 2017 um zwölf Prozent, die der Schwerverletzten um 26 Prozent (vgl. Material III).

Was schließlich die Ökobilanz der elektronischen Fahrräder angeht, so wird die erst richtig gut, wenn das Rad „tatsächlich Autofahrten oder gar den Autokauf überflüssig macht" (Material I). Problematisch ist vor allem der Akku, der nach wenigen hundert Ladezyklen ersetzt werden muss. Die Herstellung der Akkus verursacht wiederum so viel Kohlendioxid wie 500 bis 1000 Kilometer Autofahren (vgl. Material I). Viele Menschen nutzen das E-Bike jedoch zusätzlich zum Auto oder, noch schlimmer, ersetzen mit ihm gar Touren mit dem normalen Fahrrad. Das dient dann weder der Umwelt noch der eigenen Fitness.

Alles in allem bin ich der Meinung, dass das E-Bike ein gutes Verkehrsmittel ist, aber erst dann eine echte ökologische Alternative, wenn es wirklich das Autofahren ersetzt. Und die Fahrer/-innen sollten es rücksichtsvoll einsetzen und es auch beherrschen. Außerdem ist es sinnvoll, als E-Bike-Fahrer/-in einen Helm zu tragen, um schwere Unfälle zu vermeiden.

Textbeschreibung

1. Lyrik

1. „Städter“ (Alfred Wolfenstein)

Das Gedicht „Städter“ von Alfred Wolfenstein aus dem Jahr 1914 beschreibt das Leben der Menschen in der Stadt, welches vom lyrischen Ich vor allem als einsam und erdrückend empfunden wird.

Das Gedicht besteht aus 4 Strophen, wobei die ersten beiden Strophen aus jeweils 4 Versen und die letzten beiden jeweils aus 3 Versen bestehen, weshalb es sich bei diesem Gedicht um ein Sonett handelt. Das Reimschema in den ersten zwei Strophen weist einen umarmenden Reim auf, was sie von den letzten beiden Strophen trennt, denn dort tritt ein unregelmäßiges Reimschema auf. Diese Trennung spiegelt sich auch inhaltlich wider, so beschreiben die ersten beiden Strophen die Stadtsituation, wie sie das lyrische Ich wahrnimmt, während sich Strophe 3 und 4 auf das Gefühlsleben des lyrischen Ichs in dieser Stadtsituation konzentrieren.

Um die Stadtsituation möglichst eindrücklich zu schildern, werden viele „wie“-Vergleiche, Metaphern und Personifikationen verwendet: So stehen die Fenster der Häuser beispielsweise „[d]icht wie die Löcher eines Siebes“ (V. 1) beieinander und auch die Leute in den Straßenbahnen säßen „[i]neinander dicht hineingehakt“ (V. 5), sodass man fast gezwungen ist, einander ständig anzuschauen und zu beobachten. Dieses Gedrängte, ineinander Verwobene, wird formal durch die Enjambements an fast jedem Versende unterstützt. Jedoch wird die Distanzlosigkeit vom lyrischen Ich nicht als etwas Schönes aufgefasst, sondern als bedrängend und erdrückend. Auch der Verlust von Intimität und Privatsphäre wird vom lyrischen Ich aufgegriffen, so ist man selbst zu Hause nicht wirklich für sich, denn die Wände in den Wohnhäusern „sind so dünn wie Haut“ (V. 9), sodass „ein jeder teilnimmt, wenn [man] wein[t]“ (V. 10). Das Stadtleben nimmt dem lyrischen Ich somit seinen Freiraum, Gefühle zu erleben, ohne dass es jemand mitbekommt, sogar das Stillste, Intimste – nämlich die Gedanken – sind nicht privat, sondern werden zu „Gegröle“ (V. 11). Diese Hyperbel verdeutlicht, wie drastisch dem lyrischen Ich der Verlust der Privatsphäre vorkommt.

Obwohl das Gedicht also die Distanzlosigkeit in der Großstadt hervorhebt, lehnt es gleichzeitig Nähe und Intimität ab und bejaht eine Anonymität, was zunächst widersprüchlich erscheint. Wie bereits erwähnt, beschreibt das lyrische Ich eine Offenbarung aller Gefühle und Intimitäten gegenüber den Mitmenschen; auch wenn das nicht freiwillig geschieht und als unangenehm empfunden wird, könnte man annehmen, dass dadurch auch eine gewisse Nähe zwischen den Stadtbewohnern entsteht. Jedoch ist dies nicht der Fall, wie in Strophe 4 deutlich wird. So ist hier die Rede von „dick verschlossne[n] Höhle[n]“ (V. 12). Die Wohnungstür scheint somit ein unüberwindbares Hindernis zu den Nachbarn darzustellen, die doch eigentlich das Leiden und Empfinden des lyrischen Ichs durch die dünnen Wände erfahren haben. Dennoch wird es nicht zu einer Begegnung und wahrer Nähe kommen, denn die Wohnungstür stellt eine Grenze dar, die nicht überschritten wird.

Das Gedicht zeigt auf anschauliche Weise die widersprüchliche Situation in Großstädten: die räumliche Nähe und gleichzeitige Einsamkeit. Obwohl die Enge der Stadt zu Distanzlosigkeit führt, bleibt sie doch ein Ort der Anonymität, in der die Städter gefangen sind. Letztendlich schaut jeder nur von fern zu und bleibt vom Schicksal der anderen unberührt, sodass am Ende jeder: „alleine“ (V. 14) ist.

2. „April" (Rose Ausländer)

Das Gedicht „April" von Rose Ausländer beschreibt den wechselhaften Charakter des Monats April, wobei das Gedicht kein Reimschema aufweist und auch keinem festen Versmaß folgt. Dieser formale Aufbau zeigt bereits eine Eigenschaft des Aprils, die im Gedicht vom lyrischen Ich beobachtet wird, nämlich die Unstetigkeit und das chaotische Auftreten dieses Monats. So wie sich das Wetter im April nur schwer vorhersagen lässt, ist auch die Metrik des Gedichtes für den Leser nicht bestimmbar. Um die Charakterbeschreibung für den Leser zugänglicher zu gestalten, wird der Monat im Folgenden personifiziert, z. B. „lacht [er] überlaut" (V. 4). Hier zeigt sich auch eine weitere Charakterbeschreibung des Aprils: den Hang zum Übertriebenen und Wilden. Verstärkt wird dieser Eindruck durch seine sowohl schöpferische als auch zerstörerische Kraft, wie die Verse 4 – 6 vermitteln, denn der April läutet auf der einen Seite den Frühling ein und lässt den Park ergrünen, auf der anderen Seite zerstört er die blühende Natur durch sein wechselhaftes Wesen/Wetter, wie die Allegorie „wickelt den / Park in grünen Taft / zerreißt ihn wieder stellenweise" (V. 4 – 6) eindrücklich aufzeigt. Die Wildheit des Aprils wird vom lyrischen Ich sogar als bedrohlich wahrgenommen, was auch durch die aggressiven Handlungsverben bestätigt wird, so „wirft [er] Luftlappen ins Gesicht" (V. 2) oder „drückt Sonne auf den Rücken" (V. 3). Selbst die schöne Erfahrung der ersten Sonnenstrahlen im Frühling empfindet das lyrische Ich durch den April als eher unangenehm. Auch das unkontrollierte Handeln unterstreicht die wilde Seite des Aprils, was durch die Metapher der freigelassenen Nordhunde (vgl. V. 10 f.), die für die teils sehr kalten Windböen zu dieser Jahreszeit stehen, unterstrichen wird. An anderer Stelle erhält der April durch die Beschreibungen des lyrischen Ichs sogar einen tyrannischen Charakterzug, wenn er beispielsweise Kinder schubst oder „mit den Röcken erschreckter Gouvernanten" (V. 7 f.) spielt. Auch wenn es die bisherige Beschreibung nicht vermuten lässt, gesteht das lyrische Ich dem April dennoch eine schelmisch-unterhaltsame Art zu, die seiner wilden Natur auch eine verspielte Seite einräumt. Er sei „eine Art Eulenspiegel" (V. 13), der allerhand lustig gemeinten Schabernack treibt, auch wenn seine Scherze an mancher Stelle zu weit gehen mögen, wie es auch in den Geschichten von Till Eulenspiegel häufig der Fall ist, auf die vom lyrischen Ich an dieser Stelle hingewiesen wird. Es ist daher nicht eindeutig zu entscheiden, wie das lyrische Ich zum April steht, denn die negativen Aspekte wurden in den Beschreibungen des Gedichtes deutlich hervorgehoben und auch das lyrische Ich betont direkt „du / machst es uns nicht leicht / dich lieb zu haben" (V. 15 ff.). Jedoch geht aus dieser Aussage auch hervor, dass das lyrische Ich den April eigentlich mögen und seine wilde Natur als eine scherzhafte Art auffassen möchte, weshalb es am Ende zu dem versöhnlichen Schluss kommt, der April sei „im Großen und Ganzen / ein prächtiger Kerl" (V. 19 f.).

3. „So Leute wie ich" (Maike Rosa Vogel)

Der Liedtext „So Leute wie ich" von Maike Rosa Vogel aus dem Jahr 2012 thematisiert die sozialen Missstände in Deutschland anhand des Beispiels einer Familie, die trotz Arbeitsstelle den Lebensunterhalt nicht selbstständig bestreiten kann. Die Verse und der Refrain des Liedes folgen dabei keinem festen Versmaß oder Reimschema. Es gibt vereinzelt Paar-, Kreuz- sowie Binnenreime, die oftmals unreine Reime sind.

Bereits die Überschrift „So Leute wie ich" zeigt, dass sich das lyrische Ich mit den sozial Schwächeren verbündet. Die einfache Textstruktur ermöglicht einen schnellen Zugang zum Lied. Anhand des Beispiels der eigenen Familie macht das lyrische Ich auf die Missstände aufmerksam.

Dabei prangert es an, dass, selbst wenn beide Partner einer Arbeit nachgingen, das Geld gerade einmal reiche „[u]m die Miete heimzubringen" (V. 6), nicht jedoch für notwendige Ausgaben wie eine Krankenversicherung (vgl. V. 7), weshalb Hartz IV oftmals der letzte Ausweg bleibt. (vgl. V. 8) Die familiäre Situation des lyrischen Ichs scheint sehr belastend zu sein, so erfordert die Betreuung der kleinen Tochter viel zeitliche Koordination, und schöne Erlebnisse, wie in den Urlaub zu fliegen, sind viel zu teuer, weshalb darauf verzichtet werden muss. (vgl. V. 13 f.) Trotz der staatlichen Unterstützung ist also nur ein schlichtes Leben möglich, während zusätzlich das Verständnis bei den meisten Leuten fehlt. So nimmt das lyrische Ich im Refrain wahr: „Und alle schimpfen auf so Leute wie mich". (V. 9) Sozialhilfeempfangende würden, laut den Kritiker/-innen, nur nehmen und nichts zurückgeben, das heißt, sie nutzen den Staat aus, um sich ein bequemes Leben zu ermöglichen. (vgl. Z. 19 f.) Aber solche Leute kennt das lyrische Ich nicht, alle seien in der gleichen Situation wie das lyrische Ich selbst. (vgl. Z. 21 ff.) Zusammen mit den Versen „wenn ich von uns erzähle … sagt man schnell, sie meinen nicht dich / Sie meinen die Penner" (V. 15 – 18), weist das lyrische Ich darauf hin, dass hinter jedem Schicksal eine persönliche Geschichte steckt und niemand gerne in dieser Situation ist, doch die Gesellschaft steckt Menschen in Schubladen, solange sie nicht den Einzelfall kennenlernt. Die zweite Strophe zeigt noch einmal stärker, wie belastend das Leben mit Hartz IV ist, so betont die Wiederholung des Wortes „Angst" die permanente Unsicherheit und Abhängigkeit, in der das lyrische Ich lebt. (vgl. V. 25 – 31) Von einem bequemen, sorgenfreien Leben kann also nicht die Rede sein. Besonders verletzt ist das lyrische Ich von den leeren Versprechungen der Gesellschaft, so habe man immer behauptet, man brauche Frauen, die „studieren" (V. 35) und Kinder bekommen, wie es beim lyrischen Ich der Fall war, jedoch schafft der Staat nicht die Voraussetzungen dafür, diesen Weg zu gehen. Denn für viele Menschen lassen sich Beruf und Familie nicht vereinbaren. Wie im Fall des lyrischen Ichs, das eine gute Ausbildung hat und für den Unterhalt der Familie kämpft, aber trotzdem von vielen Menschen verurteilt wird, weshalb es zu dem bitteren Schluss kommt: „Aber am Ende meinen sie gar nicht mich". (V. 39) Die Gesellschaft braucht also Frauen, die Karriere und Kind vereinbaren können, aber spricht dabei doch nur die Frauen an, die unabhängig und erfolgreich sind. Alle anderen, zu denen sich das lyrische Ich zählt, sind von der Anerkennung der Gesellschaft ausgeschlossen. In der zweiten Strophe greift das lyrische Ich die Behauptung der Gesellschaft, es seien „die Penner, [d]ie nur nehmen nehmen nehmen nehmen nehmen" (V. 18 f.), aus dem Refrain auf und kehrt sie um. Denn es seien Leute, die Lebensläufe schreiben, die erfolgreich aussehen, welche nur nehmen würden. (vgl. V. 40 f.) Auch an dieser Stelle wird das Verb „nehmen" sehr häufig wiederholt, was die Aussage der Verse verstärkt. Als erfolgreich gelten häufig Menschen, die viel Geld haben. Dies aber auch häufig, weil sie eher nehmen als geben. Im letzten Vers des vorliegenden Textauszuges grenzt sich das lyrische Ich deutlich von diesen vermeintlich erfolgreichen Menschen ab: „Und das sind meistens nicht so Leute wie ich" (V. 42).

Maike Rosa Vogel kritisiert mit ihrem Lied die Missstände der deutschen Sozialpolitik sowie die fehlende Solidarität der Gesellschaft. Anstatt sich auf die Seite der „Schwächeren" zu stellen, verurteilt die Gesellschaft Menschen, die auf staatliche Unterstützung angewiesen sind, obwohl sich die meisten davon unverschuldet und unfreiwillig in dieser Situation befinden.

2. Prosa

1. „Der Filmstar und die Eisprinzessin" (Werner Färber)

In der Geschichte „Der Filmstar und die Eisprinzessin" von Werner Färber geht es um die Begegnung von zwei Jugendlichen im Zug, die sich zunächst gegenseitig anschwindeln, um sich interessanter zu machen, aber am Ende doch Freunde werden.

Caro fährt zum ersten Mal allein mit dem Zug, um ihre Oma in Berlin zu besuchen. Ihre besorgte Mutter begleitet sie zum Bahnhof und ist spürbar nervös, was sich z. B. daran zeigt, dass sie den Zugbegleiter ausführlich über die Hintergründe der Reise informiert: „‚Das ist meine Tochter Caro', antwortet ihre Mutter. ‚Sie verreist heute zum ersten Mal allein. Ich war ja dagegen, aber mein Mann meint ...'" (Z. 14 ff.) Zum Abschied drückt sie ihrer Tochter mit Tränen in den Augen einen Kuss auf die Wange. (vgl. Z. 28 f.) Caro ist das übertriebene Verhalten der Mutter peinlich, was sprachlich durch die Metapher „Caro würde am liebsten im Boden versinken" (Z. 17 f.) deutlich wird. Im Zugabteil angekommen, trifft Caro auf einen Jungen in ihrem Alter, der sie sofort anspricht. Der Einstieg in das Gespräch wird in direkter Rede mit elliptischen Sätzen wiedergegeben: „‚Na?', sagt er. ‚Was na?' ‚Ich bin Benny', stellt er sich vor. ‚Wohin?' ‚Berlin', sagt Caro. ‚Ich auch – und? ‚Was und?'" (Z. 45 – 50)

Besonders das Mädchen ist zu Beginn noch zurückhaltend, misstrauisch und einsilbig. Doch schließlich interessiert es sie doch, was Benny in Berlin macht. Dieser gibt nach kurzem Zögern an, für Dreharbeiten in die Stadt zu reisen. (vgl. Z. 54) Daraufhin ist es Caro unangenehm zuzugeben, dass sie lediglich ihre Oma besucht. Um interessanter zu wirken, gibt sie „Leistungstraining" (Z. 64) an. Nach einigen verwunderten Rückfragen von Benny lügt sie jedoch weiter und behauptet, Eiskunstläuferin zu sein. (vgl. Z. 65 – 74) Der Wendepunkt der Geschichte wird mit dem Zugbegleiter eingeleitet. Dieser erkundigt sich nach dem Befinden der Jugendlichen. Ab diesem Moment begreift Caro, dass auch Benny eine peinliche Abschiedsszene hinter sich hat. (vgl. Z. 82 – 85) „Doch Caro erzählt ihm nicht, dass sie ihn durchschaut hat." (Z. 86 f.) Stattdessen unterhalten sie sich weiter, stellen Gemeinsamkeiten fest und sind sich sympathisch. Bei der Ankunft in Berlin werden vermutlich beide von ihren Großeltern abgeholt, geben aber augenzwinkernd an, dass es sich um die Trainerin bzw. den Manager handelt. (vgl. Z. 98 – 102) Als Caro bei ihrer Oma ist, ruft Benny sie an, um sich mit ihr zu verabreden. Beide können darüber lachen, dass sie sich gegenseitig angeschwindelt haben und verabreden sich zum Kino.

Die Geschichte spielt an einem Sommertag, vermutlich in den Ferien. Der Zeitrahmen umfasst die Zugfahrt bis zur Ankunft in der Berliner Wohnung der Großmutter. Sprachlich auffällig ist die häufige Verwendung wörtlicher Rede, welche diese alltägliche Situation besonders anschaulich beschreibt. Man kann sich gut in die Lage der Figuren hineinversetzen. Beide Jugendliche befinden sich in derselben Situation. Sie fahren zum ersten Mal alleine mit dem Zug und wollen möglichst erwachsen wirken und sich von den besorgten Eltern abgrenzen. Um sich interessanter zu machen, schwindeln sie sich gegenseitig an. Doch letztendlich durchschauen sie einander, stellen ihre Gemeinsamkeiten fest und stehen zu ihren tatsächlichen Reisezielen. Der Autor möchte mit der Geschichte zeigen, dass man zu sich stehen sollte und dass auch andere oftmals in der gleichen Situation sind, in der man sich selbst befindet. Man sollte nicht vorgeben, jemand anderes zu sein, um sich interessanter zu machen.

2. „Ballerina" (Lukas Böhl)

Die Kurzgeschichte „Ballerina" von Lukas Böll handelt von der Grausamkeit des Krieges, die sich nach einer verlorenen Schlacht offenbart.
Ein auktorialer Erzähler führt durch das entsetzliche Schlachtfeld, wobei die Aufzählung in den ersten drei Zeilen das ganze Ausmaß der Verwüstung und des Todes aufzeigt, so ist von „Hunderte[n], vielleicht Tausende[n] Männer[n], nicht detonierte[n] Handgranaten, tote[n] Pferde[n]" (Z. 2 f.) die Rede. Nach diesen Schilderungen könnte es sich um einen der Weltkriege handeln – vermutlich im Frühling, denn auf die Wetterbedingungen am Ort des Geschehens wird gesondert eingegangen. So ist es die Sonne, die den schrecklichen Ausgang der Schlacht erst aufdeckt, denn sie enthüllt die unter dem Schnee vergrabenen Leichen und Kriegsüberreste (vgl. Z. 1 f.). Und auch der „letzte Schnee des Jahres" (Z. 1 f.) zeigt den Übergang in einen neuen Zeitabschnitt an, einen friedvolleren, wie die „wärmenden Strahlen der Sonne" (Z. 4 f.) hoffen lassen. Der Kriegsschauplatz wird als „leblose [...] Landschaft" (Z. 5) beschrieben, was sicherlich an den vielen Toten und den herrschenden Wetterbedingungen liegt, so ist alles in gewisser Weise „vor Kälte erstarrt[...]" (Z. 4). Die Antithese, dass die Soldaten ihre letzte Ruhe im Dröhnen der Maschinengewehre fanden (vgl. Z. 3), zeigt noch einmal die Unsinnigkeit und Schrecklichkeit des Krieges auf. Während die ersten Zeilen der Kurzgeschichte vor allem die Trostlosigkeit des Handlungsortes und des Kriegsgeschehens behandelt, erfährt der Text eine Wendung, als der Fokus auf die „kleine Ballerina" (Z. 5) gelenkt wird, die ein Soldat als Talisman bei sich hatte und die nun in seiner toten, erstarrten Hand tanzt. Inmitten der Trostlosigkeit wird die weiter tanzende Ballerina zum Symbol der Liebe, Hoffnung und des Aufstandes gegen die Trostlosigkeit und Ausweglosigkeit des Krieges, auch wenn ihr Kampf „ein aussichtsloses Spiel gegen die unendlichen Schrecken des Krieges" (Z. 8 f.) darstellt. Lediglich ihr Lied verhallt über dem „neu geschlossene[n] Frieden" (Z. 9), der nichts Anderes bedeutet, als die Ruhe der Soldaten, die sie im Tod gefunden haben. Wie ein Trostlied ertönt eine Melodie und die Ballerina tanzt für die Toten, doch selbst dieser friedliche Moment wird durch das Auftreten eines fremden Soldaten gestört, der „ohne Gesicht" (Z. 10) bleibt, weil im Krieg nur zählt, wer Feind ist und wer Freund, jedoch keine Namen und keine Gesichter. Der fremde Soldat nimmt die Ballerina und die Identifizierungsmarke des Toten an sich und schickt beides an die Hinterbliebenen und Wartenden zuhause. Damit wird auch der letzte Trost dem Schlachtfeld entzogen und zeigt die Grenzenlosigkeit des Krieges auf. Was als Symbol der Hoffnung und der Liebe dem Soldaten Kraft und Mut schenken sollte, kehrt nun als Zeichen des Todes und der Trauer nach Hause zurück. Damit bleiben Tod, Trauer und Schmerz des Krieges nicht auf dem Schlachtfeld in der Fremde zurück, sondern treffen auch die Wartenden in der Heimat. Die besondere Tragik dahinter wird durch den letzten Satz im Text „Vielleicht wusste er nicht, dass man Geschenke nicht zurückgibt." (Z. 11) nochmals deutlich hervorgehoben. Denn auch diese Regel des zwischenmenschlichen Zusammenlebens wird im Krieg missachtet.
Der Text „Ballerina" von Lukas Böhl zeigt in wenigen Zeilen eindrücklich die Grausamkeit des Krieges auf. Besonders anschaulich wird dies durch den Kontrast zwischen dem Schlachtfeld mit Tod und Elend und der Spielzeugballerina, die Geschenk der Familie an den verstorbenen Soldaten war und mit deren Rückkehr auch die Hoffnung auf ein Wiedersehen stirbt.

3. „Wie heißen die Fehler, die man zwanzig Jahre lang macht" (Selim Özdoğan)

Die Erzählung „Wie heißen die Fehler, die man zwanzig Jahre lang macht" von Selim Özdoğan beschäftigt sich mit der Frage, wie persönliches Wachstum möglich ist, auch bezogen auf das Erwachsenwerden mit dem Sammeln von Erfahrungen, und versucht, eine Antwort auf die im Titel formulierte Frage zu geben. Der Protagonist ist zu Beginn der Geschichte sechzehn Jahre alt, wobei aus der Ich-Perspektive in der Vergangenheit erzählt wird. Das Sammeln von Gegenständen ist bereits am Anfang von großer Bedeutung, so war das Sammeln von Freunden in „Steckbriefalben modern." (Z. 2) Dort gab es die Kategorie „Ich sammle: ...", welche den Protagonisten das erste Mal auf das Sammeln von Erfahrungen aufmerksam werden lässt. Während die meisten dort Dinge wie „Bierdeckel, Briefmarken, Servietten, Coladosen [...]" (Z. 10 f.) angaben, hatte ein Mädchen „Erfahrungen" in diese Spalte eingetragen und den Protagonisten mit dieser Lebenseinstellung nachhaltig beeindruckt. So kam er sich neben ihr wie ein „Faxenkönig" (Z. 18) vor. Auch die Tatsache, dass „Erfahrungen" (Z. 13) kursiv gedruckt ist, legt den Fokus der Geschichte auf diese neue Erkenntnis des Protagonisten, nämlich, dass auch er Erfahrungen sammeln will und muss. Dies wird im Folgenden bestätigt: So zeigt sich vor allem im Berufsleben die Bedeutung von Erfahrungen, ohne die man keine guten Jobaussichten hat (vgl. Z. 25 – 35). Die ironischen Einschübe, wie zum Beispiel in Zeile 36 ff., dass sich für die Erfahrung des Protagonisten bezüglich seiner Geldnot nie jemand interessiert habe, zeigt die Verzweiflung und Frustration, die der Protagonist auf seiner Jobsuche erlebt hat. Deswegen setzte der junge Mann es sich zum Ziel, weiter Erfahrungen zu sammeln und zu „erleiden" (Z. 39), schließlich sei auch jedes Leid eine wichtige Erfahrung. Die vielen Aufzählungen im Text verdeutlichen den Aspekt des Sammelns, bis es zum Wendepunkt in der Geschichte kommt. Dem Protagonisten wird auf einmal bewusst, dass das bloße Sammeln von Erfahrungen keinen Mehrwert für das eigene Leben bietet. Man könne genauso gut „Teetassen" (Z. 53) sammeln, wenn der Mensch seine Erfahrungen nur abheftet und sich nicht damit auseinandersetzt und daraus lernt. Der Lernaspekt ist für den Protagonisten plötzlich sehr wichtig, denn darin findet er die Antwort auf die im Titel eingeleitete Frage. Der Fehler des Lebens bestünde daher darin, zwanzig Jahre lang die gleichen Fehler zu begehen und sie immer wieder als Erfahrungen zu verbuchen, wobei dies wiederum der größte Fehler sei, den man jahrelang begehen könne (vgl. Z. 55 ff.). Mit dieser Einsicht kehrt der Protagonist in die Gegenwart zurück und verkündet: „Heute sammle ich nicht mehr, zumindest keine Erfahrungen, ich versuche, etwas zu lernen." (Z. 62 f.) Anstatt sich also mit Erfahrungen zu rühmen und ihnen blind nachzujagen, möchte der Protagonist nun die guten, aber auch die schlechten Seiten des Lebens erfahren, sich damit auseinandersetzen und daraus lernen, sodass er sich weiterentwickelt und nicht zum Wiederholungstäter wird, der die immer gleichen Erfahrungen in sein Sammelbuch abheftet. Sein Herz und sein inneres Gefühl leiten ihn und sind unabhängig von den Erfahrungen, die er gemacht hat.

Selim Özdoğan macht mit seinem Text darauf aufmerksam, dass Fehler dazu da sind, begangen zu werden und um daraus zu lernen. Das bloße Sammeln von Erfahrungen bringt einen nicht weiter, wenn man sich nicht damit auseinandersetzt und seiner „inneren Stimme" folgt.

Pflichtteil – Teil A

A1 – Sachtext

„Nur noch Computer statt Bäumeklettern? Warum das Naturerlebnis für Kinder so wichtig ist"

Textverständnis

1. Zutreffende und nicht zutreffende Aussagen

a) trifft zu
b) trifft zu
c) trifft nicht zu
d) nicht genannt
e) trifft zu
f) trifft nicht zu

2. Aussage mit Zeilen belegen

- „Das alles sind Erfahrungen, die die meisten Stadtkinder heute nicht mehr kennen." (Z. 3 f.)
- „Aber selbst, wenn Kinder durch Filme oder Bücher theoretisches Wissen über die Natur haben – der unmittelbare Kontakt mit Wald, Wildtieren oder selbst Nutztieren fehlt oft." (Z. 16 – 19)
- „Früher hing man wie Affen an Ästen, baute Buden über Bächen oder schwang sich mit Lianen in den Fluss – heute sitzen Kinder vor Computern und haben Berge von Spielzeug." (Z. 19 – 22)
- „Das bestätigt auch eine Emnid-Umfrage, die von der Deutschen Wildtier Stiftung in Auftrag gegeben wurde: Sie zeigt eine erschreckende Naturferne von Kindern zwischen vier und zwölf Jahren." (Z. 23 – 26)

3. Aussage erklären

Wenn bereits die Eltern naturfern leben, werden sie die Natur auch nicht ihren Kindern näherbringen.

Sprachgebrauch

1. Nominalisierungen erkennen und begründen

a) eine Naturferne (Z. 25)
Begründung: Nominalisierung des Adjektivs „naturfern" durch den unbestimmten Artikel „eine"

b) der Kleinen (Z. 33)
Begründung: Nominalisierung des Adjektivs „klein" durch den bestimmten Artikel „der"

2. Kleinschreibung erklären

Bei dem unterstrichenen Wort handelt es sich um ein Adverb als adverbiale Bestimmung des Ortes, deshalb wird es kleingeschrieben.

3. Kommata einfügen und begründen

a) Mit Fragen über Vögel, Bäume oder Pilze braucht man es in der Regel gar nicht erst zu versuchen.
Regel: Komma bei Aufzählung

b) So gaben fast fünfzig Prozent der Kinder an, dass sie noch nie selbstständig auf einen Baum geklettert wären.
Regel: Komma vor Konjunktion „dass"

c) Aber auch außerhalb des Elternhauses haben Kinder heute immer weniger Möglichkeiten, die Natur zu erleben.
Regel: Komma bei erweitertem Infinitiv mit „zu"

d) Spielen im Wald, auf Wiesen und an Bächen fördert nicht nur die motorischen Fähigkeiten, sondern auch das Sprachvermögen, das Selbstbewusstsein und die soziale Kompetenz.
Regeln: 1. Komma bei Aufzählung
2. Komma vor der Konjunktion „sondern"
3. Komma bei Aufzählung

4. Zeitform bestimmen

a) Perfekt
b) Präteritum
c) Präsens

5. Aktiv- bzw. Passivsätze umformulieren

a) Kinder lernen mit tatkräftiger Unterstützung von Pädagogen direkt von den Tieren und Pflanzen in der Natur.

b) Angeblich kann von Stadtkindern nicht mehr zwischen Werbung und Natur unterschieden werden.

6. Antonym nennen

▶ umfassend, ausführlich

7. Satz umformulieren und Satzglied bestimmen

Das rasant schwindende Wissen über Natur hat in mehrfacher Hinsicht negative Folgen, denn viele Studien belegen, dass Naturerfahrungen für die kindliche Entwicklung wichtig sind.

in mehrfacher Hinsicht = adverbiale Bestimmung der Art und Weise

8. Sprachliche Bilder erläutern

a) Das bedeutet, dass mein Vater immer für mich da ist und mich bei allem unterstützt sowie mir Kraft und Mut für alle Aufgaben zuspricht.

b) Diese Aussage soll verdeutlichen, wie hochwertig und rein das Bier ist.

c) Das bedeutet, dass man sich in den besten Jahren seines Lebens befindet. Denn wenn eine Blume blüht, ist sie auch besonders schön und voll ausgebildet.

9. Synonyme nennen

a) unmittelbar = direkt
b) Konzept = Entwurf
c) Defizite = Mängel

A2 – Ganzschrift/Lektüre

„Kill" (Mats Wahl)

1. Ablauf des Amoklaufs beschreiben

An einer schwedischen Schule kommt es zu einem Amoklauf. Im Speisesaal fallen plötzlich Schüsse. Eine Lehrerin kann die Kinder, die sich dort befinden, in Sicherheit bringen und per Telefon Hilfe holen. Eine Frau von der Essensausgabe wird von einer Kugel im Gesicht getroffen, außerdem werden mehrere Kinder tödlich verletzt. Der Täter kann zunächst fliehen. Später stellt sich heraus, dass Emil der Amokschütze ist und angeblich nur einem Mitschüler, der ihn jahrelang gemobbt hat, mit der Waffe Angst einjagen wollte und ihn stattdessen tödlich getroffen hat.

2. Emils mögliche Beweggründe schildern

Emil wurde von der ersten Klasse an gehänselt. Die anderen Kinder machten sich über ihn lustig und beschimpften ihn. Er hatte keine Freunde, niemand wollte mit ihm zusammen sein. Viele waren gemein zu ihm, besonders gequält wurde er von einem Jungen aus der Klasse über ihm, Jonny Örtengren. Auch Emils großer Bruder Tony war nach Aussagen von Lisa Björkman nicht sehr nett. Gespräche in der Schule halfen nicht. Auch als Emils Mutter Örtengren anzeigte, änderte sich die Situation nicht. Emil war sehr einsam und fühlte sich allein gelassen. Er wollte vor allem Jonny mit der Waffe erschrecken und ihm drohen, sollte er weiter gemein zu Emil sein.

3. Emils seelische Qualen erklären

Die anderen Kinder waren sehr grausam zu Emil. Beschimpfungen und Beleidigungen verletzten Emil. Es war vor allem Jonny, der ihn quälte und beschimpfte, indem er z. B. sagte, dass er stinke und dass ihn keiner möge. Emil erzählte es der Lehrerin, die aber nichts tat. „Niemand hat etwas getan" (Z. 260), sagt Emil zu Kommissar Fors. Emil ist davon überzeugt, dass Jonny ihn traurig machen wollte; wenn er geweint hat, hat Jonny ihn ausgelacht. Er hatte kaum jemanden, mit dem er Zeit verbringen konnte, daher war er oft bei Lisa. Er war sehr einsam, niemand wollte mit ihm zusammen sein. Nach der Tat fällt Emil zurück in das Stadium eines Kleinkindes: Er macht wieder in die Hose und ins Bett, erinnert sich an manche Dinge nicht und vergisst Dinge, die er als Fünfjähriger gelernt hat. Die Geleebonbons stopft er sich wie ein kleines Kind in großer Menge in den Mund, er lacht auch mit offenem, vollem Mund und scheint gutes Benehmen vergessen zu haben.

4. Jonnys Täterhintergrund erläutern

Jonnys Vater scheint ein Machtmensch zu sein. Lisa berichtet von seiner Raffgier und auch, dass er den Lehrer/-innen verbieten wollte, seinen Sohn „Jonny" statt „Johan" zu nennen. Jonny wehrte sich gegen die Bevormundung durch den Vater, indem er nur antwortete, wenn man ihn mit „Jonny" ansprach. Vermutlich bestimmt der Vater auch sonst und ist sehr dominant; ihn interessiert aber kaum, was sein Sohn will. Seinen Frust lässt Jonny an Emil aus. Er sucht sich einen Schwächeren, um sich selbst mächtiger zu fühlen. Emil zu quälen, bereitet ihm Genugtuung. Sein Vater findet das nicht schlimm („Jungs sind eben Jungs" (Z. 155 f.)), wahrscheinlich, weil er ebenso hart mit seinem Sohn umgeht.

5. Fünf mögliche Gedanken formulieren

- „Wie grausam Kinder sein können! Jemanden absichtlich zum Weinen zu bringen, um ihn dann auszulachen, ist echt gemein."
- „Das muss wirklich furchtbar für Emil gewesen sein, jahrelang so gequält zu werden und niemand ist da, der ihm hilft."
- „Wieso hat denn niemand etwas gegen das Mobbing unternommen?"
- „Ich kann mir gar nicht vorstellen, dass dieser verstörte kleine Junge mit der Waffe in der Hand in die Schule geht und Menschen erschießt."
- „Wieso fragt er nach der Uhrzeit?"

6. Gespräch zwischen Fors und Carin verfassen

Fors: „Es ist kaum vorstellbar, dass dieser Junge Menschen umgebracht hat, meinst du nicht? Er kommt mir vor wie ein kleines Kind, zutiefst verletzt und verstört."

Carin: „Aber so ist es doch häufig – da wird jemand jahrelang gequält, verspottet und beleidigt, bis er ausrastet und sich rächen will."

Fors: „Da will er diesen Jonny nur erschrecken und zielt auf die Uhr – und dann trifft er nicht und schießt fünfmal hintereinander."

Carin: „Das will ich mir gar nicht vorstellen. Als er gesagt hat, dass es schwer war, dachte ich zunächst, er meint, es war schwer, das zu tun – zu schießen – aber er meinte ja das Gewicht der Waffe und das Abdrücken. Dennoch hat er ja im Abstand von wenigen Sekunden geschossen."

Fors: „Ob ihm in der Psychiatrie geholfen werden kann? Ich glaube, er kann noch gar nicht begreifen, was er da getan hat."

Carin: „Das glaube ich auch. Er wirkt wirklich wie ein Kleinkind. Wie er sich die Geleebonbons in den Mund gestopft hat … Dann dieses Lachen, gleich darauf kommen ihm die Tränen. Er tut mir leid, ehrlich. Diese Grausamkeiten gehörten jahrelang zu seinem Alltag. Wie soll ein Kind das verkraften? Und niemand hat ihm geholfen."

Fors: „Die Schulen müssen mehr Verantwortung übernehmen. Menschen, die wegsehen, haben eine Mitschuld, wenn etwas passiert."

Carin: „Da hast du recht."

Wahlteil – Teil B

1. Erörterung

Möglichkeiten und Grenzen bei der Vermeidung von Plastikverpackungen

Das Thema Umweltschutz wird immer dringender, immer mehr Menschen demonstrieren überall auf der Welt, um auf Missstände aufmerksam zu machen und fordern Maßnahmen und ein Umdenken. Vor allem die Plastikmüllberge stellen uns weltweit vor große Probleme. Was können wir als Verbraucher/-innen tun? Sind Unverpackt-Läden die Lösung? Vor sechs Jahren wurde der erste Laden dieser Art gegründet, inzwischen gibt es mehr als 100 in ganz Deutschland. Im Folgenden untersuche ich die Vor- und Nachteile für Verbraucher/-innen in Bezug auf die Vermeidung von Plastikverpackungen beim täglichen Einkauf.

Den Einkauf in einem Unverpackt-Laden muss man sorgfältig planen. Nicht nur über die Lebensmittel selbst, die man kaufen möchte, muss man sich vorab Gedanken machen, auch darüber, wie und in welches Behältnis man die Waren abfüllt. Man braucht also einen guten Überblick, was und wie viel in einen Behälter oder einen Beutel hineinpasst. Eine gute Planung ist wichtig und ein spontaner Einkauf fast unmöglich, es sei denn, man benötigt nur Obst und Gemüse. Nudeln, Mehl, Käse – ohne Behälter geht das nicht. Verpackte Ware finden viele Menschen sehr praktisch, oft kaufen wir auch mehr als auf dem Einkaufszettel steht und vor allem spontan. Darüber hinaus ist der Einkauf in den Unverpackt-Läden mit höheren Ausgaben verbunden. Zwar sind die Unterschiede bei Lebensmitteln nicht sehr hoch, aber Hygieneartikel wie Zahnpasta, Shampoo oder Toilettenpaper sind deutlich teurer. Nicht zuletzt muss man sich fragen, wie hygienisch der Einkauf im Unverpackt-Laden ist: Sind die mitgebrachten Behälter sauber und bleiben sie in den Taschen frei von Schmutzpartikeln? Und wie sieht es mit den Behältern und ihrer Reinigung im Laden aus?

Keine Verpackung mehr zu zahlen, ist sicher ein Vorteil. Die Ware, die man kauft, wird abgewogen, das Gewicht des Behälters zuvor ermittelt und beim Kauf abgezogen. Dadurch, dass man die gewünschte Menge selbst abfüllt, kauft man auch wirklich nur das, was man wirklich braucht. Zwar muss man den Einkauf gut planen, aber so vermeidet man auch Reste, die sonst auf dem Müll landen. Es wird einem leicht gemacht, nur das zu kaufen, was man benötigt. Spontankäufe gibt es nicht und dadurch lässt sich wiederum Geld sparen. Plastikfreies Einkaufen leistet einen wichtigen Beitrag zum Umweltschutz, weil viel Müll vermieden wird. In Deutschland produziert jede Person 37,4 kg Plastikmüll im Jahr – eine Menge, die unbedingt reduziert werden muss. Wenn wir auf schädliche Plastikverpackungen verzichten, reduzieren wir nicht nur den Müll, sondern sparen auch Ressourcen. Wir unterstützen die Zero-Waste-Bewegung damit und schonen unsere Umwelt.

Ein Einkauf in Läden, die ihre Ware unverpackt anbieten, ist ein guter Beitrag zum Umweltschutz. Auch wenn man noch etwas mehr auf Hygiene achten muss und womöglich deutlich höhere Preise bezahlt, eine gute Planung braucht und eigene Behälter mitbringen muss – es ist von großer Wichtigkeit, die Müllmenge zu reduzieren. Die Kosten für Verpackungen fallen in diesen Läden weg und man hat den großen Vorteil, dass man beim Selbstabfüllen auch nur das kauft, was man wirklich benötigt. Durch plastikfreies Einkaufen Müll zu vermeiden und Ressourcen zu schonen, ist eine einfache Möglichkeit, unsere Umwelt zu schützen. Daher wünsche ich mir noch mehr Unverpackt-Läden und Menschen, die bereit sind, etwas mehr Geld auszugeben und umweltbewusst zu handeln.

Textbeschreibung

2. Lyrik

„NATURGEDICHT“ (Reiner Kunze)

Das Gedicht „NATURGEDICHT“ von Reiner Kunze, erschienen 2007, handelt von Täuschung und dem Kontrast, den es dabei zwischen Menschen und Dingen gibt.
Bei dem Gedicht handelt es sich um reimlose Lyrik aus der Moderne. Es ist sehr kurz, denn es besteht nur aus dreimal zwei Versen und einem einzelnen Vers zum Schluss. Insgesamt hat es nur 30 Wörter und eine Überschrift, die aus einem zusammengesetzten Wort besteht: „Natur“ und „Gedicht“. Diese Überschrift steht im Widerspruch zum Inhalt des Gedichts, denn es geht nicht um die Natur, wie man erwarten könnte.
Das Gedicht umfasst drei Sätze, Vers 1 und 2 bilden einen Satz, Vers 3 und 4 einen weiteren, die Verse 5, 6 und 7 bestehen aus einem dritten Satz. Auffällig ist, dass die Satzanfänge großgeschrieben sind, aber ansonsten in den Strophen keine Großbuchstaben verwendet werden. Dies steht jedoch formal und inhaltlich im Kontrast zur Überschrift, die nur aus Großbuchstaben besteht. Kunzes Naturgedicht hat kein Reimschema, nur Vers 3 und Vers 7 reimen sich, das wirkt eher zufällig. Beim Metrum handelt es sich um einen Jambus.
Der Titel „Naturgedicht“ lässt ein Gedicht erwarten, das sich mit Natur, Landschaft, Wasser, Wiese, Feld, Wald oder Tieren beschäftigt, stattdessen geht es um Täuschung, um Dinge und Menschen. Der Dichter könnte auch gemeint haben, dass es um die Natur des Menschen geht. Zunächst heißt es, die Dinge müssen mit ihrem wahren Namen gerufen werden, das bedeutet, nur wenn wir Dinge richtig benennen, bekommen wir, was wir wollen oder brauchen – nur dann „hören“ sie. (Z. 1) Der Mensch aber will „[g]etäuscht sein“ (V. 3), was bedeutet, dass er ganz bewusst die Wahrheit nicht hören will, sondern lieber etwas vorgetäuscht bekommt. Eine Vermeidung von unangenehmen Tatsachen: Wenn dem Menschen etwas unangenehm ist, schaut er nicht hin. „Er täuscht sich / aus der welt hinaus“ (V. 5 f.). Mit der Täuschung flüchtet er in Illusionen. Er will glauben, dass alles anders ist als in Wirklichkeit. Der Mensch will also unangenehmen Wahrheiten aus dem Weg gehen. Er lässt Täuschungen zu. Doch bei Dingen funktioniert das nicht. Sie entziehen sich, wenn man sie falsch benennt, sie „kennen kein verzeihn“ (V. 7).
Die Dinge werden in diesem Gedicht personifiziert, denn sie können „hören“ (V. 1) und verzeihen bzw. verzeihen nicht (vgl. V. 7). Dadurch entsteht der Eindruck, dass es zwar einen Kontrast zwischen Menschen und Dingen gibt, aber auch viele Gemeinsamkeiten. Unterstützt wird dieser Eindruck der Gleichwertigkeit durch die durchgängige Kleinschreibung. Abgesehen von den Satzanfängen und der Überschrift gibt es keine Großbuchstaben. Moralisch werden die Dinge als überlegen dargestellt, da sie sich nicht täuschen lassen und bei der Wahrheit bleiben. Sie entwickeln sich auch unabhängig von der Täuschung der Menschen und „kennen kein verzeihn“ (V. 7). Die Täuschung wird betont, indem es heißt, der Mensch will „[g]etäuscht sein“ (V. 3) und „Er täuscht sich“ (V. 5), dabei wird aus dem passiven „getäuscht werden“ ein aktives „sich täuschen“, das heißt, der Mensch wird zunächst von jemandem getäuscht, lässt das zu und dann täuscht er sich selbst. Er macht sich etwas vor, weil er die Wahrheit nicht sehen will.
Mit wenigen Worten schafft Kunze es, einen Kontrast zwischen Menschen und Dingen aufzuzeigen, den es in Bezug auf Täuschung gibt. Der Mensch lässt sich täuschen, will oft sogar getäuscht werden, Dinge „gehorchen“ nur der Wahrheit. Durch die Wahl der sprachlichen Mittel stehen sich Menschen und Dinge gleichwertig gegenüber. Die Kernaussage des Gedichts lässt sich auch auf das Thema „Klimawandel“ übertragen: Viel zu lange hat der Mensch hier weggesehen, sich täuschen lassen, weil er sich mit der unangenehmen Wahrheit nicht auseinandersetzen will. Doch die Natur rächt sich und kennt kein Verzeihen.

3. Prosa

„Achtung vor dem Leben" (Robert Zabek)

In der Kurzgeschichte „Achtung vor dem Leben" von Robert Zabek, veröffentlicht 2018, wird die Begegnung eines Ich-Erzählers mit einer Raupe beschrieben.

Der Erzähler ist mit dem Fahrrad unterwegs, als er vor sich auf dem Weg eine Raupe sieht und scharf bremst, um sie nicht zu überfahren. Er hockt sich hin, um das Tier zu beobachten und sicherzustellen, dass es bei der Überquerung des Gehweges unbeschadet bleibt, und lässt die Lesenden an seinen Gedanken teilhaben, bevor er weiterfährt.

An einem Freitagnachmittag im Herbst radelt er bei bestem Wetter auf einem Asphaltweg entlang des Flusses, er ist alleine und er genießt die Natur. Mit dem Satz „Heute ging ich in die Knie" (Z. 1) beginnt er seinen Bericht. Das könnte bedeuten, dass jemand schwach wird, er meint es aber auch im wörtlichen Sinn, dass er in die Hocke ging, wie später ausgeführt wird. Beim Bremsen hat der Ich-Erzähler nach eigenen Angaben eine stark verkürzte Reaktionszeit, die er darauf zurückführt, dass er seit langem ein Instrument spielt. Wahrscheinlich ist er Berufsmusiker, das würde auch erklären, warum er um diese Uhrzeit unterwegs ist und nicht arbeitet: „Keiner da, der stört, herrlich …" (Z. 10). Dass es ihm gelingt, rechtzeitig zu bremsen, freut ihn, auf seine schnelle Reaktion ist er stolz: „Gut so! Das Rad steht, meine Beine berühren den Boden. Vor mir … da liegt sie … da kriecht sie." (Z. 19 ff.) Zu dem Zeitpunkt weiß der Leser noch nicht, worum es sich handelt. Der Erzähler macht es spannend, benutzt das Personalpronomen „sie", bevor er sagt, dass es sich um eine Raupe handelt. Er nimmt sich Zeit, kniet sich auf den Asphalt und beobachtet das Tier beim Kriechen. Dabei vergleicht er das sorglose Leben dieser Raupe mit dem sorgenvollen Leben der Menschen. Er erfreut sich sichtlich am Anblick des kleinen Tieres, das er „edel, sachte und einfach nur wunderschön" (Z. 22) findet und als „schöne[s] Lebewesen[…]" (Z. 41) bezeichnet. Zugleich malt er sich die Zukunft der Raupe aus, wie sie zu einem Schmetterling wird und meint, es „wartet sicher ein schönes Leben auf den Falter" (Z. 46 f.). Vor der Begegnung mit der Raupe hatte er in den Nachrichten gehört, dass zwölf Kinder im Krieg getötet worden waren, und diese schöne achtsame Begebenheit jetzt auf dem Weg scheint den Ich-Erzähler wieder mit dem Leben zu versöhnen, „So ist wohl das Leben" (Z. 51), sagt er und meint, Schreckliches und Schönes wechseln sich ab.

Die Kurzgeschichte erzählt nur eine kurze Begebenheit, einen achtsamen Moment im Leben des Ich-Erzählers. Erzählte Zeit und Erzählzeit sind etwa gleich. Sehr detailliert berichtet der Ich-Erzähler von der Begegnung mit der Raupe. Er kommentiert seine Handlungen – bremsen, sich hinhocken, beobachten, die Raupe beschützen und bewundern – und äußert, was er dabei denkt. Viele Sätze sind sehr kurz bzw. elliptisch: „Gut so!" (Z. 19), „Langsam." (Z. 21), „Egal." (Z. 44) Mit Lautmalerei wird das Bremsen verdeutlicht: „Quiiiiiiieeeeeeetsch!" (Z.11) Sehr oft sind die Sätze unvollständig, immer wieder drei Punkte, die eine Gedankenpause darstellen oder stellvertretend für unausgesprochene Wörter stehen. Dadurch wird die Zeit gedehnt. Aber es entsteht auch eine Unruhe, weil der Ich-Erzähler gedanklich hin und her springt. Er beschreibt, was die Raupe macht, denkt über ihre Zukunft als Schmetterling nach, erwähnt seine Freude und macht sich Gedanken über das Geschlecht, um im nächsten Moment die Sorge zu erwähnen, ein Kind könne dem Schmetterling Leid antun, und sich dann an den Teletext vom Vormittag zu erinnern. All dies weist eher Merkmale der mündlichen als der geschriebenen Sprache auf.

Die Raupe symbolisiert Zielstrebigkeit und Geduld und steht gleichzeitig für die Wandlung. Sie macht sich keine Sorgen, stellt der Ich-Erzähler fest, sie liegt nur da und wird bald zu einem Schmetterling und durch die Lüfte schweben. Diese Tatsache, dass ein eher unattraktives Tier sich durch einen Verpuppungsprozess in ein so schönes Gebilde verwandeln kann, das sogar fliegen kann, hat etwas Faszinierendes, wobei der Erzähler auch die Raupe schon schön findet. Sie ist ein Bild für die Verwandlungskraft und für Veränderung und sie verleitet den Ich-Erzähler dazu, über das Leben nachzudenken.

Pflichtteil – Teil A

A1 – Sachtext

„Das kurze Leben der Elektrogeräte"

Textverständnis

1. **Zutreffende und nicht zutreffende Aussagen**

   a) trifft zu
   b) trifft nicht zu
   c) trifft nicht zu
   d) trifft nicht zu
   e) trifft zu
   f) trifft nicht zu

2. **Begriff erklären**

   „Geplante Obsoleszenz" bedeutet, dass Hersteller von Elektrogeräten extra einen Defekt in ein Gerät einbauen, um die Kundschaft zum Kauf eines neuen Gerätes zu zwingen. Damit wird für mehr Umsatz gesorgt.

3. **Zwei Gründe formulieren**

   Ein Grund für Kritik an der kurzen Lebensdauer von Geräten aus ökologischer Sicht ist, dass für die Herstellung wertvolle Ressourcen verbraucht werden. Außerdem werden bei der Herstellung die Umwelt und das Klima durch Schadstoffe und Treibhausgase belastet.

4. **Gesetzliches Gewährleistungsrecht erläutern**

   Das aktuelle gesetzliche Gewährleistungsrecht besagt, dass Käufer/-innen zwei Jahre lang vom Handel eine Erstattung für ein kaputtes Gerät bekommen können. Nach einem halben Jahr müssen sie aber beweisen, dass das Gerät nicht durch ihre eigene Schuld defekt ist.

5. **Zwei Gründe beschreiben, warum Elektrogeräte immer kürzer genutzt werden**

   Elektrogeräte werden immer kürzer genutzt, weil beispielsweise immer mehr Haushaltsgroßgeräte schon in den ersten fünf Jahren kaputt gehen. Außerdem kaufen viele Kunden und Kundinnen ein neues Gerät, obwohl das alte nicht defekt ist, weil sie die neueste Technologie oder das neueste Modell besitzen wollen, vor allem bei Fernsehern und Smartphones.

6. **Qualitätssteigerung bei Änderung des Gewährleistungsrechts begründen**

   Stefan Schridde ist der Meinung, dass der Handel sich um eine bessere Qualität bemühen würde, wenn man das Gewährleistungsrecht ändern würde und der Handel für defekte Elektrogeräte länger als ein halbes Jahr haftbar gemacht werden könnte. Dann müsste er nämlich viel zu oft defekte Geräte ersetzen.

Sprachgebrauch

7. Korrekte Schreibweise bestimmen und Rechtschreibstrategie benennen

a) Ein schneller Defekt bei Kleingeräten ist nichts **Überraschendes**. → Regel: Großschreibung des nominalisierten Adjektivs (Begleitwort = unbestimmte Mengenangabe)

b) Erste Anzeichen für das drohende Ende der Lebensdauer sind zunehmend laute **Geräusche** des Gerätes. → Strategie: Suchen eines verwandten Wortes der gleichen Wortfamilie: rauschen

c) Manche Elektrogeräte können bei intensiver Nutzung leicht in **Brand** geraten. → Strategie: Verlängern, Bilden des Plurals: Brände

d) Für den Konsumenten ist es **am besten**, wenn er ein qualitativ hochwertiges Gerät mit einer langen Lebensdauer kauft. → Regel: Superlativ ist Zeichen für Kleinschreibung: gut – besser – am besten

8. Kommata einfügen und begründen

a) Der Umsatz wird angekurbelt, wenn der Kunde neue Geräte kaufen muss.
Regel: Komma zwischen Haupt- und Nebensatz

b) Smartwatches, die technisch schnell veralten, sind besonders bei Jugendlichen sehr beliebt.
Regel: Abtrennung von Relativsatz (Einschub)

9. Satz in indirekter Rede formulieren

Ines Oehme vom Umweltbundesamt sagt, ihr Ziel sei es, dass die Menschen sich auf eine Mindestlebensdauer verlassen können ...

10. Tempus bestimmen

a) Präsens
b) Plusquamperfekt
c) Futur II
d) Perfekt

11. Passivsatz formulieren

Neue Geräte werden frühzeitig von Verbrauchern gekauft, obwohl die alten noch voll funktionsfähig sind.

12. Wortarten bestimmen

(1) ob: Konjunktion
(2) gibt: Verb (in der 3. Person Präsens)
(3) diese: Demonstrativpronomen
(4) wir: Personalpronomen

13. Feldertabelle erstellen

Vorfeld	linke Satzklammer	Mittelfeld	rechte Satzklammer	Nachfeld
Ein Elektrogerät	sollte	eine Mindestlebensdauer	haben,	
	weil	dies aus ökologischen Gesichtspunkten nachhaltiger	ist.	

14. Formulierung erklären

„Ein Dorn im Auge" bedeutet, dass es sich um etwas Störendes handelt, ein Dorn im Auge ist etwas, das irritiert, das man beseitigen oder loswerden will.

A2 – Literatur

„Der Sonne nach" (Gabriele Clima)

15. Drei bedeutsame Figuren auf der Reise von Dario und Andy nennen und erklären

Rak: Rak ist ein hilfsbereiter Junge, der ihnen in einer Notsituation hilft. Er baut für Andy das motorisierte „Rakmobil", damit sie auf ihrer Reise besser vorankommen. Außerdem bringt er Dario dazu, sich Gedanken zu machen über das, was er eigentlich will.

Tiffany: Sie lädt Dario auf eine Party ein. Sie flirtet mit ihm und verabreicht ihm Drogen.

Die Nonne: Die Nonne, mit der Dario einen verletzten Reiher rettet, glaubt an ihn und sein Talent, mit Tieren und Menschen umzugehen. Sie stärkt sein Selbstwertgefühl.

oder

Darios Vater: Die Begegnung mit seinem Vater ist sehr wichtig für Dario. Er hatte jahrelang ein idealisiertes Bild seines Vaters, sehnte sich nach ihm. Als er ihn trifft, erkennt Dario, dass die Wirklichkeit ganz anders aussieht. Er ist enttäuscht, kann sich so aber auch von seinem Vater lösen.

Flora: Die Freundin des Vaters ist eine unkomplizierte, esoterische „Baumfrau". Sie würde Dario und Andy sofort bei sich aufnehmen.

16. Vier Aspekte aufzeigen, warum Dario die Gesamtsituation so empfindet

- Dario konnte seiner Situation bisher nicht entfliehen.
- Er leidet unter der Trennung der Eltern, gibt sich selbst die Schuld daran.
- Dario glaubt nicht an sich und seine Fähigkeiten.
- Er fühlt sich „gelähmt".

oder

- Er hat schulische und private Probleme. / Er kann weder mit der Mutter noch mit dem Vater über seine Situation reden. / Dario kann sich nicht gut Problemen stellen.

17. Zwei Gründe nennen, warum Frau Delfrati für Dario ein „Weichei" ist

- Dario hat Andy gefährdet, was seiner Ansicht nach hätte bestraft werden müssen.
- Er empfindet Frau Delfratis Reaktion als nicht konsequent.

oder

- Er provoziert immer wieder durch sein Verhalten, weil ihm keine klaren Grenzen gesetzt werden. / Er findet, dass sich Frau Delfrati nicht durchsetzen kann. / Dario empfindet es als ungerecht, dass sie ihn eine „Niete" nennt. Nach der Begebenheit mit Andy jedoch reagiert ihm Frau Delfrati zu „weich".

18. Erklären, wodurch Dario Andys Entwicklung beeinflusst hat

Dario fördert Andys Selbstständigkeit, indem er ihm auf Augenhöhe begegnet. Dario spricht ganz normal mit ihm, was Andys Fähigkeit, zu kommunizieren, verbessert hat.
Dario fordert ihn und packt ihn nicht in Watte wie Elisa. Er erkennt Andys Bedürfnisse und geht darauf ein. Dario ermöglicht Andy Kontakte zu vielen Menschen, er erlebt mit ihm neue Situationen. Er gibt aber auch eigene Probleme und Unzulänglichkeiten zu und dass auch er Hilfe braucht.

19. Darios inneren Monolog verfassen

So viele Jahre habe ich mich nach meinem Vater gesehnt. Nach diesem starken, liebevollen Vater aus meiner Kindheit. Ich habe mir die Schuld dafür gegeben, dass er uns verließ. Und jetzt? Was habe ich vorgefunden? Einen fremden, abgestürzten Mann, mit dem ich nicht mal reden kann. Der mir ausweicht und mich mit oberflächlichem Zeug volllabert.
Der mich immer noch „Darius der Große" nennt. So ein Heuchler! Wenn ich groß für ihn wäre, hätte er mich nicht verlassen!
Gleichzeitig bin ich froh, meinen Vater nach so vielen Jahren endlich gefunden zu haben. Das war wahrscheinlich schon immer mein Ziel, ohne dass ich das genau gewusst habe. Vielleicht muss ich nun auch endlich nicht mehr traurig sein, meinen Vater verloren zu haben. Auf dieses Wrack kann ich getrost verzichten. Ich muss nun nach vorne blicken und meinen eigenen Weg im Leben finden. Ich weiß zwar noch nicht, wo er hinführen wird, aber eines weiß ich genau: So wie mein Vater will ich auf keinen Fall werden! Die ganze Zeit bekifft herumhängen und nichts auf die Reihe kriegen …
Mit seiner Flora geht er allerdings liebevoll um. Er scheint sie wirklich gern zu haben. Aber ehrlich gesagt, tut mir das auch ein bisschen weh, weil ich dabei an meine Mutter denken muss, die bei ihm geblieben ist, zu ihm gehalten hat, für ihn gesorgt hat ...
Auf einmal hab ich richtig Heimweh. Mama weiß ja nicht mal, wo ich bin, sie macht sich sicher Sorgen. Ich muss so schnell wie möglich nach Hause fahren.

oder

19. Darios Tagebucheintrag verfassen

Plötzlich muss ich wieder an meine Reise mit Andy denken. Mann, was haben wir in diesen vier Tagen alles erlebt! Ich hätte mir nie vorstellen können, all das zu tun, was ich getan habe. Mit so einem wie Andy klarzukommen. Und dabei festzustellen, dass der mir in vielem sogar überlegen ist. Mit seiner Andy-Welt, in der er unabhängig und frei ist. Viel freier als ich selbst. Durch Andy habe ich gelernt, mich meinen eigenen Problemen zu stellen, mir vieles bewusst zu machen. Was meinen Vater angeht, meine Mutter.
Und wie viele Menschen wir kennengelernt haben, was für großartige Hilfe wir erfahren haben. Rak zum Beispiel. Ein echt toller Typ. Den würde ich gerne noch mal treffen. Der wuss-

te in seinem Chaos ganz genau, was er will, seine „offenen Wege". Vielleicht hat er recht? Brauche ich auch offene Wege? Möglichkeiten im Leben?
Durch die Begegnung mit Andy ist mir jedenfalls vieles klar geworden. Dass auch die kleinen Dinge im Leben wichtig sind. Er kann sich an so vielem erfreuen, das ich bisher gar nicht bemerkt habe. Die Sonne. Eine Rolltreppe. Ein blauer Stein.
Und ich habe gemerkt, dass ich Verantwortung übernehmen kann. Es hat mir gutgetan, für einen anderen Menschen wichtig zu sein, für ihn zu sorgen.
Und wir hatten so viel Spaß miteinander! Andy ist ein wirklich guter Freund geworden. Ich würde ihn gerne weiterhin treffen, mit ihm Dinge unternehmen. Aber das ist leider nicht mehr möglich. Niemand wird mir Andy nochmals anvertrauen.

Wahlteil – Teil B

1. Erörterung

Vor- und Nachteile eines Verbots von Feuerwerkskörpern zur Jahreswende

Jedes Jahr das Gleiche: Wenn sich das Jahr dem Ende zuneigt, beginnt die Diskussion über das Feuerwerk an Silvester. In dem Artikel „Debatte über Feuerwerk: Brauchen wir ein Böllerverbot?" erläutert Martin Franke die Vor- und Nachteile des Verbots von Raketen und Böllern zum Jahreswechsel.
Wenn man die Deutschen befragt, ist die Mehrheit für ein Verbot von Böllern, wie eine repräsentative Umfrage des Meinungsforschungsinstituts YouGov ergeben hat, nämlich 57 Prozent. Während 36 Prozent dagegen sind, konnten sich sieben Prozent nicht entscheiden. (vgl. Z. 20 – 25) Ein Böllerverbot in deutschen Großstädten wurde zwar von der Deutschen Umwelthilfe schon angekündigt, umgesetzt wurden aber dann nur Verbotszonen für private Silvesterknaller in einigen Innenstädten.
Ein Verbot ist laut Franke „die letzte Option des Gesetzgebers, die aber auch in die individuelle Freiheit von Menschen eingreift." (Z. 75 ff.) Das würde sicher zu großen Protesten führen und wäre auch sehr schwer durchzusetzen. Viele Menschen reagieren empfindlich, wenn man ihnen Freiheiten nimmt. Schon deshalb, weil nicht überall in Deutschland die negativen Folgen so groß sind wie in Städten und größeren Orten. Daher ist die Diskussion um Verbotszonen sicher sinnvoller als ein generelles Böllerverbot, das Franke für „unrealistisch, auch wenn es dazu Initiativen und Petitionen gibt", hält. (Z. 78 f.)
Während im Mittelalter nur Reiche ihre Gäste bei Feierlichkeiten mit Feuerwerk unterhalten konnten, hat die breite Öffentlichkeit seit dem 19. Jahrhundert Zugang dazu. So ist Silvester unweigerlich mit Feiern und Feuerwerk verbunden und dieser Brauch macht den Menschen Spaß. Es ist Tradition, das neue Jahr mit Raketen und Böllern zu begrüßen und die Bereitschaft, dafür Geld auszugeben, wächst. Damit ist ein Wirtschaftszweig gewachsen, auch wenn „der Verkauf auf nur drei Tage bis zum 31. Dezember begrenzt" ist. (Z. 35 f.) Auch wenn manche Händler inzwischen wegen der Umweltverschmutzung auf den Verkauf von Feuerwerkskörpern verzichten, verdienen andere weiterhin sehr viel Geld damit und hoffen, dass die Verbraucher/-innen die Tradition fortsetzen wollen und das Thema „Klimaschutz" für kurze Zeit ausblenden.
Das hoffen Leidtragende der lauten Jahreswende allerdings nicht – zum Beispiel die Tiere, die dem Spektakel ausgeliefert sind. Hundebesitzer/-innen wissen, wie schrecklich die Knallerei für ihre Lieblinge ist, und auch Vögel und Tiere im Wald sind dem schutzlos ausgeliefert. Ebenfalls zu bedenken sind die gesundheitlichen Risiken für die Menschen, denn von Böllern und Raketen gehen ja auch Gefahren aus. Immer wieder warnen Ärztinnen und Ärzte, dass Silvesterböller

aufgrund ihrer Lautstärke das Gehör dauerhaft schädigen können und dass es jedes Jahr zu schlimmen Verletzungen, z. B. Verbrennungen, Verstümmelungen der Hände oder zum Verlust des Augenlichts kommt. Zusätzlich sind Vorfälle aus Berlin bekannt, wo in den vergangenen Jahren „immer wieder Rettungskräfte und Polizisten mit Böllern beworfen worden" waren. (Z. 16 ff.) Zu den unabsichtlichen Verletzungen kommen also unter Umständen absichtlich verursachte: Böller werden als Waffe eingesetzt. Die Befragung der Deutschen hat gezeigt, dass die Mehrheit aber nicht nur aus Sicherheits-, sondern auch aus Umweltgründen für ein Verbot ist. Die Umweltverschmutzung durch die Feinstaubmenge ist enorm: „In einer Pressemitteilung der DUH heißt es, dass die Feinstaubmenge, die durch das Feuerwerk zum Jahreswechsel freigesetzt wird, 16 Prozent der jährlich im Straßenverkehr entstehenden Menge entspreche." (Z. 50 – 54) Nur zum Spaß verschmutzen wir also unsere Luft, die wir zum Atmen brauchen! Und nicht nur die Luft, auch die Natur wird durch den Abfall verschmutzt, den Feuerwerk und Böller häufig in der Umwelt hinterlassen und um dessen Beseitigung sich niemand kümmert.
Obwohl ich selbst Silvester gerne traditionell feiere und mich über Raketen und Böller zur Jahreswende immer gefreut habe, bin ich nach Abwägung aller Argumente für ein Böllerverbot. Auch wenn damit die individuelle Freiheit von Menschen eingeschränkt wird, wir auf den Spaß verzichten müssen und einige Firmen einen drastischen Rückgang ihrer Einnahmen spüren werden. Der Schutz unserer Umwelt, auch unserer Tiere, wird immer wichtiger in der heutigen Zeit – wir können Klimaschutz nicht einfach mal für ein paar Minuten ausblenden! Wir müssen Verantwortung übernehmen und unser Verhalten ändern, wenn es dem Klima und der Umwelt, Mensch und Tier schadet! Und wenn man sich nicht auf ein generelles Böllerverbot einigen kann, dann sollte man wenigstens weiterhin immer größere Verbotszonen einrichten. Als Kompromissvorschlag könnte man vielleicht den Verkauf der Silvesterknaller an private Verbraucher/-innen verbieten, aber dafür einige öffentliche Veranstaltungen mit Feuerwerk organisieren, wie es sie auch bei anderen Festen und Gelegenheiten im Laufe des Jahres gibt. So bleibt ein bisschen Tradition erhalten, aber die Feinstaubbelastung wird erheblich gesenkt, genauso wie die Gefahren für das Leben und die Gesundheit der Menschen.

Textbeschreibung

2. Lyrik

„Gagarin" (Günter Kunert)

In dem Gedicht „Gagarin" von Günter Kunert, veröffentlicht 1965, beschreibt der Dichter, was der russische Kosmonaut Juri Gagarin empfindet, als er als erster Mensch die Erde umkreist.
Das Gedicht besteht aus vier Strophen mit jeweils vier Versen. Der zweite und der vierte Vers reimen sich in jeder Strophe, es handelt sich also um einen halben Kreuzreim. Beim Metrum handelt es sich um einen Trochäus.
Für den Titel des Gedichts wurde der Nachname des Kosmonauten Juri Gagarin gewählt, um dann in den Strophen seine Perspektive zu beschreiben und was er bei seiner Erdumkreisung denkt und fühlt und zu welchen Erkenntnissen er gelangt. Nachdem er „durch des Himmels Bläue aufgefahren" (V. 1) ist, also die Erdatmosphäre verlassen hat, gerät er in eine Art Stillstand. Es scheint ihm, dass er sich nicht mehr bewegt, er hängt „fest in dieser schwarzen Weite" (V. 3) und kann die Erde beobachten. Durch die Anapher in den Versen 3 und 4, die mit dem Wort „und" beginnen, hat die Leserschaft den Eindruck, dass ein Gedanke entwickelt wird – es fällt ihm noch etwas ein, er verweilt im Beobachten. Seine Reise ging durch die Farbe Blau in die „schwarze Weite", wie er das Weltall nennt. Diese Wortkombination ist ungewöhnlich und wirkt bedrohlich,

dort festzuhängen, noch mehr. Die Erde nennt er im 1. Vers der 2. Strophe „Heimat", damit wechselt er auf die Gefühlsebene. Er beschreibt sie als „unfaßbare Kugel" (V. 5). Mit dem Adjektiv (unfaßbar) wird deutlich, dass er die Erde nicht fassen kann, wegen ihrer Größe, aber auch, dass er sie nicht begreifen bzw. verstehen kann. Der nächste Vers beginnt erneut mit dem Wort „und", seine Gedanken gehen weiter und er beschreibt, dass er sich der Erde nahe fühlt. Dieses Gefühl wird durch das Wort „plötzlich" verstärkt, das hat er so noch „nie vorher" (V. 6) gespürt. An dieser Stelle wird ein Widerspruch beschrieben; er befindet sich sehr weit weg von der Erde, aber gefühlsmäßig ist er ihr nah: „... plötzlich nah / Da er, fern von ihr in den Unendlichkeiten" (V. 6 f.). Mit der Substantivierung des Adjektivs „unendlich" wird wieder das Weltall, die schwarze Weite, umschrieben. Er selbst ist bei seinen Betrachtungen und Überlegungen „[s]tumm und reglos" (V. 8), also ganz in seine Gedanken und Gefühle versunken. Aus dem Gefühl der Nähe wird in der nächsten Strophe Liebe. Auch dieser Vers beginnt mit dem Wort „Und", was verdeutlicht, wie sich die Gedanken weiterentwickeln. Der Kosmonaut begründet das Gefühl der Liebe mit der Erkenntnis, dass es sich bei der Erde um die Mutter der Menschen handelt, die „die Söhne" (V. 11) nährt und ihnen Heimat gibt. Mit den Metaphern, die Erde als Mutter und die Menschen als Söhne der Mutter Erde, wird die Beziehung verdeutlicht. Aber es folgt die Erkenntnis, eingeleitet durch das Wort „[a]ber" (V. 12), eine Einschränkung, dass die Erde sich durch die Menschen „in tödlicher Gefahr" (V. 12) befindet. Das Adjektiv verstärkt die Aussage: Es geht ums Überleben.
In der letzten Strophe reist der Kosmonaut zurück und beschreibt seine Erkenntnisse sehr deutlich. Es wird ihm klar, dass es nur eine Erde gibt, dass die Menschen sich dort arrangieren müssen, um auf ihr zu überleben. Hat er die Erde zuvor noch als „unfaßbare Kugel" beschrieben, seine Gefühle für sie durch die Wortwahl „Heimat" verdeutlicht, so nennt er sie nun „Planet" und „Erde". Damit wird er sachlicher und auch der Ausspruch „Leben keins" (V. 16) erinnert an seine berufliche Perspektive oder Aufgabe. Somit wird eine Gegenbewegung deutlich: Während Gagarin sich räumlich von der Erde entfernt, rückt er ihr gefühlsmäßig näher, dann nähert er sich der Erde wieder und entfernt sich von seinen Gefühlen.
In dem Gedicht „Gagarin" werden anschaulich die Gefühle und Gedanken beschrieben, die der russische Kosmonaut bei seiner Erdumkreisung entwickelt, als er die Erde aus der Ferne sieht und sich ihr, seiner Heimat, plötzlich sehr nah fühlt. Er spürt Liebe und ihm wird klar, dass der Planet für die Menschen wie eine Mutter ist und dass er in tödlicher Gefahr ist, weil die Menschen dabei sind, die Erde zu zerstören und damit auch ihre Lebensgrundlage. Günter Kunert möchte mit diesem Gedicht auf die Gefahr aufmerksam machen, in der sich der Planet Erde befindet, und die Menschen an ihre Verantwortung erinnern, diesen zu schützen, damit die Menschheit nicht ausgelöscht wird.

3. Prosa

„Das Glück" (Marion Miller)

In der Kurzgeschichte „Das Glück" von Marion Miller, veröffentlicht 1987, geht es um eine alte Frau, die eine hohe Summe im Lotto gewinnt. Die Siebzigjährige wird von der Nachricht überrascht, dass sie nach vielen Jahren 60.000 Mark im Lotto gewonnen hat. Sie kann es kaum glauben, nachdem sie immer in Armut gelebt hat, hat sie plötzlich Geld, und sie beschließt, in die Stadt zu fahren und sich Dinge zu leisten, die sie glücklich machen sollen. Dann aber ändert sie ihre Meinung, kommt zu der Erkenntnis, dass sie kein Geld mehr braucht, dass es zu spät kommt und fährt stattdessen zur Bank, um den Gewinn an die Kirche zu spenden.
Der Titel „Das Glück" bezieht sich auf den Lottogewinn; eine große Geldsumme wird zunächst mit Glück in Verbindung gebracht und in dem Begleitbrief heißt es: „‚dürfen wir Sie zu Ihrem

Gewinn beglückwünschen!'" (Z. 7 f.) Die alte Frau will daraufhin „das Glück auf die Probe stellen, Freude kaufen, Sehnsüchte bar bezahlen". (Z. 14 f.) Die abstrakten Begriffe „Freude" und „Sehnsucht" werden wie Objekte behandelt, sollen gekauft und bezahlt werden. Hier werden also Personifikationen verwendet, um die Gedanken anschaulich zu beschreiben.
Zunächst aber wird der Gefühlszustand der Hauptfigur erläutert, ihre Fassungslosigkeit. Die Autorin verwendet wiederholt das Stilmittel Parallelismus, was zu Verstärkung und Dramatisierung führt. Mit zum Teil sehr kurzen Sätzen oder Aneinanderreihungen von kurzen Aussagen und vielen Wiederholungen, manchmal sinngemäß: „Sie fasst es nicht, kann es nicht begreifen" (Z. 1) und manchmal wortwörtlich: „fünfzehn Jahre lang" (Z. 3, Z. 4 f. und Z. 5) gelingt es, das Gefühlschaos zu verdeutlichen. Sie hat „geträumt" (Z. 5), sie hat „gehofft" (Z. 5); jetzt hält sie „den Brief ganz fest, spürt Kälte ins Gesicht steigen, legt die Hände vor die Augen, weint" (Z. 8 ff.). Mit diesen anschaulichen Verben wird die emotionale Reaktion der alten Frau beschrieben. Auffällig sind auch die vielen Anaphern, immer wieder fängt ein Satz oder Teilsatz mit dem Wort „sie" an. Mit dem Adverb „gestern" wird ein Bericht über die Armut der Vergangenheit eingeleitet und insgesamt fünfmal näher erläutert: „Gestern Rentnerin, gestern arm, gestern gespart, gestern sich nichts geleistet, gestern an vollen Schaufenstern vorbeigehuscht." (Z. 10 ff.) Dieser Rückblick gipfelt in der Aussage „Nie hatte sie Geld." (Z. 12 f.)
Das ist nun plötzlich anders. Sie fährt also in die Stadt, um sich Dinge zu kaufen, die sie sich nie leisten konnte. Allerdings ist ihr bewusst, was sie da tut, sie nennt es „die Flöte des Rattenfängers: kaufen, dazugehören, Geld ausgeben, glücklich sein". (Z. 16 ff.) Dieses Bild aus der Geschichte des Rattenfängers von Hameln macht deutlich, dass sie weiß, dass sie den Dingen hinterherläuft wie alle anderen, sich einfangen lässt. Es geht aber nicht nur darum, wie alle anderen schöne Dinge zu besitzen, es geht auch darum, dazuzugehören, um das Gefühl, sich etwas leisten zu können und um den Glauben, dass Geldausgeben glücklich macht. Die alte Dame genießt es, im Laden respektvoll behandelt zu werden. Sie hat Geld und könnte sich ein teures Kleid leisten, das führt dazu, dass man sie höflich behandelt und mit „gnädige Frau" (Z. 20.) anredet: „Das Wort dröhnt in ihren Ohren: gnädige Frau! Zum ersten Mal in ihrem Leben." (Z. 20 f.)
Dann aber kommt es zum Wendepunkt in der Geschichte, als sie das Kleid nicht kauft und mit der Personifikation „der Spiegel hat sie ausgelacht" (Z. 22) ihr Sinneswandel eingeläutet wird. Sie sieht sich schließlich selbst im Spiegel und ihr wird bewusst, wie absurd ihre Vorstellungen und Wünsche sind. Alles, was sie sich ausgemalt hat, was sie kaufen könnte, braucht sie jetzt nicht mehr: keinen neuen Mantel, keinen Farbfernseher, kein Haus und keine Reisen. Es ist zu spät und „sie glaubt nicht mehr an Märchen". (Z. 27 f.) Sie fragt sich: „was soll das Geld" (Z. 28 f.) und denkt an all das, was sie vor fünfzig Jahren gebraucht hätte. So kommt sie also zu der Erkenntnis: „Nie hat das Geld gereicht. Nun braucht sie keins mehr." (Z. 32) Daraufhin geht sie zur Bank, wo man sie davon abhalten will, das Geld zu verschenken. Dennoch stellt sie einen Scheck für die Kirche aus. „Sie bleibt dabei, sie will das Geld nicht." (Z. 36)
Zu Beginn der Kurzgeschichte heißt es verheißungsvoll: „Fünf Richtige und Zusatz: Sie hat richtig getippt." (Z. 2 f.) Als ihr klar wird, dass sie das Geld nicht will, wird der erste Teil des Satzes wiederholt: „Fünf Richtige und Zusatz: was soll das Geld." (Z. 28) Die Hauptfigur erkennt, dass das Geld und die Dinge, die sie sich jetzt leisten könnte, ihr nicht mehr wichtig sind. Ihr „Wollmantel hält warm" (Z. 23 f.), sie will doch keinen Farbfernseher, weil ihre Augen müde sind, „chronische Bindehautentzündung, tränig von dem, was sie sahen" (Z. 25 f.), sie braucht kein Haus, weil sie alleine lebt. (vgl. Z. 26 f.) Und so schreibt sie „mit zittrigen Händen die Riesenzahl" (Z. 37) auf den Scheck und gibt das gewonnene Geld weg.
Die Kurzgeschichte wird von einem personalen Erzähler wiedergegeben. Die erlebte Rede bringt die Gedanken und Gefühle der Hauptfigur zum Ausdruck. Wie in Kurzgeschichten üblich, handelt es sich um eine entscheidende Situation im Leben eines Menschen, hier um plötzlichen

Reichtum für eine alte Frau durch einen Lottogewinn. Auch der unvermittelte Anfang, als die Fassungslosigkeit über den Gewinn beschrieben wird „Sie fasst es nicht, kann es nicht begreifen: 60.000 Mark, sechzig große Scheine." (Z. 1 f.) sowie die unerwartete Wendung in der Geschichte, eingeleitet mit „Sie kauft das Kleid nicht, [...]" (Z. 22) und die fehlenden Angaben von Ort und Zeit sind typische Merkmale einer Kurzgeschichte.
Mit der Kurzgeschichte „Das Glück" wirft Marion Miller die Frage auf, was genau „Glück" ist, und der Sinneswandel der Hauptfigur legt nahe, dass sie erkennt, dass Geld nicht glücklich macht. Zumindest jetzt nicht mehr, da sie im Alter kein Geld mehr braucht. Es liegt eine Verbitterung über die schweren Zeiten in der Vergangenheit in dem Text, aber auch ein Akzeptieren der gegenwärtigen Lebenssituation. Mit den gewählten Stilmitteln lässt die Autorin die Leser/-innen die Situation miterleben und mitfühlen und regt zum Nachdenken über die Frage nach dem Glück an.

Pflichtteil – Teil A

A1 – Sachtext

„Warum die ‚Jugend von heute' immer die schlechteste ist"

Textverständnis

1. Zutreffende und nicht zutreffende Aussagen

a) trifft zu
b) trifft nicht zu
c) trifft zu
d) trifft nicht zu
e) trifft nicht zu
f) trifft zu

2. Begriffe erklären

a) Mit „Millennials" sind die Menschen gemeint, die in den 1980er- und 1990er-Jahren geboren wurden.
b) „Juvenoia" ist ein erfundener Begriff, in dem die Bestandteile „juvenil" und „Paranoia" stecken. Er beschreibt sowohl die Angst *vor* der Jugend als auch die Angst *um* die Jugend.

3. Formulieren, wie junge Menschen im 20. Jahrhundert häufig gesehen werden

Der Blick auf junge Menschen ist im 20. Jahrhundert häufig sehr negativ: Sie werden als unfertige Erwachsene gesehen, die nicht ernst zu nehmen und im schlimmsten Fall sogar gefährlich sind.

4. Begründen, warum Jugendkulturen sich heute nicht mehr als solche einteilen lassen

Jugendkulturen lassen sich nicht mehr als solche einteilen, weil es die Generation als Altersgemeinschaft kaum noch gibt, es geht immer weniger um das biologische Alter. Stattdessen findet eine Altersdurchmischung in den verschiedenen Szenen statt, was von Forscherinnen und Forschern als „juvenile Vergemeinschaftung" bezeichnet wird.

5. Beschreiben, wie sich laut Jutta Allmendinger Lebensmodelle möglicherweise künftig entwickeln

Die Studienleiterin vom Wissenschaftszentrum Berlin geht davon aus, dass es eine schleichende Revolution geben wird. Im Bereich Lebensstil wird sich die Vereinbarkeit von Beruf und anderen Lebensbereichen verbessern, bei Partnerschaften wird es neben der Institution Ehe andere mögliche Lebensmodelle geben. Im Bereich Technik geht Alllmendinger davon aus, dass das Internet das Leben noch viel stärker beeinflussen wird.

Sprachgebrauch

6. Korrekte Schreibweise bestimmen und Rechtschreibstrategie oder -regel benennen

a) Laut der älteren Generation kann man dem Verfall der Sitten bei Jugendlichen **zusehen**.
→ Regel: Zusammenschreibung, weil es einen neuen Bedeutungszusammenhang gibt (Synonym für zuschauen, beobachten)

b) Ständiges **Herumnörgeln** an der jungen Generation hat Tradition.
→ Regel: Großschreibung des nominalisierten Verbs

c) Das „Ende der Welt" werden die Jugendlichen nicht **einläuten**.
→ Strategie: Ableiten von einem verwandten Wort der gleichen Wortfamilie, beispielsweise „der Laut"

7. Kommata einfügen und begründen

a) Schon in der Antike gab es die Vorstellung, dass alles immer schlechter wird.
Regel: Komma in einem Satzgefüge zwischen Haupt- und Nebensatz

b) Sokrates hatte viel an den jungen Leuten seiner Zeit auszusetzen, sein Schüler Platon teilte diese Kritik.
Regel: Komma in einer Satzreihe zwischen zwei Hauptsätzen

8. Tempus bestimmen

a) Präsens
b) Perfekt
c) Präteritum
d) Futur

9. Wortarten bestimmen

(1) Dass: Konjunktion/Subjunktion
(2) das: Demonstrativpronomen
(3) Das: Artikel
(4) das: Relativpronomen

10. Passivsatz formulieren

In einem US-Magazin werden ruinierte Institutionen von der Autorin Jia Tolentino aufgezählt.

11. Satz in indirekter Rede formulieren:

Der britische Althistoriker Matthew Shipton sagt, es **gebe** aus vielen antiken Kulturen Belege für diesen Stereotyp der respektlosen jungen Männer.

12. Satzglieder bestimmen

David Finkelhor = Subjekt
forscht = Prädikat
seit Jahrzehnten = adverbiale Bestimmung der Zeit
an der US-Universität New Hampshire = adverbiale Bestimmung des Ortes

13. Synonyme nennen

a) defizitär: unzureichend, mangelhaft, unzulänglich
b) bekritteln: kritisieren, bemängeln, ablehnen
c) Phänomen: Besonderheit, Vorkommnis, Ereignis
d) Institution: Einrichtung, Organisation

A2 – Literatur

„Kleider machen Leute" (Gottfried Keller)

14. Drei Charaktereigenschaften Strapinskis benennen und belegen

- eitel: Wenzel Strapinski legt großen Wert auf ein gepflegtes und edles Erscheinungsbild. Er gefällt sich in Gesellschaft der Schönen und Reichen.
- schüchtern: Wenzel Strapinski redet kaum und schweigt viel. Außerdem traut er sich nicht, Nettchen anzusprechen.
- ängstlich: Wenzel Strapinski traut sich nicht, das Missverständnis aufzudecken, er hat Angst, als armer Schneider enttarnt zu werden.

15. Zwei mögliche Gründe für die Sorgen des Schneiders formulieren

Wenzel Strapinski traut sich im Gasthaus nicht, sein Messer zu benutzen, weil er vermutlich Angst hat, als armer Schneider enttarnt zu werden. Er ist überfordert mit der Situation und sucht nach einem Ausweg.

16. Drei Gedanken Strapinskis erläutern

Vor den Toren der Stadt befindet sich Wenzel Strapinski am Scheideweg: Auf der einen Seite lockt die Stadt mit einem neuen Leben in Reichtum, Glück und Genuss in Form von Anerkennung, gutem Essen und der Liebe, aber auch mit Verschuldung und der Angst, entdeckt zu werden. Auf der anderen Seite bedeutet ein Weggang Freiheit, ein gutes Gewissen und Arbeit, aber ebenso die Rückkehr zu Armut, Entbehrung und Dunkelheit.

17. Zwei Gedanken Nettchens nach der geplatzten Verlobungsfeier darlegen

- „Ich weiß gar nicht, was ich denken soll. Hat Wenzel mich die ganze Zeit belogen? Ist er etwa ein Betrüger?"
- „Dennoch mag ich ihn und vielleicht ist es auch egal, ob er nun ein edler Graf oder ein armer Schneider ist."

oder

- „Ich muss unbedingt mit Wenzel sprechen und erfahren, was wirklich passiert ist."

18. Nettchens Tagebucheintrag verfassen

Liebes Tagebuch,

die letzten Stunden waren so ereignisreich, ich war sehr durcheinander: Ich fragte mich, wer Wenzel Strapinski wirklich sei. Doch nach unserem Gespräch kommt langsam die Klarheit zurück. Ich weiß, dass ich Wenzel liebe und ihn heiraten will – egal, ob er nun ein wohlhabender Graf ist oder ein armer Schneider. Ein edles Wesen hat er so oder so. Er konnte ja gar nichts für dieses Missverständnis. Alle haben sich von seinem Äußeren blenden lassen und er hat sich einfach nicht getraut, die Wahrheit zu sagen. Im Nachhinein habe ich sogar Mitleid mit ihm. Welche Qualen muss ihm wohl sein schlechtes Gewissen bereitet haben? Es hat ihn sicher beinahe zerrissen. Auch seine Kindheit und Jugend waren nicht leicht. Der Vater starb früh, Wenzel verbrachte seine Kindheit in Armut. Um seine Mutter nicht allein zu lassen, blieb er bei ihr und verzichtete darauf, seinen Wunschberuf zu lernen und ein Leben in Wohlstand zu führen. Diese verpasste Chance schmerzt sehr, aber es zeigt auch, welch guter Charakter in ihm steckt: Wer so ein Opfer bringt, hat ein großes Herz. Ich weiß also, dass ich Wenzel heiraten möchte, doch ich muss mir noch überlegen, wie ich dies meinem Vater beibringe. Überhaupt wird der Weg nach Wenzels Entlarvung nicht leicht. Doch gerade deshalb möchte ich hierher nach Seldwyla zurückkehren, um es allen zu zeigen. Die Menschen, die uns eben noch verspottet haben, sollen sehen, wie glücklich wir sind. Wir werden uns ein Geschäft aufbauen und alle sollen es sehen. Wir werden stolzer denn je sein.

oder

18. Wenzels inneren Monolog verfassen

Das ist der Moment, vor dem ich mich so lange gefürchtet habe: Nun bin ich also aufgeflogen – der Graf Strapinski ist in Wahrheit nur ein armer Schneider. Oh, diese Schande. Ich fühle mich so elend. Womit habe ich das verdient? Ich habe mir doch nie etwas zuschulden kommen lassen, ich wollte niemandem schaden, wie konnte ich nur in diese Situation geraten? Auf der anderen Seite hätte ich das Ganze natürlich schon viel eher aufklären müssen. Immer wieder hatte ich die Gelegenheit dazu, doch ich war zu feige und hatte mich außerdem an dieses bequeme und schöne Leben gewöhnt: an das gute Essen und die edle Kleidung, an Nettchen und an die Gesellschaft der Schönen und Reichen. Trotzdem wusste ich, dass es irgendwann zu spät sein würde. Es gab keinen Weg mehr zurück. Wie konnte ich nur so dumm sein? Und wie konnte ich das Nettchen nur antun? Ich schäme mich so sehr! Sicher will sie nichts mehr mit mir zu tun haben. Warum sollte sie auch, sie weiß ja nicht mal, wer ich bin. Ach, könnte ich ihr doch nur alles erklären. Ich liebe sie ja wahrhaftig. Dennoch habe ich sie betrogen. Nun werde ich sie wohl verlieren. Niemand wird mir je wieder vertrauen können. Wahrscheinlich wird man mich bestrafen. Ich stehe vor dem Nichts und blicke in die Dunkelheit. Mir wird angst und bange. Alles scheint so aussichtslos. Ich bin so unfassbar traurig und mag gar nicht mehr weitergehen, am besten lege ich mich hier in den Schnee …

„Herzsteine" (Hanna Jansen)

14. Gemeinsamkeiten von Sam und Enna benennen

Sowohl Enna als auch Sam sind neu in der Klasse, da sie auf die Insel Sylt gezogen sind. Während Enna häufig den Wohnort wechselt und damit auch die Schule, ist für Sam der Umzug von Hamburg nach Sylt zunächst nur für ein Jahr vorgesehen, da der Vater eine Vertretung macht und sich von der Zeit auf der Insel für Fe Erholung verspricht. Enna und Sam gelten als Außenseiter, nicht nur, weil sie neu auf der Insel sind, sondern auch wegen ihres Aussehens. Enna kleidet sich sehr außergewöhnlich, wodurch sie Konvention und Konsum eine Absage erteilt, Sam fällt durch seine Hautfarbe auf, die einen „hellen Bronzeton" (S. 9) hat, denn seine Mutter hat dunkelbraune, sein Vater hingegen weiße Haut. Aber Enna und Sam ist es egal, was andere über sie denken. Eine weitere Gemeinsamkeit ist, dass sie „besondere" Mütter haben. Sams Mutter Fe ist Überlebende des ruandischen Genozids und leidet an einer posttraumatischen Belastungsstörung, Ennas Mutter ist Heilerin mit einem ungewöhnlichen Aussehen, der man zumeist argwöhnisch, manchmal auch feindselig begegnet.

15. Sams mögliche Gedanken erklären

Sam fühlt sich auf seine eigene Mutter angesprochen und denkt vielleicht daran, wie sehr er sich um seine Mutter sorgt, die ihm häufig so fremd vorkommt und ihm „oft ein Rätsel ist" (S. 9). Er denkt womöglich daran, wie unerreichbar sie oft für ihn ist und wie sehr er hofft, dass dieser Probeumzug ihr helfen wird. Es könnte auch sein, dass er an den Vorfall in Hamburg denkt, als die Polizei seine Mutter zurückbrachte, die in einem Kaufhaus eine Nervenkrise hatte. Das hatte ihn total aus der Fassung gebracht, „passte überhaupt nicht in das Bild seiner Mutter, die immer so viel Wert darauf legte, dass man sich tadellos benahm." (S. 13)

16. Drei Gründe nennen, warum die Mutter in dieser Situation so gerührt ist

Felicitas ist so gerührt, weil sie große Dankbarkeit für diese Geste, für das Geschenk der Familie an Sam, empfindet und gleichzeitig fühlt sie sich an ihre eigene Kindheit erinnert, in der sie zu den Kühen floh, sobald sie laufen konnte, fest davon überzeugt, dass ihre Lieblingskuh Kanama ihr gehörte. (S. 11) Sam kann die Kuh nicht mitnehmen, aber jetzt gibt es für ihn etwas Bleibendes in Ruanda, das berührt seine Mutter sehr, sie und Sam sind in ihr Dorf zurückgekommen, er wird in die Familie aufgenommen. Für Sam ist es eine Rückkehr zu seinen Wurzeln.

17. Zwei Aspekte aufzeigen, warum Sam seine gesamte Lebenssituation so empfindet

Sam fühlt sich schon wegen seiner Hautfarbe als Außenseiter, als einer, „der zwischen allen Stühlen hockt". „‚Das kriegst du heute Schwarz auf Weiß'" ist eine Anspielung darauf, hat er doch kurz vorher gefragt: „‚Weiß oder schwarz? Was bin ich, Enna? Kannst du mir das sagen?'" (S. 144). Aber auch in Bezug auf Kultur und Sprache empfindet Sam sich zwischen Deutschland und Ruanda, denn weder in dem Land seines Vaters noch im Land seiner Mutter fühlt er sich richtig dazugehörig.

18. Sams inneren Monolog verfassen

Jetzt hat sich mein Leben echt total verändert. Ich bin nicht mehr der, der vor nicht langer Zeit in das Flugzeug nach Kigali stieg. Irgendwie verrückt, das alles. Ich vermisse Enna, ich kann es gar nicht abwarten, sie wiederzusehen. Etwas, das Bestand hat in meinem Leben. Das hoffe ich jedenfalls so sehr! Und jeder soll wissen, dass wir zusammen sind. Keine Geheimnisse mehr! Wie gut, dass ich das blaue Buch von ihr bekommen habe: Alles aufzuschreiben, hat mir gutgetan. Alles war so anders, als ich es erwartet hatte. Und wir fliegen ohne Mum zurück. Habe ich wirklich geglaubt, sie kommt mit uns zurück? Nein, ich hatte es geahnt, aber nicht wahrhaben wollen. Es tut mir so leid für Dad. Aber immerhin hat die Sprachlosigkeit jetzt ein Ende. Jeder von uns fängt neu an. Und ich glaube wirklich, es ist besser für Dad, wenn ich auf Sylt bleibe und er alleine nach Hamburg zurückgeht. So, dass er sich nicht um mich kümmern muss bzw. keine Rücksicht nehmen muss. Er wird sich in die Arbeit stürzen, um darüber hinwegzukommen, da bin ich sicher. Ich bin traurig und froh, und irgendwie noch immer verwirrt und überwältigt von all dem, was ich gesehen und erfahren habe – wie anders das Leben in Ruanda doch ist im Vergleich zu Deutschland! Aber ich kann Mum jetzt wirklich gut verstehen. Es ist, als hätte ich sie erst jetzt kennengelernt. Und dadurch auch mich … irgendwie richtig … Das alles muss furchtbar für Mum sein, all diese Erinnerungen, diese Trauer, aber vor allem ihre Schuldgefühle. Doch die Rückkehr nach Ruanda ist ihre Chance. Sie war so verändert … Dieses Land ist im Umbruch, es geht mit Riesenschritten in eine bessere, eine modernere Zeit. Wahrscheinlich ist Mum wirklich zurückgekehrt, um dabei zu sein, den Weg in die Zukunft mitzugehen, dabei mitzuhelfen. Wenn sie denkt, sie hat damals alle im Stich gelassen ... Jetzt kann sie etwas tun und es hilft ihr sehr, dass sie es ihrer Meinung nach so vielleicht irgendwie wieder ein bisschen gutmachen kann.

oder

18. Sams Brief verfassen

Sylt, 3. April 2018

Lieber Peter,

ich hoffe, es geht dir gut. Vielleicht wunderst du dich, dass ich dir schreibe, aber ich möchte etwas mit dir besprechen und es ist sehr wichtig für mich. Wir sind von unserer Reise nach Ruanda zurück – und alles ist anders! Mein ganzes Leben hat sich auf den Kopf gestellt. Ich habe so viel erlebt und erfahren, das muss ich erst noch alles verarbeiten. Dass meine Eltern sich trennen und Mum in Ruanda bleibt, weißt du ja sicher schon und ich kann sie jetzt auch verstehen. Ich bin sehr froh, dass sie mir alles erzählt hat und ich so viel mehr über sie und ihre Geschichte weiß und vor allem, dass es ihr besser geht. Ich werde sie vermissen, aber sie baut sich jetzt in Ruanda ein eigenes Leben auf und ich werde sie sicher besuchen.
Was wird jetzt aus mir? Das Jahr auf Sylt ist in absehbarer Zeit rum. Dad will natürlich, dass ich mit ihm zurück nach Hamburg gehe, aber – ich möchte nicht mit Dad nach Hamburg zurück. Zurück in mein altes Leben, das geht einfach nicht. Ich brauche etwas Abstand, auch von Dad, und jetzt, wo klar ist, dass meine Familie keine gemeinsame Zukunft hat, möchte ich meinen eigenen Weg gehen und mein Leben selbst in die Hand nehmen. Ich möchte auch für mich einen Neuanfang und – ja, da ist ja auch noch Enna. Allein ihretwegen möchte ich auf Sylt bleiben, auch ohne Dad. Enna ist einfach wunderbar und wir möchten auf jeden Fall zusammenbleiben! Du ahnst vielleicht, was ich fragen möchte: Könnte ich bei dir wohnen? Wärst du bereit, mich eine Zeit lang bei dir aufzunehmen, wenn das Jahr rum ist, du zurückkommst und Dad wieder nach Hamburg geht?
Das wäre einfach super und Dad wäre einverstanden. Du kannst ja in Ruhe darüber nachdenken, aber ich hoffe, bald von dir zu hören!

Viele Grüße
Sam

Wahlteil – Teil B

1. Erörterung

Altersbeschränkung bei Energy Drinks?

Milch macht müde Männer munter? Das war einmal – denn jetzt gibt es Energy Drinks für die Extra-Portion Leistungsfähigkeit. Auf der Webseite der Tagesschau erläutern Anna van Doorn und Jens Eberl in ihrem Artikel „Süßer Kick mit Nebenwirkungen" die Folgen und Risiken von Energy Drinks. Die Online-Plattform Statista hat den Konsum dieser Getränke unter Schulkindern untersucht und stellt in einem Säulendiagramm dar, wie hoch der Anteil der Kinder ist, die mindestens einmal im Monat Energy Drinks trinken. Das Ergebnis: „Jedes 5. Schulkind trinkt regelmäßig Energy Drinks". Im Folgenden wird erörtert, welche Vor-, aber auch Nachteile eine Altersbeschränkung dieser Getränke mit sich bringt.
Energy Drinks sind beliebt bei Schulkindern und der Konsum steigt mit zunehmendem Alter. Durch diese süßen Getränke steigt zweifelsfrei die Leistungsfähigkeit, denn sie enthalten Kof-

fein. Dadurch wird die Müdigkeit vertrieben und die Konzentrationsfähigkeit erhöht, also kann man seine Leistungen verbessern – nicht nur in der Schule, auch beim Sport oder im Beruf. Eine Altersbeschränkung nimmt den jungen Menschen diese Möglichkeit und außerdem ist ein Verbot ein falsches Signal. Es würde mit großer Wahrscheinlichkeit zum verstärkten Konsum verleiten, also genau das Gegenteil bewirken. 19 Prozent der Schulkinder trinken regelmäßig Energy Drinks, das bedeutet aber auch, dass 81 Prozent diese Drinks nicht regelmäßig zu sich nehmen, folglich handelt es sich um eine Minderheit. Die Gefahr, die von den Energy Drinks auf die Gesundheit der jungen Menschen ausgeht, ist außerdem gering, denn bei mäßigem Verzehr sind sie nicht gefährlicher als Kaffee. Die Risiken beziehen sich auf den übermäßigen Konsum und sind nicht einmal zweifelsfrei nachgewiesen.
Jedoch ist die Liste der möglichen Risiken lang und daher fordert die Verbraucherberatung eine Altersbeschränkung für den Verkauf der Energy Drinks. Die Gesundheit wird bei einem übermäßigen Koffeinkonsum gefährdet, mögliche Folgen sind nicht nur Nervosität, Schlaflosigkeit, Schweißausbrüche und Übelkeit, sondern es können auch Kopfschmerzen, Herzrasen und Wahrnehmungsstörungen auftreten, bis hin zum Kreislaufkollaps. Folglich sollte man junge Menschen vor diesen Risiken schützen. Die Wechselwirkungen dieser Substanzen sind noch nicht erforscht und außerdem besteht Suchtgefahr. Hat man einmal die positive Wirkung der Energy Drinks auf die Leistungsfähigkeit kennengelernt, wird man sie weiter konsumieren. Die Folge davon ist eine Sucht danach, denn die Getränke enthalten beispielsweise Koffein, Zucker und Taurin, welches alles Inhaltsstoffe sind, die süchtig machen. Die höchste Gefahr besteht, wenn man Energy Drinks mit Alkohol mischt. Durch das Koffein wird die Wirkung des Alkohols überdeckt: Müdigkeit und Erschöpfung sowie das Gefühl, betrunken zu sein, werden nicht richtig wahrgenommen, wie man in Studien beobachtet hat. Die Folge ist eine höhere Risikobereitschaft und eine erhöhte Unfallgefahr für Jugendliche.
Alles in allem bin ich der Meinung, dass eine Altersbeschränkung wichtig und richtig ist, wie auch beim Verkauf von Alkohol und Nikotinprodukten. Die möglichen Gefahren für die Gesundheit und das Leben sind einfach zu hoch. Kinder und Jugendliche können erfahrungsgemäß die Risiken schwer einschätzen oder ihr Konsumverhalten entsprechend steuern, deshalb brauchen sie den Schutz – zumindest bis sie gelernt haben, mit Genussmitteln umzugehen.

Textbeschreibung

2. Lyrik

„Fahrend in einem bequemen Wagen" (Bertolt Brecht)

In dem Gedicht „Fahrend in einem bequemen Wagen" von Bertolt Brecht aus dem Jahr 1937, veröffentlicht 2000 in „Die Gedichte" bei Suhrkamp, beschreibt der Dichter eine Situation, in der das lyrische Ich Hilfe verweigert und das eigene Fehlverhalten später bereut.
Das Gedicht ist kurz und besteht aus zehn Versen, wobei der erste Vers die Überschrift ist. Es hat nur eine Strophe und kein Reimschema, die Verse sind unterschiedlich lang und beschreiben ein Ereignis während einer Fahrt. Das lyrische Ich ist mit mehreren Personen bei einsetzender Dunkelheit im Regen in einem geräumigen Wagen auf einer Landstraße unterwegs, als sie einem zerlumpten Menschen begegnen, der darum bittet, mitgenommen zu werden. Das lyrische Ich lehnt das ab, ist aber später erschrocken über sein eigenes Verhalten. Der Vorfall ereignet sich irgendwo auf einer Landstraße bei schlechtem Wetter, eine genaue Ortsangabe gibt es nicht, auch zeitlich gesehen erfährt die Leserschaft nur, dass es Abend ist, kurz vor Einbruch der Dunkelheit. Eine solche Situation könnte man überall und zu jeder Zeit erleben. Die Atmosphäre ist düster,

auch wenn der Wagen bequem ist, durch das Dach Schutz bietet und die Insassen genug Platz haben. Es kommt durch die unterlassene Hilfeleistung zu einer bedrückenden Stimmung, verstärkt durch den Regen und die einbrechende Dunkelheit. Die Stimme des lyrischen Ichs ist mürrisch und abweisend, seine ablehnenden Worte klingen gereizt. Erst Stunden später ist es erschrocken über seine Stimme und sein Verhalten, dieses „plötzlich" (V. 8) bewirkt auch, dass man als Leser/-in erschrickt, es kündigt eine Bedrohung an. Aber nicht von außen droht eine Gefahr, sondern das lyrische Ich wird sich bewusst, wie herzlos und abweisend es sich verhalten hat, als es diesem hilfesuchenden Menschen die Mitfahrt im Wagen verweigerte. Sie hatten noch Platz und sind trotzdem weitergefahren, das lyrische Ich hat als Wortführer der Reisenden die ablehnenden Worte „Wir können niemand mitnehmen." (V. 6) ausgesprochen, was nicht der Wahrheit entspricht und auch nicht begründet wird. Die zerlumpte Person winkt und verbeugt sich, zeigt sich demütig, als sie um Hilfe bittet, allein im Regen bei einbrechender Dunkelheit auf einer Landstraße zu Fuß unterwegs. Sie wird aber schroff zurückgewiesen. Erst später wird dem lyrischen Ich bewusst, wie überheblich und empathielos es gehandelt hat, indem es die Person ihrem Schicksal überlassen hat. Das ist der Wendepunkt in dem Gedicht: Dem lyrischen Ich wird bewusst, dass es kein Mitgefühl hatte und ist erschrocken über sich selbst. Sein Verhalten erkennt es als ein weiteres Beispiel für die sozialen Ungerechtigkeiten in der Gesellschaft. Die Gegenüberstellung von Arm und Reich wird anhand zahlreicher sprachlicher Mittel verdeutlicht. Der „zerlumpt[e] Mensch" (V. 2) ist ein Symbol für Armut, der „bequem[e] Wagen" (Überschrift) hingegen steht für Reichtum. „Wir hatten ein Dach" (V. 4) ist eine Metapher für Schutz und Sicherheit. Außerdem wird durch den Parallelismus in Vers 4: „Wir hatten ein Dach und wir hatten Platz und wir fuhren vorüber" der eigene Wohlstand verdeutlicht, die Not und das Leid anderer interessiert nicht. Die häufige Verwendung des Wortes „und" bewirkt, dass ein Rhythmus entsteht, der wirkt, als befänden wir uns in einem fahrenden Wagen. Das lyrische Ich verwendet das Personalpronomen „wir" bis zum Wendepunkt, es ist Teil der reichen Gesellschaft, lebt im Wohlstand. Das wird vor allem deutlich, als es sagt: „Und wir hörten mich sagen" (V. 5). Selbst hier, als es selbst spricht, genießt es den Schutz der Reisegruppe, tritt nicht aktiv in Erscheinung. Erst in Vers 8 tritt es aus der Gruppe heraus und als Individuum hervor: „Als ich plötzlich erschrak". Das „ich" ist die reflektierende Einzelperson, der ihr herzloses Verhalten bewusst wird. Die Rechtfertigung des ablehnenden Verhaltens wird in der Anapher ausgedrückt „Wir können [...] / Wir waren [...]" (V. 6 f.). Sehr deutlich wird der Unterschied zwischen Arm und Reich durch die verwendeten Partizipien. Die Reichen „fahrend in einem bequemen Wagen" (Überschrift) sind in Bewegung, hier wird Wohlstand und Weiterentwicklung verdeutlicht, der arme Mensch hingegen wird als Kontrast zu diesem dynamischen Zustand in einem statischen Zustand dargestellt, „sich tief verbeugend" (V. 3). Diese Geste zeigt seine Unterwürfigkeit und Abhängigkeit von der Hilfe anderer, er steht still und kommt alleine nicht weiter. Die Verse beginnen alle mit Großbuchstaben, so werden Handlungen und neue Gedanken aneinandergereiht, Enjambements verstärken den erzählenden Eindruck des kurzen Gedichts. Das lyrische Ich macht eine Entwicklung durch, lehnt zunächst die Hilfeleistung ab und rechtfertigt sich, bis ein Umdenken stattfindet und es aus der Gruppe heraustritt und sich für die unterlassene Hilfeleistung schämt. Verdeutlicht wird das Gefühl der Scham durch die gemeinsame Verwendung von Demonstrativpronomen und Possessivpronomen „diese meine Stimme / Dies mein Verhalten" (V. 8 f.). Ihm wird bewusst, dass das Verhalten der Reichen der Gesellschaft auch sein Verhalten ist, dass es ebenso zur sozialen Ungerechtigkeit in der Gesellschaft beiträgt.

In diesem kurzen Gedicht kritisiert Bertolt Brecht die Wohlstandsgesellschaft und zeigt soziale Unterschiede auf. Durch die Reflexion über das egoistische und herzlose Verhalten des lyrischen Ichs will der Autor aber vor allem auf die Verantwortung jeder einzelnen Person hinweisen. Denn in der eigenen Verantwortung liegt die Möglichkeit zur Veränderung. An Aktualität hat dieses Gedicht auch heute nicht eingebüßt, denn die Schere zwischen Arm und Reich wird immer größer.

3. Prosa

„Partnerarbeit" (Stefanie Dominguez)

In der Kurzgeschichte „Partnerarbeit" von Stefanie Dominguez, die 2013 in einem Schulbuch des Schöningh Verlags veröffentlicht wurde, geht es um das Thema „Mobbing in der Schule" und den Mut, sich dagegenzustellen.
Die Schülerin Tessa wird seit Jahren in der Klasse ausgegrenzt und gemobbt, vor allem durch ihren Mitschüler Simon, der dafür sorgt, dass sie immer wieder ausgelacht wird. Bei einer Schulaufgabe, die in Partnerarbeit gelöst werden soll, setzt sich unerwartet ihr Mitschüler Ben zu ihr. Tessa reagiert mit Ablehnung und Misstrauen. Aber Ben gibt nicht auf und als Simon sich wieder spöttisch äußert, stellt er sich ihm entgegen und beweist damit, dass er ernsthaft an einem Kontakt zu Tessa interessiert ist.
Tessa Fuchs sitzt alleine in der Klasse, ihre Mitschüler/-innen sind nicht nett zu ihr, von den meisten wird sie ignoriert. Tessa hat aufgegeben: „Zu ihr war niemand nett, die meisten ignorierten sie und das war gut so." (Z. 21 f.) Doch eine Gruppe von Klassenkameradinnen und Klassenkameraden verspottet sie immer wieder, vor allem der Anführer Simon. Er macht sich beispielsweise über ihre scheinbar unmodische Kleidung lustig. Tessa leidet schon lange unter den spöttischen Bemerkungen und den Fragen, über die die anderen lachen. Daher ist sie sehr misstrauisch, als sich Ben zu ihr setzt, sie erschrickt sogar, wirkt ängstlich und vermutet wieder etwas Böses: „Sie zuckte zusammen, als sich der Stuhl neben ihr bewegte und beobachtete aus den Augenwinkeln, wie sich jemand darauf niederließ." (Z. 11 ff.) Sie scheint auf der Hut zu sein, um die Beleidigungen und den Spott nicht an sich ranzulassen, sie will nicht verletzt werden. Tessa mag Ben, sie beschreibt ihn als „netten, unscheinbaren Jungen" (Z. 19 f.) und weiß, dass er moosgrüne Augen hat, sie kann ihn aber nicht ansehen, stattdessen schielt sie zu ihm rüber. Sie kann nicht glauben, dass er wirklich mit ihr arbeiten möchte, rückt von ihm weg, weist ihn ab. Sie will keine Aufmerksamkeit und scheint nicht glauben zu können, dass jemand wirklich nett zu ihr sein will, sie bekräftigt, dass sie kein Mitleid will. Sie vermutet, dass auch er sie nur verspotten will. „‚Das findest du lustig, was?'" (Z. 55 f.) fährt sie ihn an, obwohl Ben es wirklich gut meint. Erst als Ben eine witzige Bemerkung macht, gibt sie ihren Widerstand auf, kichernd lässt sie sich auf die Zusammenarbeit ein. Simon Bösenecker ist der Anstifter der Klasse und hat Spaß daran, Tessa zu beleidigen und bloßzustellen. Sie scheint ständig die Zielscheibe seines Spotts zu sein und Simon braucht die Bestätigung durch das Gelächter der anderen. Es gefällt ihm, Mitschüler/-innen zu erniedrigen und sich so selbst zu erhöhen. Ben Wolf wird als nett und unscheinbar beschrieben und wirkt in der Situation sehr beharrlich, er lässt sich durch Tessas Abweisung nicht von seinem Vorhaben abhalten, sich bei ihr für sein Verhalten in der Vergangenheit zu entschuldigen. Er nähert sich ihr zunächst verbal, dann auch körperlich, indem er ihren Arm berührt. Er hat ein schlechtes Gewissen und tritt sehr mutig auf, als er sich mit Tessa solidarisiert und sich gegen Simon und die Klasse stellt. Indem er nicht in das Gelächter einstimmt und Simon ruhig antwortet, als er ihn fragt, ob er mit Tessa flirtet, schlägt er sich auf ihre Seite und zeigt Simon klare Grenzen auf. Er scheint Interesse an Tessa zu haben und gibt nicht auf, nicht einmal das Wort „Flirt", das Simon benutzt, scheint ihn zu stören.
In der Religionsstunde wird Tessa, wie so oft, wegen ihrer Kleidung von Simon verspottet. Sie hat sich an ihre Rolle als Außenseiterin gewöhnt und als sich nun ihr Klassenkamerad Ben neben sie setzt, vermutet sie zunächst weitere Schikane und verhält sich extrem abweisend. Doch Ben möchte mit Tessa bei der geforderten Partnerarbeit zusammenarbeiten und versucht, sie von seinen aufrichtigen Absichten zu überzeugen, er entschuldigt sich sogar bei ihr für sein Verhalten in der Vergangenheit: „‚Es tut mir leid, wenn ich früher über dich gelacht habe. Lass es mich wiedergutmachen.'" (Z. 41 f.) Tessa reagiert weiter ablehnend, doch Ben bleibt beharrlich. Als Simon

sich erneut mit einer spöttischen Bemerkung das Gelächter der Klasse sichert, entgegnet ihm Ben sehr entschlossen und stellt sich damit auf Tessas Seite.
Für Simons spöttische Frage wird das Stilmittel der Ironie verwendet: „‚Benny, flirtest du gerade etwa mit unserer Klassenschönheit?'" (Z. 77 f.), denn Simon hatte sich ja über Tessas Kleidung lustig gemacht, ihr Aussehen wird von Simon ständig herabgewürdigt. Bens Entschlossenheit, sich diesmal auf Tessas Seite und damit gegen die Klasse zu stellen, wird mit einer rhetorischen Frage verdeutlicht: „‚Ja, tue ich, was dagegen?'" (Z. 82) Rhetorische Fragen finden sich auch zu Beginn der Kurzgeschichte, als Simon sich herablassend über Tessas Jacke äußert: „‚Aus der Kleidersammlung?'" (Z. 5 f.) und als Tessa ihr Misstrauen gegenüber Ben und seinen Absichten zum Ausdruck bringt: „‚Das findest du lustig, oder?'" (Z. 55 f.) Hier ist Tessa so aufgebracht, dass sie sich vorstellt, „wie sie ihm das letzte Wort vor die Füße spuckte." (Z. 60 f.) Dieser verächtliche Gedanke ist eine Metapher und macht Tessas Zorn deutlich, weil sie glaubt, Ben wolle sie auch nur bloßstellen.
Wie sehr Tessa leidet, wird durch Wiederholungen deutlich sowie durch die häufige Verwendung kurzer Sätze. Zu Beginn heißt es: „Tessa Fuchs war die einzige, die […] Und sie war die einzige, die […] (Z. 1 – 4) Immer wieder werden die Wörter „lachen" und „Gelächter" verwendet. „‚Und es stört mich nicht, wenn du lachst. Alle lachen.'" (Z. 45 f.) Dass diese Aussage nicht stimmt, wird deutlich in Zeile 79 f., denn „es schmerzte in ihren Ohren", als wieder einmal alle in Lachen ausbrechen. Dass sie ständig Angst hat, wieder zur Zielscheibe zu werden, wird auch deutlich, als sie versucht, Ben zu ignorieren: „Bens Stimme wurde lauter, viel zu laut." (Z. 47 f.) Aber Tessa mag Ben. Sie kennt seine Augenfarbe, seine Augen sind nicht nur grün, sondern moosgrün. Grün wie Moos; ein weiterer Vergleich wird verwendet, als Tessa später über die Augen der anderen nachdenkt, wenn sie lachen. „[b]litzend" (Z. 70) findet sie sie und vergleicht sie mit den Kieselsteinen, die ihr Bruder sammelt (vgl. Z. 69 f.). Und mit blitzenden Augen wird man gemocht. Ihre eigenen Augen sind nicht so, „höchstens wie Kieselsteine, die ins Wasser fielen, weil niemand sie mit nach Hause nehmen wollte, nicht einmal ihr Bruder." (Z. 71 ff.) Mit diesem traurigen Vergleich macht Tessa klar, wie ungeliebt sie sich fühlt. Daher glaubt sie auch nicht, dass Ben sie mag und es ernst meint. Trotz ihres ablehnenden Verhaltens entgeht ihr nicht, dass ihm „eine kommaförmige Strähne ins Gesicht fiel." (Z. 33 f.) Diese Wortschöpfung macht deutlich, wie aufmerksam sie ihn beobachtet. Ben steht wirklich zu ihr und stellt sich gegen Simon und die lachenden Mitschüler/-innen.
Mit dieser Kurzgeschichte möchte Stefanie Dominguez für die Auswirkungen durch Mobbing sensibilisieren und auf Ungerechtigkeit hinweisen. Aber sie will nicht nur Empathie für eine Außenseiterin gewinnen, sondern auch zur Solidarisierung mit Schwächeren ermutigen und darauf hinweisen, dass man früheres Fehlverhalten ändern kann, indem man beschließt, nicht mehr mitzumachen. Mobbing ist weit verbreitet und all diejenigen, die schweigen und nicht für eigene Ansichten und Haltungen einstehen, sondern oft aus Angst einfach mitmachen und mitlachen, sind letztlich auch mitverantwortlich, dass Mobbing stattfinden kann.

Notizen

Leitidee Zahl – Variable – Operation

1. Zahlterme berechnen

Aufgabe 1

Umwandlung in Dezimalzahlen

$1{,}3 = 1{,}3$

$\frac{6}{5} = \frac{12}{10} = 1{,}2$

$1{,}26 = 1{,}26$

$\frac{5}{4} = \frac{125}{100} = 1{,}25$

Ordnung: $\frac{6}{5} < \frac{5}{4} < 1{,}26 < 1{,}3$

Umwandlung in gleichnamige Brüche

$1{,}3 = \frac{13}{10} = \frac{130}{100}$

$\frac{6}{5} = \frac{12}{10} = \frac{120}{100}$

$1{,}26 = \frac{126}{100}$

$\frac{5}{4} = \frac{125}{100}$

Aufgabe 2

$22 - 10 \cdot \frac{1}{2}$ (Punkt vor Strich)
$= 22 - 5$
$= 17$

$(22 - 10) \cdot \frac{1}{2}$ (Klammer zuerst)
$= 12 \cdot \frac{1}{2}$
$= 6$

Im ersten Term muss „Punkt vor Strich" beachtet werden, während im zweiten Term zuerst die Klammer berechnet werden muss.

Aufgabe 3

Von 0 bis 1 sind es 24 Kästchen. Also entspricht jedes Kästchen $\frac{1}{24}$.

(A) $\frac{6}{24} = \frac{1}{4} = 0{,}25$

(B) $\frac{9}{24} = \frac{3}{8} = \frac{375}{1000} = 0{,}375$

(C) $\frac{12}{24} = \frac{1}{2} = 0{,}5$

(D) $\frac{18}{24} = \frac{3}{4} = 0{,}75$

Aufgabe 4

$\frac{6}{5} : \frac{3}{4} - \frac{4}{3} \cdot \frac{3}{5}$

$= \frac{6}{5} \cdot \frac{4}{3} - \frac{12}{15}$

$= \frac{24}{15} - \frac{12}{15}$

$= \frac{12}{15}$

$= \frac{4}{5}$

Aufgabe 5

a) $2{,}3 \cdot 10^3$ $6{,}8 \cdot 10^5$ $9{,}1 \cdot 10^8$

b) 46 000 72 000 000 8 100 000

Aufgabe 6

$$\left(-\frac{5}{8}\right) \cdot \left(1{,}2 - \frac{2}{5}\right) + 1{,}5 : \frac{2}{3}$$
$$= \left(-\frac{5}{8}\right) \cdot \left(\frac{6}{5} - \frac{2}{5}\right) + \frac{3}{2} : \frac{2}{3}$$
$$= \left(-\frac{5}{8}\right) \cdot \frac{4}{5} + \frac{3}{2} \cdot \frac{3}{2}$$
$$= -\frac{1}{2} + \frac{9}{4}$$
$$= -\frac{2}{4} + \frac{9}{4}$$
$$= \frac{7}{4}$$
$$= 1\frac{3}{4}$$

2. Mit Prozenten und Zinsen umgehen

Aufgabe 1

a) $\boxed{W = \frac{G \cdot p}{100}}$ $\Rightarrow$ $W = \frac{240\text{ €} \cdot 2{,}5}{100}$

$W = 6\text{ €}$

b) $\boxed{p = \frac{W \cdot 100}{G}}$ $\Rightarrow$ $p = \frac{120\text{ l} \cdot 100}{800\text{ l}}$

$p = 15$

c) $\boxed{G = \frac{W \cdot 100}{p}}$ $\Rightarrow$ $G = \frac{45\text{ m}^2 \cdot 100}{3}$

$G = 1500\text{ m}^2$

Aufgabe 2

25 % Preisnachlass bedeutet, dass das Fahrrad jetzt noch 75 % des ursprünglichen Preises kostet.

: 3	75 % ≙ 375 €	: 3
	25 % ≙ 125 €	
· 4	100 % ≙ 500 €	· 4

Vor dem Preisnachlass kostete das Fahrrad 500 €.

Aufgabe 3

100 % – 75 % Rabatt = 25 % Kosten für die Tochter
100 % – 25 % Rabatt = 75 % Kosten für Timo

Berechnung der Kosten für die Kinder:

I. Möglichkeit (Dreisatz)

$100\ \% \triangleq 1600\ €$

$1\ \% \triangleq \frac{1600\ €}{100} = 16\ €$

$25\ \% \triangleq 16\ € \cdot 25 = 400\ €$

$75\ \% \triangleq 16\ € \cdot 75 = 1200\ €$

II. Möglichkeit

Formel: $P = \frac{G \cdot p}{100}$

$P = \frac{1600\ € \cdot 25}{100} = 400\ €$

$P = \frac{1600\ € \cdot 75}{100} = 1200\ €$

Kostenaufstellung

2 Erwachsene = 2 · 1600 €	= 3200 €
Timo	= 1200 €
2-jährige Tochter	= 400 €
	4800 €

Der Urlaub kostet 4800 €.

Aufgabe 4

Der Schuletat von 55 485 € ist der Prozentwert und macht 100 % – 10 % Kürzung = 90 % vom Vorjahreswert aus.

a) Ursprünglicher Etat (letztes Jahr bzw. vorletztes Jahr) ist jeweils der gesuchte Grundwert.

I. Möglichkeit (Dreisatz)

$90\ \% \triangleq 55\,485\ €$

$1\ \% \triangleq \frac{55\,485\ €}{90} = 616{,}50\ €$

$100\ \% \triangleq 616{,}50\ € \cdot 100 = 61\,650\ €$ (Etat letztes Jahr)

Berechnung Grundwert (vorletztes Jahr):

$90\ \% \triangleq 61\,650\ €$

$1\ \% \triangleq \frac{61\,650\ €}{90} = 685\ €$

$100\ \% \triangleq 685\ € \cdot 100 = 68\,500\ €$ (Etat vorletztes Jahr)

II. Möglichkeit

Formel: $G = \frac{W \cdot 100}{p}$

$G_1 = \frac{55\,485\,€ \cdot 100}{90} = 61\,650\,€$

$G_2 = \frac{61\,650\,€ \cdot 100}{90} = 68\,500\,€$

Der Schulleiter hatte vor 2 Jahren noch 68 500 € zur Verfügung.

b) Gesamte Kürzung:

$$\begin{array}{r} 68\,500\,€ \\ -\ 55\,485\,€ \\ \hline 13\,015\,€ \end{array}$$

Der Grundwert ist der ursprüngliche Etat von vor 2 Jahren = 68 500 €. Das entspricht 100 %.

Lösung mit dem Dreisatz

$68\,500\,€ \triangleq 100\,\%$

$1\,€ \triangleq \frac{100\,\%}{68\,500}$

$13\,015\,€ \triangleq \frac{100\,\% \cdot 13\,015}{68\,500} = 19\,\%$

Lösung mit der Formel

$p = \frac{W \cdot 100}{G}$

$p = \frac{13\,015 \cdot 100}{68\,500} = 19\,\%$

Die prozentuale Kürzung beträgt insgesamt 19 %.

Aufgabe 5

a) $Z = \frac{K \cdot p \cdot i}{100 \cdot 12}$ $\Rightarrow$ $Z = \frac{4000\,€ \cdot 2{,}8 \cdot 4}{100 \cdot 12}$

$Z = 37{,}33\,€$

b) $Z = \frac{K \cdot p \cdot i}{100}$ $\Rightarrow$ $Z = \frac{12\,500\,€ \cdot 3{,}2 \cdot 1}{100}$

$Z = 400\,€$

c) $Z = \frac{K \cdot p \cdot i}{100 \cdot 360}$ $\Rightarrow$ $Z = \frac{8600\,€ \cdot 3{,}5 \cdot 178}{100 \cdot 360}$

$Z = 148{,}83\,€$

Aufgabe 6

a)

Jahr	Kapital zu Jahresbeginn in €	Zinsen in € ($Z = K \cdot p$ %)	Kapital am Jahresende in €
1	15 000	$15\,000 \cdot 0{,}008 = 120$	15 120
2	15 120	$15\,120 \cdot 0{,}008 = 120{,}96$	15 240,96
3	15 240,96	$15\,240{,}96 \cdot 0{,}008 = 121{,}93$	15 362,89

Das Endkapital beträgt 15 362,89 €.

b) $K_0 = 35\,000$; $n = 8$; $q = \left(1 + \frac{0{,}9}{100}\right) = 1{,}009$

Folglich gilt mit der Zinseszinsformel:

$K_8 = 35\,000 \cdot 1{,}009^8$

$K_8 = 37\,600{,}83$

Das Endkapital beträgt 37 600,83 €.

Aufgabe 7

a) $K_n = 19\,164{,}19$ €; $p = 1{,}05$ %; $n = 6$

$$K_n = K_0 \cdot \left(1 + \frac{p}{100}\right)^n$$

$$19\,164{,}19 = K_0 \cdot \left(1 + \frac{1{,}05}{100}\right)^6$$

$$19\,164{,}19 = K_0 \cdot (1{,}0105)^6$$

$$19\,164{,}19 = K_0 \cdot 1{,}0647 \qquad |:1{,}0647$$

$$K_0 = 17\,999{,}61 \text{ €}$$

Das Anfangskapital betrug etwa 18 000 €.

b) $K_n = 63\,928{,}38$ €; $K_0 = 58\,000$ €; $n = 7$

$$K_n = K_0 \cdot \left(1 + \frac{p}{100}\right)^n$$

$$63\,928{,}38 = 58\,000 \cdot \left(1 + \frac{p}{100}\right)^7 \qquad |:58\,000$$

$$1{,}1022 = \left(1 + \frac{p}{100}\right)^7 \qquad |\sqrt[7]{}$$

$$\sqrt[7]{1{,}1022} = 1 + \frac{p}{100} \qquad |-1$$

$$0{,}014 = \frac{p}{100} \qquad |\cdot 100$$

$$p = 1{,}4 \text{ \%}$$

Der Zinssatz beträgt 1,4 %.

Aufgabe 8

Berechnung des Endkapitals nach 6 Jahren:

$K_0 = 9000$; $n = 6$; $p = 0{,}95\ \%$; $q = \left(1 + \frac{0{,}95}{100}\right) = 1{,}0095$; K_6 = gesucht

Folglich gilt mit der Zinseszinsformel:

$K_6 = 9000 \cdot 1{,}0095^6$

$K_6 = 9525{,}34$

Das Endkapital beträgt nach 6 Jahren 9525,34 €.

Berechnung des Zinssatzes, den die Bank für die Erzielung eines Endkapitals von 10 000 € nach 6 Jahren hätte bieten müssen:

$K_0 = 9000$; $K_6 = 10\,000$; $n = 6$; p = gesucht

$$K_6 = K_0 \cdot \left(1 + \frac{p}{100}\right)^6$$

$$10\,000 = 9000 \cdot \left(1 + \frac{p}{100}\right)^6 \qquad | : 9000$$

$$\frac{10}{9} = \left(1 + \frac{p}{100}\right)^6 \qquad | \sqrt[6]{\ }$$

$$\sqrt[6]{\frac{10}{9}} = 1 + \frac{p}{100} \qquad | - 1$$

$$\sqrt[6]{\frac{10}{9}} - 1 = \frac{p}{100} \qquad | \cdot 100$$

$$\left(\sqrt[6]{\frac{10}{9}} - 1\right) \cdot 100 = p$$

$$p = 1{,}77\ \%$$

Der Zinssatz, den die Bank hätte bieten müssen, liegt bei etwa 1,77 %.

Aufgabe 9

Berechnung des Endkapitals nach 7 Jahren:
Die Zinseszinsformel: $K_n = K_0 \cdot q^n$

Wenn man die Angaben aus der Aufgabenstellung in die Formel einsetzt, ergibt sich:

$K_7 = 12\,500 \cdot 1{,}013^7$

$K_7 = 13\,682{,}84$

Das heute auszuzahlende Endkapital beträgt 13 682,84 €.

Berechnung des Zinssatzes der Bank für den von Yagmur heute angelegten Geldbetrag:
Der heute angelegte Geldbetrag beträgt 13 682,84 €. Für die nächsten 4 Jahre bietet die Bank einen geringeren Zinssatz als zuvor. Deshalb gilt für diesen Zeitraum (K_0 ist hier das Guthaben nach 7 Jahren bzw. zu Beginn der Neuanlage):

$K_0 = 13\,682{,}84$; $n = 4$; $K_4 = 14\,000$; $p =$ gesucht

$$K_4 = K_0 \cdot \left(1 + \frac{p}{100}\right)^4$$

$$14\,000 = 13\,682{,}84 \cdot \left(1 + \frac{p}{100}\right)^4 \qquad |:13\,682{,}84$$

$$1{,}0232 = \left(1 + \frac{p}{100}\right)^4 \qquad |\sqrt[4]{}$$

$$\sqrt[4]{1{,}0232} = 1 + \frac{p}{100} \qquad |-1$$

$$0{,}0058 = \frac{p}{100} \qquad |\cdot 100$$

$$0{,}58\,\% = p$$

Für den heute angelegten Geldbetrag bietet die Bank nur noch einen Zinssatz von 0,58 %.

3. Mit Termen umgehen, die auch Variablen enthalten

Aufgabe 1

a) $(x - 3) \cdot 4$

b) $(27 - 3) \cdot 4 = 24 \cdot 4 = 96$

Die Einnahmen der Lehrerin betragen 96 €.

Aufgabe 2

a) $u = 2 \cdot (4a - 2) + 2a$
$= 8a - 4 + 2a$
$= 10a - 4$

b) $u = 10 \cdot 2{,}5 - 4$
$u = 25 - 4 = 21$

Der Umfang des Rechtecks beträgt 21 cm.

Aufgabe 3

$6x \cdot 3 - (-2 + 4x) + 5$
$= 18x + 2 - 4x + 5$
$= 14x + 7$

Aufgabe 4

a) $2(2x + 4y) - 3(x + y)$
$= 4x + 8y - 3x - 3y$
$= x + 5y$

b) $21xy^2 - 15x^2y$
$= 3xy \cdot (7y - 5x)$

Aufgabe 5

$a^2 - 8a + 16$	$y^2 - 49$	$x^2 + 22x + 121$
$= a^2 - 2 \cdot 4 \cdot a + 4^2$	$= y^2 - 7^2$	$= x^2 + 2 \cdot 11 \cdot x + 11^2$
$= (a - 4)^2$	$= (y + 7) \cdot (y - 7)$	$= (x + 11)^2$

Aufgabe 6

a) $K = 3 + 2x + \frac{1}{5}y$

$K = 3 + 2 \cdot 4 + \frac{1}{5} \cdot 5$

$K = 3 + 8 + 1$

$K = 12$

Die Taxifahrt kostet 12 €.

b) $25 = 3 + 2 \cdot x + \frac{1}{5} \cdot 10$ | zusammenfassen

$25 = 3 + 2 \cdot x + 2$ | zusammenfassen

$25 = 5 + 2 \cdot x$ | -5

$20 = 2 \cdot x$ | $:2$

$x = 10$

Die gefahrene Strecke der Taxifahrt beträgt 10 km.

c) Auflösung nach x:

$K = 3 + 2x + \frac{1}{5}y$ | -3

$K - 3 = 2x + \frac{1}{5}y$ | $-\frac{1}{5}y$

$K - 3 - \frac{1}{5}y = 2x$ | $:2$

$(K - 3 - \frac{1}{5}y) : 2 = x$

Auflösung nach y:

$K = 3 + 2x + \frac{1}{5}y$ | -3

$K - 3 = 2x + \frac{1}{5}y$ | $-2x$

$K - 3 - 2x = \frac{1}{5}y$ | $\cdot 5$

$(K - 3 - 2x) \cdot 5 = y$

Aufgabe 7

Es handelt sich um das Distributivgesetz (auch Verteilungsgesetz genannt). Bei der Berechnung des Produkts $7 \cdot 76$ wird das Gesetz wie folgt verwendet:
$7 \cdot (70 + 6) = 7 \cdot 70 + 7 \cdot 6$

Die allgemeine Form des Distributivgesetzes lautet:
$a \cdot (b \pm c) = a \cdot b \pm a \cdot c$

4. Mit Wurzeln umgehen

Aufgabe 1

a) Da $8^2 = 64$ und $9^2 = 81$ gilt, muss $\sqrt{68}$ zwischen den Zahlen 8 und 9 liegen.

b) $s^2 = 68$
$s = \sqrt{68} = 8{,}25$

Das Quadrat hat eine Seitenlänge von etwa 8,2 m.

Aufgabe 2

$k^3 = 91$
$k = \sqrt[3]{91}$
$k \approx 4{,}5$

Die Kantenlänge des Würfels beträgt etwa 4,5 cm.

Aufgabe 3

☒ die Zahl 64

Aufgabe 4

Die Breite, die Höhe und die Diagonale d des Bildschirms bilden ein rechtwinkliges Dreieck. Die Länge der Diagonale kann mit dem Satz des Pythagoras berechnet werden:

$70^2 + 40^2 = d^2 \quad | \sqrt{\;}$
$d = \sqrt{70^2 + 40^2}$
$d = 80{,}6$

Die Diagonale ist 80,6 cm lang.

Aufgabe 5

Der Taschenrechner liefert die folgenden Ergebnisse:

$\sqrt{10} \approx 3{,}16$

$\sqrt[3]{31} \approx 3{,}14$

$\sqrt{10}$ ist die größere Zahl.

Aufgabe 6

a)
$$\begin{aligned} & 3\sqrt{3} \cdot (\sqrt{3} + 2) - 6\sqrt{3} \\ &= 3\sqrt{3} \cdot \sqrt{3} + 3\sqrt{3} \cdot 2 - 6\sqrt{3} \\ &= 3 \cdot \sqrt{3 \cdot 3} + 6\sqrt{3} - 6\sqrt{3} \\ &= 3 \cdot \sqrt{9} \\ &= 3 \cdot 3 \\ &= 9 \end{aligned}$$

b)
$$\begin{aligned} & 5\sqrt{8} \cdot 2\sqrt{2} \\ &= 5 \cdot 2 \cdot \sqrt{8} \cdot \sqrt{2} \\ &= 10 \cdot \sqrt{8 \cdot 2} \\ &= 10 \cdot \sqrt{16} \\ &= 10 \cdot 4 \\ &= 40 \end{aligned}$$

c)
$$\begin{aligned} & \frac{8\sqrt{6}}{5\sqrt{24}} \\ &= \frac{8}{5} \cdot \frac{\sqrt{6}}{\sqrt{24}} \\ &= \frac{8}{5} \cdot \sqrt{\frac{6}{24}} \\ &= \frac{8}{5} \cdot \sqrt{\frac{1}{4}} \\ &= \frac{8}{5} \cdot \frac{1}{2} \\ &= \frac{4}{5} \end{aligned}$$

Aufgabe 7

a)
$$\begin{aligned} & 2\sqrt{75} - 5\sqrt{48} \\ &= 2 \cdot \sqrt{25 \cdot 3} - 5 \cdot \sqrt{16 \cdot 3} \\ &= 2 \cdot \sqrt{25} \cdot \sqrt{3} - 5 \cdot \sqrt{16} \cdot \sqrt{3} \\ &= 2 \cdot 5 \cdot \sqrt{3} - 5 \cdot 4 \cdot \sqrt{3} \\ &= 10\sqrt{3} - 20\sqrt{3} \\ &= -10\sqrt{3} \end{aligned}$$

b) $-6\sqrt{20} + 3\sqrt{80}$
$= -6 \cdot \sqrt{4 \cdot 5} + 3 \cdot \sqrt{16 \cdot 5}$
$= -6 \cdot \sqrt{4} \cdot \sqrt{5} + 3 \cdot \sqrt{16} \cdot \sqrt{5}$
$= -6 \cdot 2 \cdot \sqrt{5} + 3 \cdot 4 \cdot \sqrt{5}$
$= -12 \cdot \sqrt{5} + 12 \cdot \sqrt{5}$
$= 0$

c) $4\sqrt{18} - 3\sqrt{72} + \sqrt{98}$
$= 4 \cdot \sqrt{9 \cdot 2} - 3 \cdot \sqrt{36 \cdot 2} + \sqrt{49 \cdot 2}$
$= 4 \cdot \sqrt{9} \cdot \sqrt{2} - 3 \cdot \sqrt{36} \cdot \sqrt{2} + \sqrt{49} \cdot \sqrt{2}$
$= 4 \cdot 3 \cdot \sqrt{2} - 3 \cdot 6 \cdot \sqrt{2} + 7 \cdot \sqrt{2}$
$= 12 \cdot \sqrt{2} - 18 \cdot \sqrt{2} + 7 \cdot \sqrt{2}$
$= \sqrt{2}$

Aufgabe 8

a) $\frac{\sqrt{27} \cdot \sqrt{3}}{\sqrt{45}}$

$= \frac{\sqrt{27 \cdot 3}}{\sqrt{9 \cdot 5}}$

$= \frac{\sqrt{81}}{\sqrt{9} \cdot \sqrt{5}}$

$= \frac{9}{3 \cdot \sqrt{5}}$

$= \frac{3}{\sqrt{5}}$

b) $\frac{\sqrt{24} + \sqrt{54}}{5\sqrt{12}}$

$= \frac{\sqrt{4 \cdot 6} + \sqrt{9 \cdot 6}}{5 \cdot \sqrt{12}}$

$= \frac{\sqrt{4} \cdot \sqrt{6} + \sqrt{9} \cdot \sqrt{6}}{5 \cdot \sqrt{12}}$

$= \frac{2 \cdot \sqrt{6} + 3 \cdot \sqrt{6}}{5 \cdot \sqrt{12}}$

$= \frac{5 \cdot \sqrt{6}}{5 \cdot \sqrt{12}}$

$= \frac{\sqrt{6}}{\sqrt{12}}$

$= \sqrt{\frac{6}{12}}$

$= \sqrt{\frac{1}{2}}$

$= \frac{\sqrt{1}}{\sqrt{2}}$

$= \frac{1}{\sqrt{2}}$

5. Mit Potenzen umgehen

Aufgabe 1

a) $4^3 \cdot 4^5 \cdot 4^{-6}$
$= 4^{3+5-6}$
$= 4^2$
$= 16$

b) $6^4 \cdot 2^4 \cdot \left(\frac{1}{4}\right)^4$
$= \left(6 \cdot 2 \cdot \frac{1}{4}\right)^4$
$= \left(12 \cdot \frac{1}{4}\right)^4$
$= 3^4$
$= 81$

c) $\frac{6^3}{6^5}$
$= 6^{3-5}$
$= 6^{-2}$
$= \frac{1}{6^2}$
$= \frac{1}{36}$

d) $\frac{2{,}5^3}{7{,}5^3}$
$= \left(\frac{2{,}5}{7{,}5}\right)^3$
$= \left(\frac{1}{3}\right)^3$
$= \frac{1}{27}$

e) $(5^{-1})^{-3}$
$= (5)^{(-1)\cdot(-3)}$
$= 5^3$
$= 125$

Aufgabe 2

a) $(144 \cdot 12^3) : \left(\frac{1}{6}\right)^{-5}$
$= (12^2 \cdot 12^3) : (6^{-1})^{-5}$
$= (12^{2+3}) : (6)^{(-1)\cdot(-5)}$
$= 12^5 : 6^5$
$= (12 : 6)^5$
$= 2^5$
$= 32$

b) $\frac{2^{12} : 4^6}{15^3 \cdot 5^{-3}}$
$= \frac{2^{12} : (2^2)^6}{15^3 \cdot \left(\frac{1}{5}\right)^3}$
$= \frac{2^{12} : 2^{2\cdot 6}}{\left(15 \cdot \frac{1}{5}\right)^3}$
$= \frac{2^{12} : 2^{12}}{3^3}$
$= \frac{1}{27}$

6. Gleichungen lösen

Aufgabe 1

a) $4x - (2x - 1) = -(-2 + 15x)$ — Beim Auflösen einer Minusklammer ändern sich die Vorzeichen in der Klammer.

$$4x - 2x + 1 = 2 - 15x$$
$$2x + 1 = 2 - 15x \qquad | + 15x$$
$$17x + 1 = 2 \qquad | - 1$$
$$17x = 1 \qquad | : 17$$
$$x = \frac{1}{17} \qquad \Rightarrow \mathbb{L} = \left\{\frac{1}{17}\right\}$$

b) $(24x - 320) : 4 - 8x \cdot 12 = (20x + 22) : 2 - 1$

$$6x - 80 - 96x = 10x + 11 - 1$$
$$-90x - 80 = 10x + 10 \qquad | - 10x$$
$$-100x - 80 = 10 \qquad | + 80$$
$$-100x = 90 \qquad | : (-100)$$
$$x = -\frac{9}{10}$$
$$\text{oder } x = -0{,}9 \qquad \Rightarrow \quad \mathbb{L} = \{-0{,}9\}$$

Aufgabe 2

a) I $\quad 2x - 4y = -8$

II $\quad x = y + 5$

Lösung mit dem Einsetzverfahren:

II in I $\quad 2 \cdot (y + 5) - 4y = -8$

$$2y + 10 - 4y = -8$$
$$-2y + 10 = -8 \qquad | - 10$$
$$-2y = -18 \qquad | : (-2)$$
$$y = 9$$

y = 9 in II $\quad x = 9 + 5$

$$x = 14 \qquad \Rightarrow \mathbb{L} = \{(14 \mid 9)\}$$

b) Lösung mit dem Additionsverfahren:

I $\quad 3x - 1{,}5y = 4{,}5 \qquad | \cdot 2 \quad \Rightarrow \quad$ III $\quad 6x - 3y = 9$

II $\quad 2x - 7y = 15 \qquad | \cdot (-3) \quad \Rightarrow \quad$ IV $\quad -6x + 21y = -45$

III + IV $\quad 18y = -36 \qquad | : 18$

$$y = -2$$

y = -2 in II $\quad 2x - 7 \cdot (-2) = 15$

$$2x + 14 = 15 \qquad | - 14$$
$$2x = 1 \qquad | : 2$$
$$x = 0{,}5 \qquad \Rightarrow \quad \mathbb{L} = \{(0{,}5 \mid -2)\}$$

Aufgabe 3

Basis: y
Schenkel: x

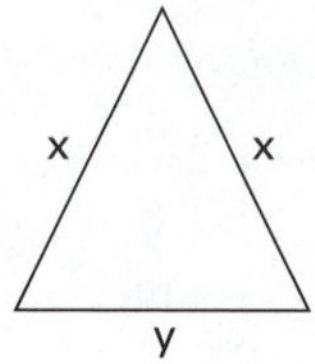

I $y + 2x = 27$
II $x = y + 6$

Lösung mit dem Einsetzverfahren:

II in I	$y + 2 \cdot (y + 6) = 27$	
	$y + 2y + 12 = 27$	$\vert -12$
	$3y = 15$	$\vert :3$
	$y = 5$	
y = 5 in II	$x = 5 + 6$	
	$x = 11$	

Die Basis ist 5 cm lang, ein Schenkel ist 11 cm lang.

Aufgabe 4

Anzahl der EZ: x
Anzahl der DZ: y

	Einzelzimmer	+	Doppelzimmer	=	alle Zimmer
	↓		↓		↓
I	x	+	y	=	255
	Betten in Einzelzimmern	+	Betten in Doppelzimmern	=	alle Betten
	↓		↓		↓
II	x	+	$2 \cdot y$	=	465

I $x + y = 255$
II $x + 2y = 465$

Lösung mit dem Additionsverfahren:

I	$x + y = 255$	
II	$x + 2y = 465$	$\vert \cdot (-1)$
III	$-x - 2y = -465$	
I + III	$-y = -210$	$\vert \cdot (-1)$
	$y = 210$	
y = 210 in I	$x + 210 = 255$	$\vert -210$
	$x = 45$	

Im Hotel gibt es 45 Einzelzimmer und 210 Doppelzimmer.

Aufgabe 5

Zunächst muss die Gleichung in die Normalform gebracht werden.

$2x^2 - 4x + 5 = 0 \quad \vert :2$

$x^2 - 2x + 2,5 = 0$

Für die Diskriminante gilt: $D = \left(\frac{-2}{2}\right)^2 - 2,5 = 1 - 2,5 = -1,5 < 0$.

Da $D < 0$ ist, hat die Gleichung keine Lösung.

Aufgabe 6

$$(x-2)^2 + 10x = 44 \quad \text{| ausmultiplizieren}$$
$$x^2 - 4x + 4 + 10x = 44 \quad \text{| zusammenfassen}$$
$$x^2 + 6x + 4 = 44 \quad \text{| } -44$$
$$x^2 + 6x - 40 = 0$$

Da hier b = 6 und c = -40 ist, gilt für die Lösungsformel:

$$x_{1,2} = -\frac{6}{2} \pm \sqrt{\left(\frac{6}{2}\right)^2 - (-40)}$$
$$x_{1,2} = -3 \pm \sqrt{9 + 40}$$
$$x_{1,2} = -3 \pm \sqrt{49}$$
$$x_{1,2} = -3 \pm 7$$

$$x_1 = -3 + 7 = 4$$
$$x_2 = -3 - 7 = -10$$

Aufgabe 7

	Länge in cm
1. Kathete	x
2. Kathete	x + 7
Hypotenuse	13

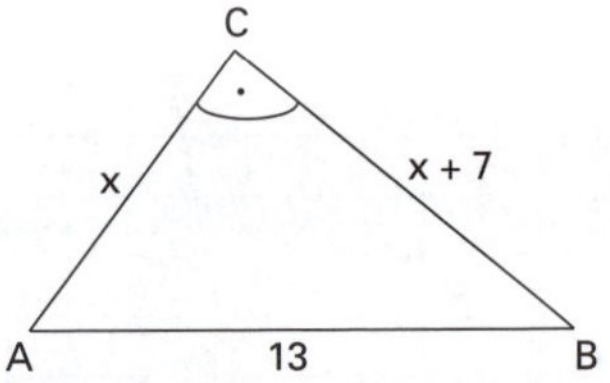

Nach dem Satz des Pythagoras gilt:

Pythagoras

$a^2 + b^2 = c^2$

$$x^2 + (x+7)^2 = 13^2$$
$$x^2 + x^2 + 14x + 49 = 169$$
$$2x^2 + 14x + 49 = 169 \quad \text{| } -169$$
$$2x^2 + 14x - 120 = 0 \quad \text{| } :2$$
$$x^2 + 7x - 60 = 0$$

$b = 7 \qquad c = -60$

$$x_{1,2} = -\frac{7}{2} \pm \sqrt{\left(\frac{7}{2}\right)^2 - (-60)}$$
$$x_{1,2} = -3{,}5 \pm \sqrt{3{,}5^2 + 60}$$
$$x_{1,2} = -3{,}5 \pm \sqrt{72{,}25}$$
$$x_{1,2} = -3{,}5 \pm 8{,}5$$
$$x_1 = 5 \qquad \underbrace{x_2 = -12}$$

Nicht möglich, weil eine Streckenlänge nicht negativ sein kann!

Die Katheten sind 5 cm und 12 cm lang.

Aufgabe 8

$\frac{x + 12}{x} = x - 3$ | $\cdot x$

$x + 12 = (x - 3) \cdot x$ | ausmultiplizieren

$x + 12 = x^2 - 3x$ | $-x$

$12 = x^2 - 4x$ | -12 (und Seiten vertauschen)

$x^2 - 4x - 12 = 0$

Da hier b = -4 und c = -12, gilt für die Lösungsformel:

$x_{1,2} = -\frac{-4}{2} \pm \sqrt{\left(\frac{-4}{2}\right)^2 - (-12)}$

$x_{1,2} = 2 \pm \sqrt{4 + 12}$

$x_{1,2} = 2 \pm \sqrt{16}$

$x_{1,2} = 2 \pm 4$

$x_1 = 2 + 4 = 6$

$x_2 = 2 - 4 = -2$

Aufgabe 9

a)

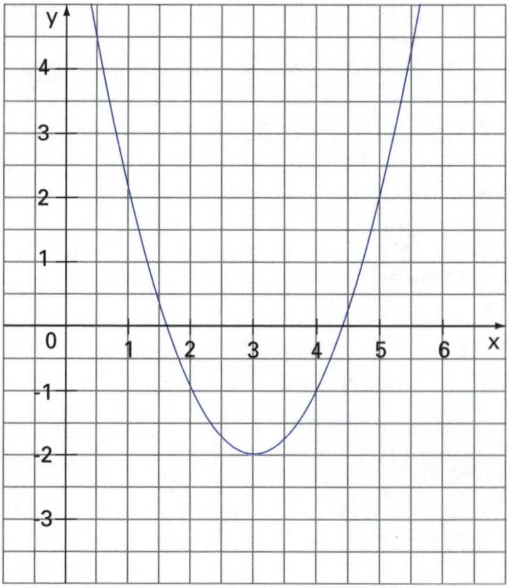

b) Die Lösungen dieser Gleichung können als x-Koordinaten der Schnittpunkte von Parabel und x-Achse näherungsweise abgelesen werden:
$x_1 \approx 1{,}6$; $x_2 \approx 4{,}4$

c) $(x - 3)^2 - 2 = 0$ | Klammer ausmultiplizieren (2. Binom)

$x^2 - 2 \cdot 3 \cdot x + 9 - 2 = 0$ | zusammenfassen

$x^2 - 6x + 7 = 0$ | Lösungsformel

Da hier b = -6 und c = 7 ist, gilt für die Lösungsformel:

$x_{1,2} = -\frac{-6}{2} \pm \sqrt{\left(\frac{-6}{2}\right)^2 - 7} = 0$

$x_{1,2} = 3 \pm \sqrt{9 - 7} = 0$

$x_{1,2} = 3 \pm \sqrt{2} = 0$

$x_1 = 3 - 1{,}41 \approx 1{,}59$
$x_2 = 3 + 1{,}41 \approx 4{,}41$

Die näherungsweise abgelesenen Lösungen aus Teilaufgabe b) liegen recht genau an den rechnerisch exakten Lösungen $x_1 \approx 1{,}59$ und $x_2 \approx 4{,}41$.

Aufgabe 10

a)

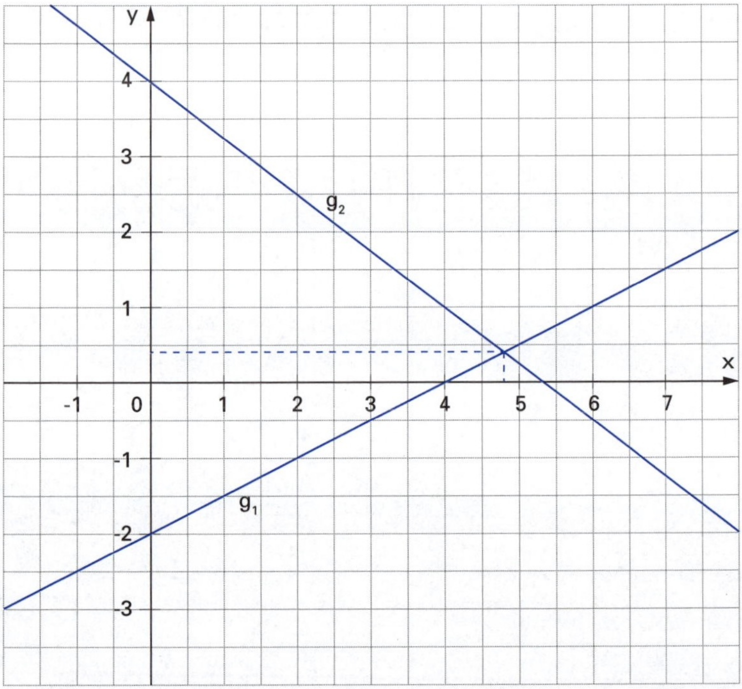

b) Die Lösung dieses Gleichungssystems sind die Koordinaten des Schnittpunkts der beiden Geraden näherungsweise abgelesen:
$x \approx 4{,}8$; $y \approx 0{,}4$

c) Lösung des Gleichungssystems nach dem Gleichsetzungsverfahren:

$\frac{1}{2}x - 2 = -\frac{3}{4}x + 4$ | + 2 | $+ \frac{3}{4}x$

$\frac{1}{2}x + \frac{3}{4}x = 6$ | Brüche gleichnamig machen

$\frac{2}{4}x + \frac{3}{4}x = 6$ | zusammenfassen

$\frac{5}{4}x = 6$ | $\cdot \frac{4}{5}$

$x = 6 \cdot \frac{4}{5}$

$x = \frac{24}{5}$

$x = 4{,}8$

Der Wert x = 4,8 eingesetzt in (z. B.) Gleichung I ergibt:

$y = \frac{1}{2} \cdot 4{,}8 - 2$

$y = 2{,}4 - 2$

$y = 0{,}4$

Die rechnerisch gefundene Lösung stimmt exakt mit der näherungsweise abgelesenen Lösung aus Teilaufgabe b) überein.

Leitidee Messen

Aufgabe 1

Das Rechteck hat den Flächeninhalt $A_R = a \cdot b = 20\ m \cdot 8\ m = 160\ m^2$.

Der Pfad hat die Form eines Parallelogramms mit der Grundseite $x = 1{,}50$ m und der Höhe $b = 8$ m.
Der Flächeninhalt A_P dieses Parallelogramms berechnet sich wie folgt:
$A_P = 1{,}50\ m \cdot 8\ m = 12\ m^2$
Damit ist der Flächeninhalt F der mit Rasen bedeckten Fläche
$F = A_R - A_P = 160\ m^2 - 12\ m^2 = 148\ m^2$.

Aufgabe 2

In der Zeichnung befinden sich ein großer Kreis mit dem Radius 4,5 m (= 1,7 m + 2,8 m) und ein kleiner Kreis mit dem Radius 1,7 m.
Der Flächeninhalt der zu teerenden Fahrbahn berechnet sich wie folgt:

$A_{\text{großer Kreis}} - A_{\text{kleiner Kreis}}$
$= \pi \cdot (4{,}5)^2 - \pi \cdot (1{,}7)^2$
$= 3{,}14 \cdot 20{,}25 - 3{,}14 \cdot 2{,}89$
$= 54{,}5104$

Die zu teerende Fahrbahn hat den Flächeninhalt 54,5 m^2.

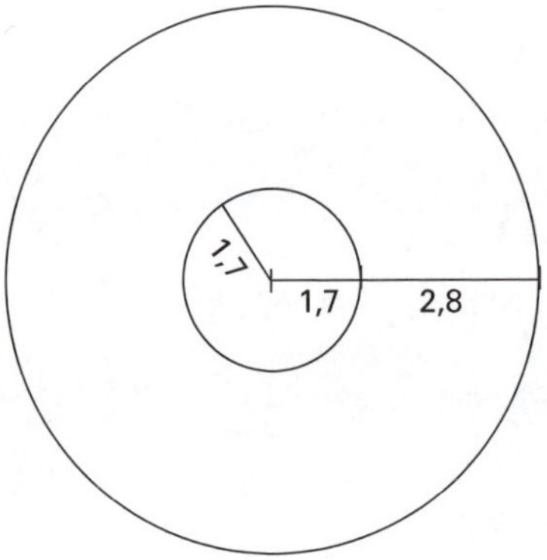

Aufgabe 3

Es gibt zwei Flächenabschnitte, die mit Rasen bedeckt sind. Einer hat die Form eines Trapezes, der andere hat die Form eines Rechtecks, aus dem ein Kreis (Teich) ausgeschnitten ist.

1. Schritt:
Berechnung des Trapezes:
Parallele Seite 1 = 9 m
Parallele Seite 2 = 19 m – 5 m = 14 m
Höhe = 24 m – 15 m – 1,5 m = 7,5 m

$A_T = \frac{a + b}{2} \cdot h = \frac{9 + 14}{2} \cdot 7{,}5 = 11{,}5 \cdot 7{,}5 = 86{,}25$

Das Trapez hat den Flächeninhalt 86,25 m^2.

2. Schritt:
Berechnung des Rechtecks:

$$A_R = a \cdot b$$
$$= 19 \cdot 15$$
$$= 285$$

Das Rechteck hat den Flächeninhalt 285 m^2.

3. Schritt:
Berechnung des Kreises:

$$A_K = \pi \cdot r^2$$
$$= \pi \cdot (2{,}5)^2 = 19{,}63$$

Der Kreis hat den Flächeninhalt 19,63 m^2.

4. Schritt:
Berechnung der Gesamtfläche, die mit Rasen bedeckt ist:

$$A = A_T + A_R - A_K$$
$$A = 86{,}25 + 285 - 19{,}63$$
$$A = 351{,}62$$

Die Gesamtfläche beträgt etwa 351,6 m^2.

Aufgabe 4

Der Flächeninhalt eines Kreissektors ist ein Sechstel des Flächeninhalts des gesamten Kreises. Damit gilt:

$$A_{Sektor} = \frac{1}{6} \cdot \pi \cdot r^2$$
$$= \frac{1}{6} \cdot \pi \cdot 18^2$$
$$= 169{,}65$$

Der Flächeninhalt eines Kreissektors beträgt etwa 169,7 m^2.

Aufgabe 5

Da die Breite des Rechtecks 6 m beträgt, muss der Mittelpunkt des Halbkreises genau 3 m von der Halbkreislinie entfernt sein. Das bedeutet, dass der Radius des Halbkreises 3 m beträgt. Wenn die Höhe der Tunnelöffnung 5 m beträgt, so teilt sich diese Höhe auf in 3 m Radius des Halbkreises und 2 m Höhe des Rechtecks.

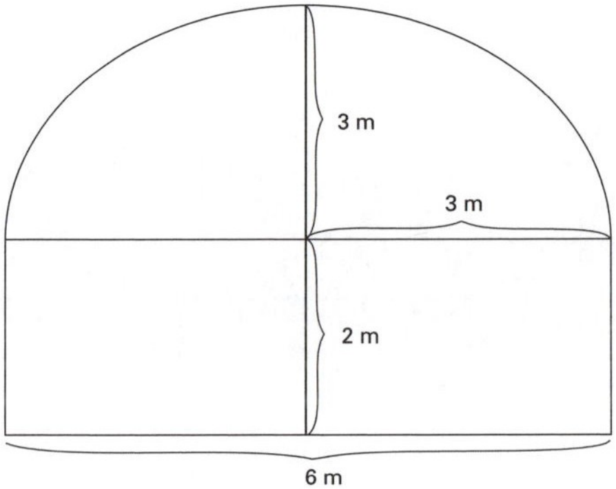

Zeichnung nicht maßstabsgetreu

Der gesuchte Flächeninhalt setzt sich aus dem Inhalt der Rechtecksfläche und dem Inhalt der Halbkreisfläche zusammen: $A_{gesamt} = A_{Halbkreis} + A_{Rechteck}$

Berechnung von $A_{Halbkreis}$:

$A_{Halbkreis} = \frac{1}{2} \cdot \pi \cdot r^2 = \frac{1}{2} \cdot \pi \cdot (3\text{ m})^2 \approx 14{,}1\text{ m}^2$

Berechnung von $A_{Rechteck}$:

$A_{Rechteck} = \text{Breite} \cdot \text{Höhe} = 6\text{ m} \cdot 2\text{ m} = 12\text{ m}^2$

Damit gilt: $A_{gesamt} = A_{Halbkreis} + A_{Rechteck} \approx 14{,}1\text{ m}^2 + 12\text{ m}^2 = 26{,}1\text{ m}^2$

Es werden also etwa $26{,}1\text{ m}^2$ Holz benötigt.

Aufgabe 6

$O = 6 \cdot a^2$ und $O = 37{,}5\text{ cm}^2$

$$\begin{aligned} 6 \cdot a^2 &= 37{,}5\text{ cm}^2 && \mid :6 \\ a^2 &= 6{,}25\text{ cm}^2 && \mid \sqrt{} \\ a &= 2{,}5\text{ cm} \end{aligned}$$

Die Kantenlänge des Würfels beträgt 2,5 cm.

Aufgabe 7

1. Schritt:
Berechnung von r:

$$M = 2r\pi \cdot h$$

$M = 2r\pi \cdot h \qquad | : (2 r\pi \cdot h)$

$\frac{M}{2\pi h} = r$

$r = \frac{94{,}25 \text{ cm}^2}{2 \cdot \pi \cdot 5 \text{ cm}} \quad \Rightarrow \quad r = 3 \text{ cm}$

2. Schritt:
Berechnung von V:

$$V = r^2 \pi \cdot h$$

$\Rightarrow \quad V = (3 \text{ cm})^2 \cdot \pi \cdot 5 \text{ cm}$

$V = 141{,}37 \text{ cm}^3$

Aufgabe 8

G = Grundfläche

$V_{Würfel} = G \cdot h = G \cdot 4$

$V_{Py1} = \frac{1}{3} \cdot G \cdot h = G \cdot \frac{1}{3} \cdot 4 = G \cdot \frac{4}{3}$

$V_{Py2} = \frac{1}{3} \cdot G \cdot h = G \cdot \frac{1}{3} \cdot 12 = G \cdot \frac{12}{3} = G \cdot 4$

$V_{Py3} = \frac{1}{3} \cdot G \cdot h = G \cdot \frac{1}{3} \cdot 8 = G \cdot \frac{8}{3}$

Offensichtlich hat Pyramide 2 das gleiche Volumen wie der Würfel.

Aufgabe 9

Der Körper lässt sich in 4 gleich große Würfel teilen.

$V = 4 \cdot V_1$

$V_1 = a^3$

$V_1 = 50^3 = 125\,000$

$V = 4 \cdot 125\,000 = 500\,000$

Das Volumen beträgt 500 000 mm^3.

Die Oberfläche lässt sich auf verschiedenen Wegen berechnen.

I. Möglichkeit

Ein Würfel hat 6 gleich große Flächen. Da die einzelnen Würfel mit ihrem Nachbarn eine Einheit bilden, entfallen die entsprechenden Grenzflächen.

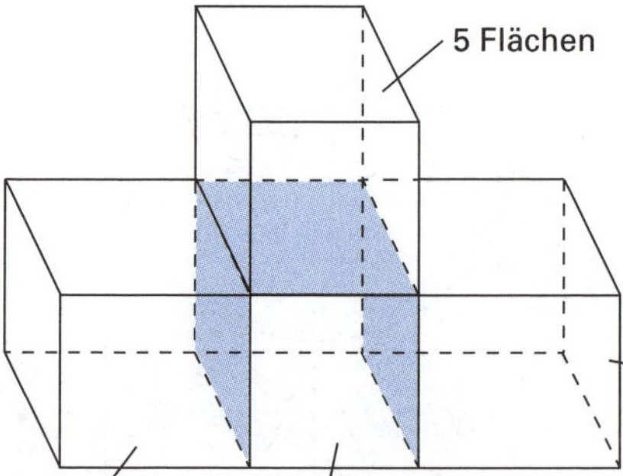

Summe = 5 Fl. + 5 Fl. + 5 Fl. + 3 Fl.
Summe = 18 Fl.

$A = a^2$
$A = 50^2 = 2500$
$O = 18 \cdot A = 18 \cdot 2500$
$O = 45\,000\ mm^2$

II. Möglichkeit

Grundfläche	$= A_1 = 50 \cdot 150$	=	7500
2 x Seitenfläche	$= A_2 = 2 \cdot (50 \cdot 150) + 2 \cdot (50)^2$	=	20 000
4 x Stirnfläche	$= A_3 = 4 \cdot (50)^2$	=	10 000
3 x Deckfläche	$= A_4 = 3 \cdot (50)^2$	=	7500
			45 000

Die Oberfläche beträgt 45 000 mm^2.

Aufgabe 10

Bei den beiden Flächeninhalten handelt es sich einerseits um den Oberflächeninhalt einer Halbkugel $O_{Halbkugel}$ und andererseits um den Oberflächeninhalt eines Kegels O_{Kegel}.

Berechnung von $O_{Halbkugel}$:

$O_{Halbkugel} = \frac{1}{2} \cdot 4\pi \cdot r^2 = \frac{1}{2} \cdot 4\pi \cdot (3{,}5\text{ cm})^2 \approx 76{,}97\text{ cm}^2$

Der Flächeninhalt des oberen, pink einzufärbenden Teils des Weinglases beträgt also etwa 76,97 cm².

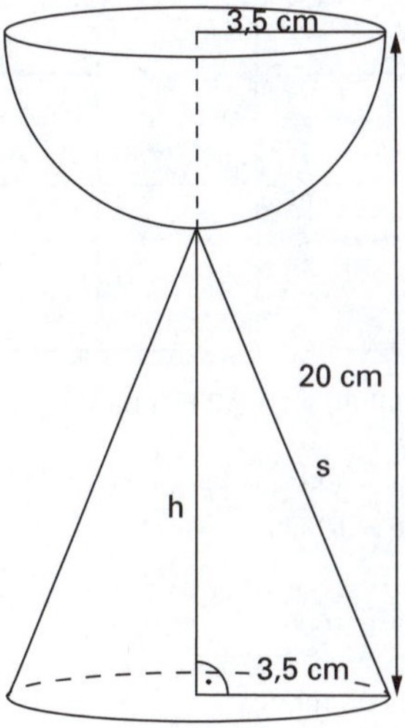

Zeichnung nicht maßstabsgetreu

Berechnung von O_{Kegel}:
Um hier die Formel für den Oberflächeninhalt anwenden zu können, müssen vorher noch die Höhe h und die Mantellinie s des Kegels bestimmt werden:

Berechnung von h:
$h = 20\text{ cm} - 3{,}5\text{ cm} = 16{,}5\text{ cm}$

Berechnung der Mantellinie s des Kegels mit dem Satz des Pythagoras:
$s^2 = h^2 + (3{,}5\text{ cm})^2 = (16{,}5\text{ cm})^2 + (3{,}5\text{ cm})^2$
$s = \sqrt{(16{,}5\text{ cm})^2 + (3{,}5\text{ cm})^2} \approx 16{,}87\text{ cm}$

Berechnung des Oberflächeninhalts des Kegels mit:

$O_{Kegel} = \pi \cdot r^2 + \pi \cdot r \cdot s \approx \pi \cdot (3{,}5\text{ cm})^2 + \pi \cdot 3{,}5\text{ cm} \cdot 16{,}87\text{ cm} = 223{,}98\text{ cm}^2$

Der Flächeninhalt des unteren, blau einzufärbenden Teils des Weinglases beträgt also etwa 223,98 cm².

Aufgabe 11

Berechnung des Volumens der Halbkugel:

$V_{Halbkugel} = \frac{1}{2} \cdot \frac{4}{3} \cdot r^3 \cdot \pi$

$V_{Halbkugel} = \frac{1}{2} \cdot \frac{4}{3} \cdot 5^3 \cdot \pi$

$V_{Halbkugel} = 261{,}8$

Das Volumen der Halbkugel beträgt 261,8 cm^3.

Berechnung des Volumens des Kegels:

$V_{Kegel} = \frac{1}{3} \cdot r^2 \cdot \pi \cdot h$

$V_{Kegel} = \frac{1}{3} \cdot 5^2 \cdot \pi \cdot 5$

$V_{Kegel} = 130{,}9$

Das Volumen des Kegels beträgt 130,9 cm^3.

Berechnung des Volumens des Restkörpers:

$V = V_{Halbkugel} - V_{Kegel} = 261{,}8 - 130{,}9 = 130{,}9$

Das Volumen des Restkörpers beträgt 130,9 cm^3 (also genauso viel wie das Volumen des Kegels und genau halb so viel wie das Volumen der Halbkugel).

Aufgabe 12

Gegeben: $d = 7{,}5$ cm $\Leftrightarrow$ $r = 3{,}75$ cm, $h = 14$ cm   Gesucht: V

$V_{Kegel} = \frac{1}{3} \pi \cdot r^2 \cdot h$

$V_{Kegel} = \frac{1}{3} \cdot \pi \cdot (3{,}75\ \text{cm})^2 \cdot 14\ \text{cm} \approx 206{,}2\ \text{cm}^3 = 0{,}206\ \text{l}$

Der Kegel hat ein Fassungsvermögen von mehr als 0,2 l.

Aufgabe 13

Gegeben: $a = 7$ cm, $h = 8$ cm, $\varrho = 1{,}28\ \frac{\text{g}}{\text{cm}^3}$ Gesucht: V, m

(1) $V_{Pyramide} = \frac{1}{3} a^2 \cdot h$

(2) $m = V \cdot \varrho$

(1) $V_{Pyramide} = \frac{1}{3} \cdot (7\ \text{cm})^2 \cdot 8\ \text{cm} \approx 130{,}67\ \text{cm}^3$

(2) $m = 130{,}67\ \text{cm}^3 \cdot 1{,}28\ \frac{\text{g}}{\text{cm}^3} \approx 167{,}26\ \text{g}$

Die Pyramide hat ein Volumen von 130,67 cm^3 und wiegt 167,26 g.

Aufgabe 14

Die gesuchte Fläche besteht aus 2 flächengleichen und gleich großen Trapezen.

$A = 2 \cdot A_1$

$A_1 = \frac{a + c}{2} \cdot h$

$A_1 = \frac{90 \text{ mm} + 30 \text{ mm}}{2} \cdot 15 \text{ mm}$

$A_1 = 900 \text{ mm}^2 = 9 \text{ cm}^2$

$A = 2 \cdot A_1$
$A = 2 \cdot 9 \text{ cm}^2 = 18 \text{ cm}^2$

Der Flächeninhalt beträgt 18 cm².

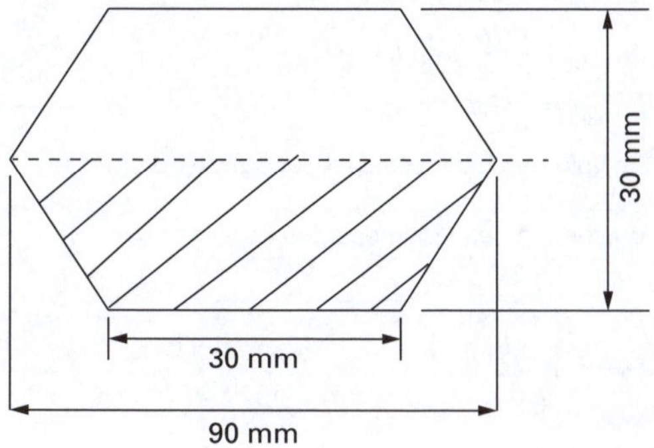

Zeichnung nicht maßstabsgetreu

Leitidee Raum und Form

1. Dreiecke untersuchen

Aufgabe 1

In allen Teilaufgaben wird der Winkelsummensatz für Dreiecke verwendet: $\alpha + \beta + \gamma = 180°$

a) $\gamma = 180° - \alpha - \beta = 180° - 50° - 60° = 70°$

b) $\beta = 180° - \alpha - \gamma = 180° - 120° - 38° = 22°$

c) $\alpha = 180° - \beta - \gamma = 180° - 31° - 90° = 59°$

d) Es handelt sich um ein gleichschenkliges Dreieck mit $\alpha = \beta = 72°$.
Für γ gilt daher: $\gamma = 180° - \alpha - \beta = 180° - 72° - 72° = 36°$

Aufgabe 2

3 $\alpha = 87°$; $c = 7$ cm; $\beta = 42°$	4 $a = 6$ cm; $b = 4$ cm; $\alpha = 68°$
2 $\alpha = 53°$; $b = 3$ cm; $c = 5$ cm	1 $a = 4$ cm; $b = 3$ cm; $c = 2$ cm

Aufgabe 3

Das Dreieck ABC ist rechtwinklig, das Dreieck ADC ist spitzwinklig und das Dreieck DBC ist stumpfwinklig.

Aufgabe 4

a) Es gilt: $\alpha + \beta = 91° + 89° = 180°$. Wegen der Winkelsumme im Dreieck müsste für den fehlenden Winkel γ gelten: $\gamma = 0°$. Deshalb kann man aus diesen Angaben kein Dreieck konstruieren.

b) Für die Summe der Seitenlängen von b und c gilt: b + c = 5 cm + 3 cm = 8 cm
Die dritte gegebene Seitenlänge ist a = 9 cm. Diese Seitenlänge ist größer als die Summe aus b und c. Deshalb kann man aus diesen Angaben kein Dreieck konstruieren.

Aufgabe 5

Planfigur:

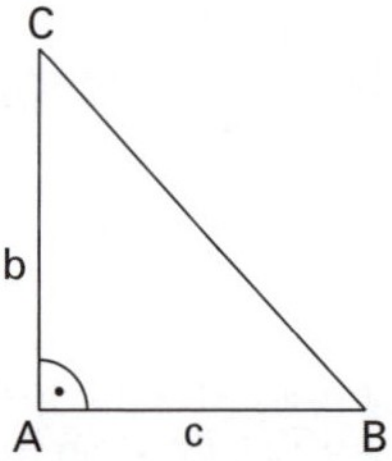

Es handelt sich hier um die Grundkonstruktion SWS.

Konstruiert werden:
1. die Seite $c = \overline{AB} = 4$ cm
2. der Winkel $\alpha = 90°$
3. die Seite $b = \overline{AC} = 6$ cm auf dem freien Schenkel von α durch einen Kreisbogen um A mit Radius 6 cm
4. die Seite $\overline{BC}$

Zeichnung:

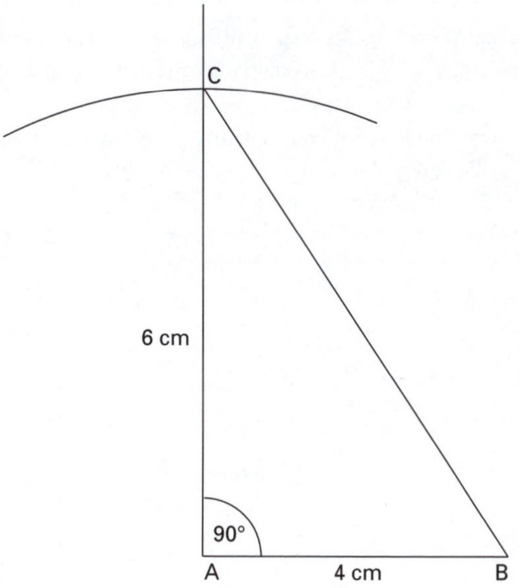

2. Vierecke untersuchen

Aufgabe 1

a) Quadrat; Rechteck; Raute; Parallelogramm

b) Quadrat; Raute; Drachenviereck

c) Raute; Parallelogramm; gleichschenkliges Trapez

Aufgabe 2

a) Da im Parallelogramm jeweils gegenüberliegende Winkel gleich groß sind, gilt $\delta = \beta = 63°$ und $\alpha = \gamma$.

$$\begin{aligned} \alpha + \beta + \gamma + \delta &= 360° \\ \alpha + 63° + \alpha + 63° &= 360° && \mid \text{zusammenfassen} \\ 2\alpha + 126° &= 360° && \mid -126° \\ 2\alpha &= 234° && \mid :2 \\ \alpha &= 117° \end{aligned}$$

Damit gilt auch $\gamma = 117°$.

b) Da im gleichschenkligen Trapez jeweils die an den parallelen Seiten anliegenden Winkel gleich groß sind, gilt $\gamma = \delta = 110°$ und $\alpha = \beta$.

$$\begin{aligned} \alpha + \beta + \gamma + \delta &= 360° \\ \alpha + \alpha + 110° + 110° &= 360° \\ 2\alpha + 220° &= 360° \quad &| -220° \\ 2\alpha &= 140° \quad &| :2 \\ \alpha &= 70° \end{aligned}$$

Damit gilt auch $\beta = 70°$.

3. Winkelweiten erschließen

Aufgabe 1

1. $\alpha = 75°$ (Begründung: Stufenwinkel)
2. $\beta = 180° - 75° = 105°$ (Begründung: Nebenwinkel)

Aufgabe 2

1. $\alpha = 42°$ (Begründung: Wechselwinkel)
2. $\beta = 180° - 42° = 138°$ (Begründung: Nebenwinkel)
3. $\gamma = 138°$ (Begründung: Wechselwinkel zu β)

Aufgabe 3

Wechselwinkel	Stufenwinkel	Scheitelwinkel
α_1 und γ	α_1 und ε	α_1 und α_3
α_2 und δ	α_2 und β	α_2 und α_4
α_3 und ε	α_3 und γ	ε und γ
α_4 und β	α_4 und δ	β und δ

Aufgabe 4

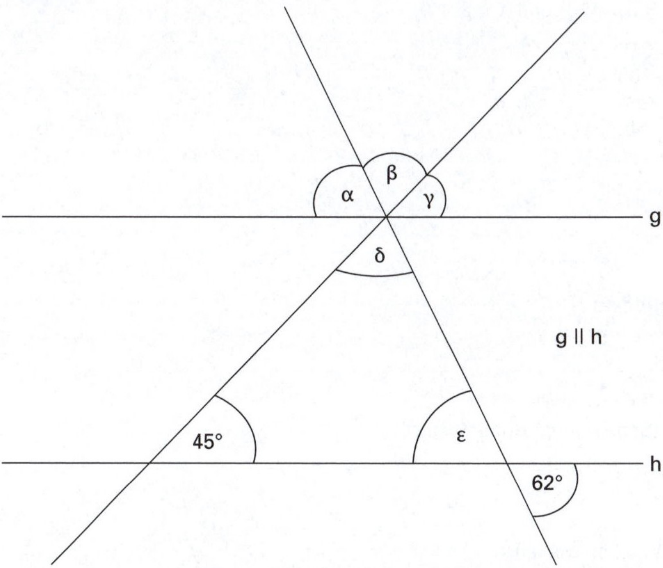

Es sind viele verschiedene (auch noch kürzere) Lösungswege möglich. Einer dieser Lösungswege wird hier exemplarisch dargestellt. Dafür wurden die Hilfswinkel δ und ε eingezeichnet.

1. $\varepsilon = 62°$ (Begründung: Scheitelwinkel)
2. $\gamma = 45°$ (Begründung: Stufenwinkel)
3. $\delta = 180° - 45° - \varepsilon = 180° - 45° - 62° = 73°$ (Begründung: Winkelsumme im Dreieck)
4. $\beta = 73°$ (Begründung: Scheitelwinkel zu δ)
5. $\alpha = 62°$ (Begründung: Stufenwinkel zu ε)

Damit gilt: $\alpha = 62°$; $\beta = 73°$; $\gamma = 45°$

Aufgabe 5

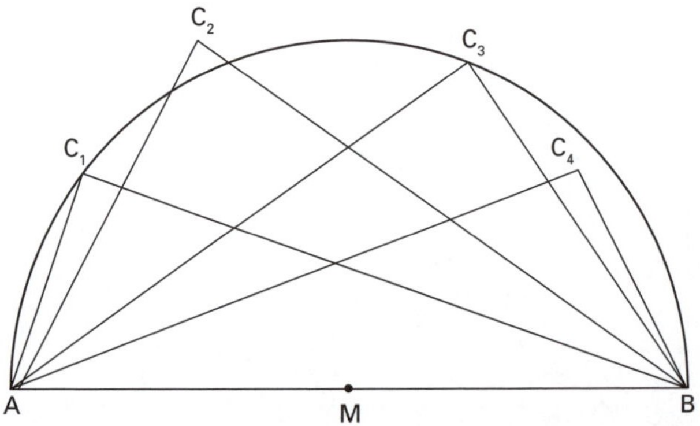

Wenn man den Thaleskreis über der Strecke $\overline{AB}$ einzeichnet, erkennt man, dass die Punkte C_1 und C_3 auf dem Halbkreis liegen, die Punkte C_2 und C_4 aber nicht. Das bedeutet nach dem Thalessatz, dass die Dreiecke ABC_1 und ABC_3 rechtwinklig sind, die Dreiecke ABC_2 und ABC_4 hingegen nicht.

Aufgabe 6

1. Es handelt sich um einen Thaleskreis, deshalb gilt: $\beta = 90°$
2. Nach dem Winkelsummensatz für Dreiecke gilt:

$$\alpha + \beta + \gamma = 180°$$
$$33° + 90° + \gamma = 180° \quad | \text{ zusammenfassen}$$
$$\gamma + 123° = 180° \quad | -123°$$
$$\gamma = 57°$$

4. Ortslinien konstruieren

Aufgabe 1

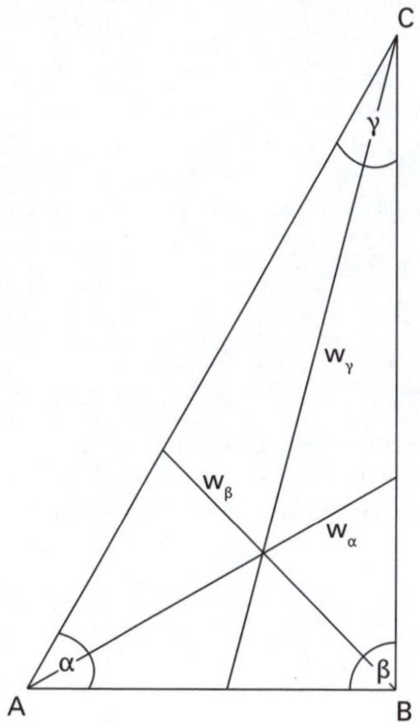

Beobachtung: Die drei Winkelhalbierenden schneiden sich in einem Punkt.

Aufgabe 2

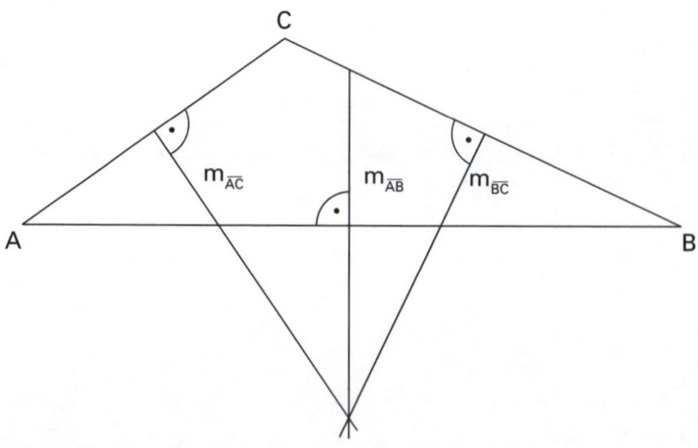

Beobachtung: Die drei Mittelsenkrechten schneiden sich in einem Punkt.

Aufgabe 3

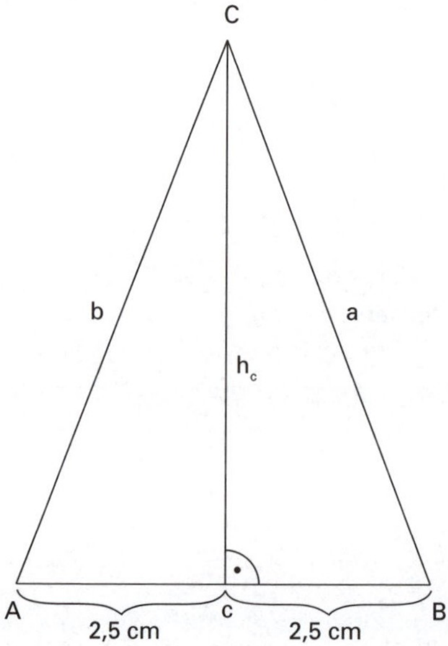

Die Teilstrecken sind jeweils 2,5 cm lang. Das ist die Hälfte der Gesamtstrecke $\overline{AB}$.
Dies bedeutet, dass die Höhe h_c in diesem Dreieck die Seite c halbiert.

5. Körper zeichnerisch darstellen

Aufgabe 1

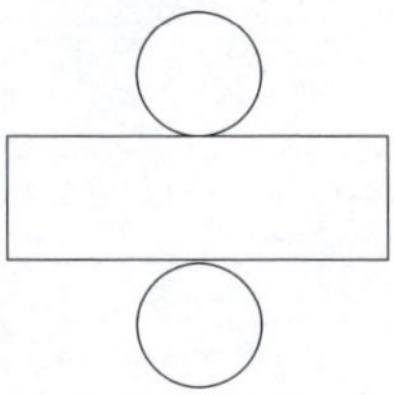

Zylinder

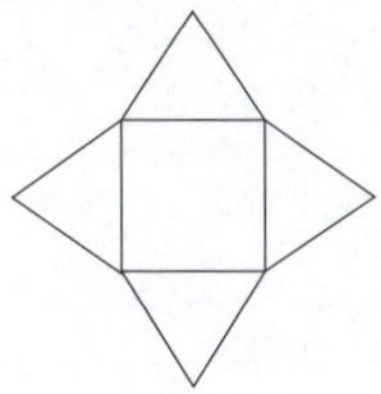

Pyramide

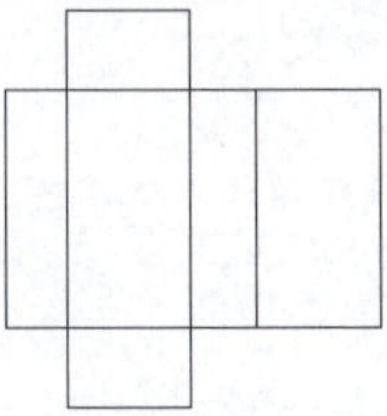

Quader

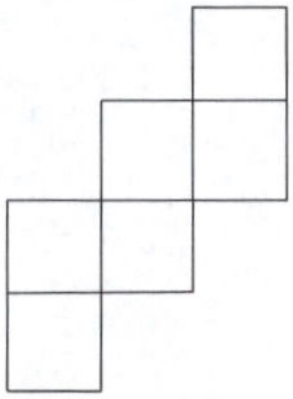

Würfel

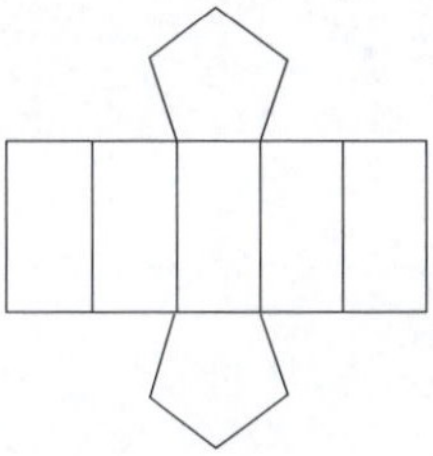

Fünfecksprisma

Aufgabe 2

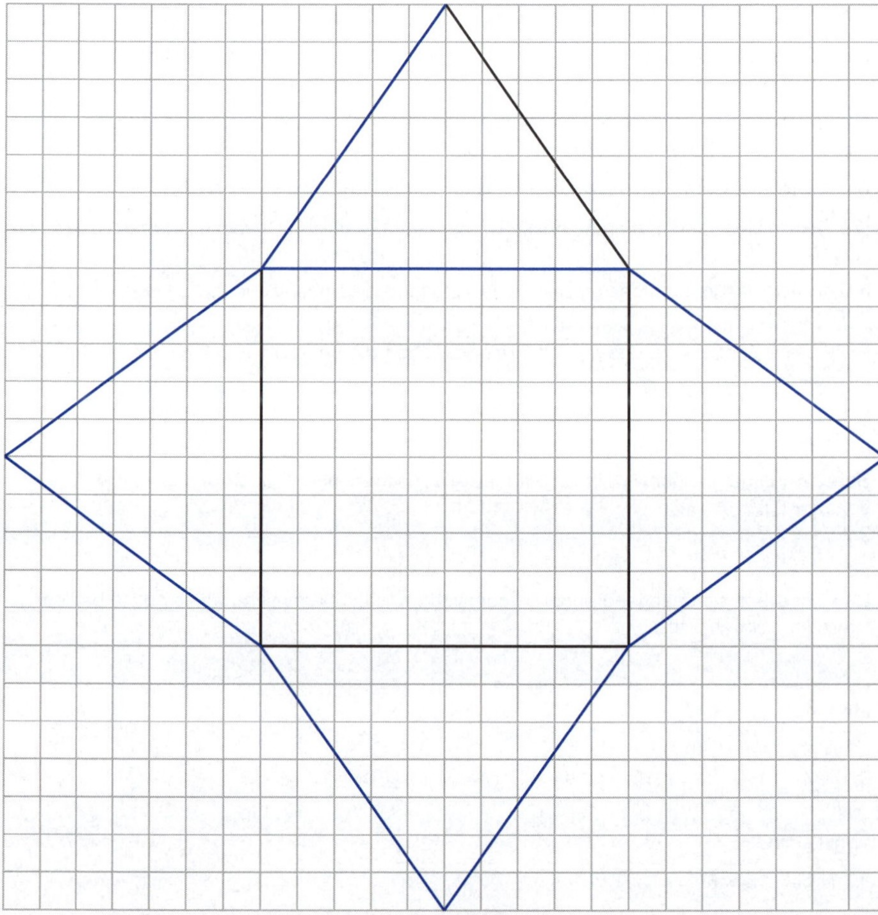

6. Mit Strahlensätzen und Ähnlichkeit arbeiten

Aufgabe 1

a) Berechnung der fehlenden Winkelangaben in beiden Dreiecken nach dem Winkelsummensatz für Dreiecke:

Großes Dreieck: Der fehlende Winkel ist $180° - 44° - 102° = 34°$.
Kleines Dreieck: Der fehlende Winkel ist $180° - 44° - 34° = 102°$.

Beide Dreiecke stimmen in allen drei Winkeln überein und sind somit ähnlich.

b) Die jeweils kleinsten, mittleren und längsten Seiten der beiden Dreiecke gehören zusammen, also gilt:

- Zur Seitenlänge 3 cm des großen Dreiecks gehört die Seitenlänge 2,4 cm des kleinen Dreiecks.
- Zur Seitenlänge 4 cm des großen Dreiecks gehört die Seitenlänge 3,2 cm des kleinen Dreiecks.
- Zur Seitenlänge 5 cm des großen Dreiecks gehört die Seitenlänge 4,2 cm des kleinen Dreiecks.

Berechnung der Längenverhältnisse für jeweils zusammengehörende Seiten:
$2{,}4 : 3 = 0{,}8$
$3{,}2 : 4 = 0{,}8$
$4{,}2 : 5 = 0{,}84$

Da nicht alle zusammengehörenden Längenverhältnisse übereinstimmen, sind die beiden Dreiecke nicht ähnlich.

Aufgabe 2

Bei ähnlichen Dreiecken gilt:

$$k = \frac{b'}{b} = \frac{4}{12} = \frac{1}{3}$$

Damit gilt auch:

$$a' = k \cdot a = \frac{1}{3} \cdot 15 = 5$$
$a' = 5$ cm

$$c' = k \cdot c = \frac{1}{3} \cdot 7{,}5 = 2{,}5$$
$c' = 2{,}5$ cm

Aufgabe 3

a)

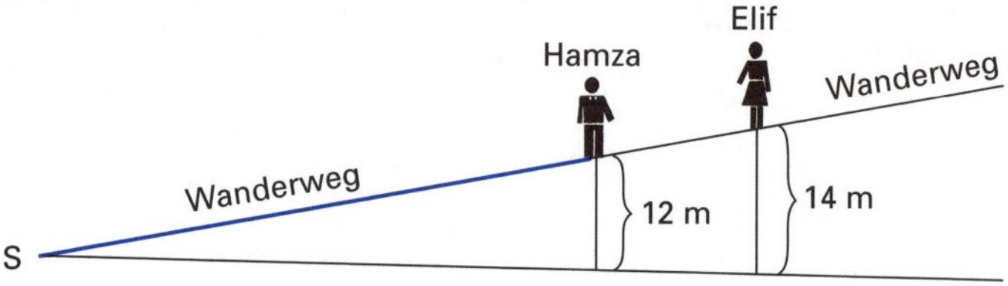

b) Die blau markierte Strecke wird mit x bezeichnet. Dann gilt nach den Strahlensätzen:

$$\frac{14}{12} = \frac{210}{x} \qquad | \cdot x$$

$$\frac{14}{12} \cdot x = 210 \qquad | \cdot 12$$

$$14x = 2520 \qquad | : 14$$

$$x = 180$$

Hamza ist nach 5 Minuten insgesamt 180 m auf dem Wanderweg gelaufen.

Aufgabe 4

☑ $\frac{f + e}{c} = \frac{f}{d}$ ☑ $\frac{a}{a + b} = \frac{f}{e + f}$ ☑ $\frac{d}{a} = \frac{c}{a + b}$

Aufgabe 5

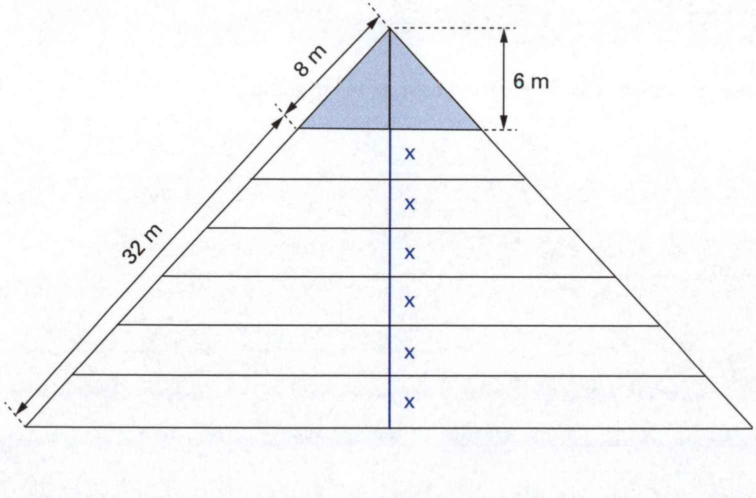

Nach den Strahlensätzen gilt:

$\frac{6x + 6}{6} = \frac{40}{8}$ | vereinfachen

$\frac{6x + 6}{6} = 5$ | · 6

$6x + 6 = 30$ | − 6

$6x = 24$ | : 6

$x = 4$

Jedes Stockwerk in dem Bürogebäude ist 4 m hoch.

7. Den Satz des Pythagoras anwenden

Aufgabe 1

a) Überprüfung mit dem Satz des Pythagoras:

(1) $a^2 + b^2 = 5^2 + 12^2$
$= 25 + 144$
$= 169$

(2) $c^2 = 13^2 = 169$

(3) Also gilt für dieses Dreieck: $a^2 + b^2 = c^2$. Damit ist das Dreieck rechtwinklig.

b) Überprüfung mit dem Satz des Pythagoras:

(1) $a^2 + b^2 = 1^2 + 2^2$
$= 1 + 4$
$= 5$

(2) $c^2 = 3^2 = 9$

(3) Da für dieses Dreieck $a^2 + b^2 \neq c^2$ gilt, ist es nicht rechtwinklig.

Aufgabe 2

a) $s^2 + r^2 = t^2$ b) $v^2 + w^2 = u^2$ c) $c^2 + b^2 = a^2$

d) $z^2 + x^2 = y^2$ e) $a^2 + c^2 = b^2$

Aufgabe 3

Das Dreieck ABC wird durch die Höhe h_c in zwei rechtwinklige Teildreiecke zerlegt.

Berechnung von h_c:

$h_c^2 + 3^2 = 4{,}2^2$
$h_c^2 + 9 = 17{,}6 \quad | -9$
$h_c^2 = 8{,}6 \quad | \sqrt{\ }$
$h_c = \sqrt{8{,}6}$
$h_c = 2{,}93$ cm

Berechnung von b:

$h_c^2 + 1^2 = b^2$
$2{,}93^2 + 1 = b^2$
$b^2 = 9{,}58 \quad | \sqrt{\ }$
$b = \sqrt{9{,}58}$
$b = 3{,}1$ cm

Aufgabe 4

Schritt 1: Berechnung der Flächendiagonale f:

$\overline{AB}^2 + \overline{BC}^2 = f^2$

$f^2 = 10^2 + 5^2$
$f^2 = 125 \quad | \sqrt{\ }$
$f = \sqrt{125}$
$f = 11{,}18$ cm

Schritt 2: Berechnung der Raumdiagonale e:

$f^2 + \overline{CG}^2 = e^2$

$e^2 = 11{,}18^2 + 6^2 \quad | \sqrt{\ }$
$e = \sqrt{11{,}18^2 + 6^2}$
$e = 12{,}69$ cm

Die Raumdiagonale e ist etwa 12,7 cm lang.

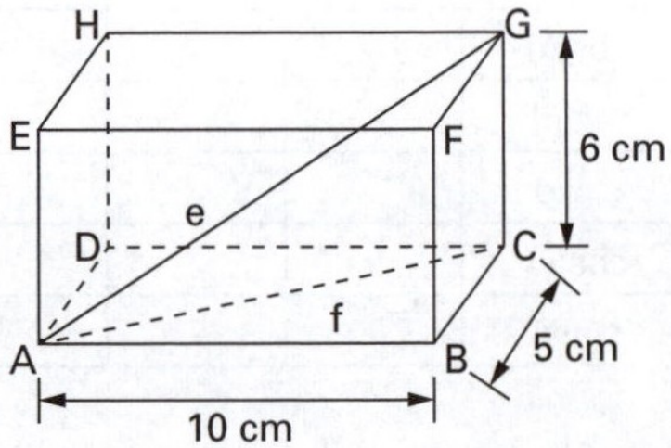

Aufgabe 5

Schritt 1: Berechnung der Höhe des Fernsehers:

Gegeben: $a = 78{,}9$ cm, $d = 94$ cm Gesucht: h

$$a^2 + h^2 = d^2 \Rightarrow h^2 = d^2 - a^2$$

$h^2 = 94^2 - 78{,}9^2 \quad | \sqrt{\ }$
$h = \sqrt{94^2 - 78{,}9^2}$
$h = 51{,}1$ cm

Schritt 2: Berechnung des Flächeninhalts des Bildschirms:

$$A = a \cdot h$$

$A = 78{,}9 \cdot 51{,}1 = 4031{,}79$

Der Flächeninhalt des Bildschirms beträgt etwa 4031,8 cm².

8. Trigonometrische Längenverhältnisse erkennen und nutzen

Aufgabe 1

=	$\frac{a}{b}$	$\frac{c}{a}$	$\frac{a}{c}$	$\frac{c}{b}$
sin(α)	x			
cos(α)				x
tan(α)			x	
sin(γ)				x
cos(γ)	x			
tan(γ)		x		

Aufgabe 2

a) Gesucht: Seitenlängen a und b sowie der Winkel α:

$$\sin(40°) = \frac{b}{c}$$

$$\sin(40°) = \frac{b}{4{,}6} \qquad | \cdot 4{,}6$$

$$4{,}6 \cdot \sin(40°) = b$$

$$b = 3{,}0\text{ cm}$$

$$\cos(40°) = \frac{a}{c}$$

$$\cos(40°) = \frac{a}{4{,}6} \qquad | \cdot 4{,}6$$

$$4{,}6 \cdot \cos(40°) = a$$

$$a = 3{,}5\text{ cm}$$

Wegen der Winkelsumme im rechtwinkligen Dreieck gilt:

$$\alpha + 40° = 90° \qquad | - 40°$$

$$\alpha = 50°$$

b) Gesucht: Seitenlängen b und c sowie der Winkel β:

$$\sin(56°) = \frac{a}{c}$$

$$\sin(56°) = \frac{4{,}5}{c} \qquad | \cdot c$$

$$c \cdot \sin(56°) = 4{,}5 \qquad | : \sin(56°)$$

$$c = \frac{4{,}5}{\sin(56°)}$$

$$c = 5{,}4\text{ cm}$$

$$\cos(56°) = \frac{b}{c}$$

$$\cos(56°) = \frac{b}{5{,}4} \qquad | \cdot 5{,}4$$

$$5{,}4 \cdot \cos(56°) = b$$

$$b = 3{,}0\text{ cm}$$

Wegen der Winkelsumme im rechtwinkligen Dreieck gilt:

$$\beta + 56° = 90° \qquad | - 56°$$

$$\beta = 34°$$

c) Gesucht: Seitenlänge a sowie die Winkel α und β:

$\cos(\alpha) = \frac{b}{c}$

$\cos(\alpha) = \frac{1{,}9}{3{,}2}$

$\alpha = \cos^{-1}\left(\frac{1{,}9}{3{,}2}\right)$

$\alpha = 53{,}6°$

$\sin(53{,}6°) = \frac{a}{c}$

$\sin(53{,}6°) = \frac{a}{3{,}2}$ | · 3,2

$3{,}2 \cdot \sin(53{,}6°) = a$

$a = 2{,}6$ cm

Wegen der Winkelsumme im rechtwinkligen Dreieck gilt:

$\beta + 53{,}6° = 90°$ | – 53,6°

$\beta = 36{,}4°$

Aufgabe 3

Berechnung der Höhe h_c:

$\sin(30°) = \frac{h_c}{a}$

$\sin(30°) = \frac{h_c}{5{,}5}$ | · 5,5

$5{,}5 \cdot \sin(30°) = h_c$

$h_c \approx 2{,}8$ cm

Berechnung der Seitenlänge b:

$\sin(45°) = \frac{h_c}{b}$

$\sin(45°) = \frac{2{,}8}{b}$ | · b | : sin(45°)

$b = \frac{2{,}8}{\sin(45°)}$

$b \approx 4{,}0$ cm

Aufgabe 4

1. Berechnung des Winkels β im rechtwinkligen Dreieck ABC:

$\tan(\beta) = \frac{\overline{AB}}{\overline{BC}}$

$\tan(\beta) = \frac{8}{6}$

$\beta = \tan^{-1}\left(\frac{8}{6}\right)$

$\beta = 53{,}1°$

2. Berechnung der Grundflächendiagonale $\overline{AC}$ im rechtwinkligen Dreieck ABC:

$$\sin(53{,}1°) = \frac{\overline{AB}}{\overline{AC}}$$

$$\sin(53{,}1°) = \frac{8}{\overline{AC}} \qquad | \cdot \overline{AC} \qquad | : \sin(53{,}1°)$$

$$\overline{AC} = \frac{8}{\sin(53{,}1°)}$$

$$\overline{AC} = 10{,}0 \text{ cm}$$

3. Berechnung des Winkels α im rechtwinkligen Dreieck ACG:

$$\tan(\alpha) = \frac{\overline{CG}}{\overline{AC}} \qquad \text{(Beachten Sie: } \overline{CG} = \overline{BF}\text{)}$$

$$\tan(\alpha) = \frac{5}{10}$$

$$\alpha = \tan^{-1}\left(\frac{5}{10}\right)$$

$$\alpha = 26{,}6°$$

4. Berechnung der Raumdiagonale $\overline{AG}$ im rechtwinkligen Dreieck ACG:

$$\sin(26{,}6°) = \frac{\overline{CG}}{\overline{AG}}$$

$$\sin(26{,}6°) = \frac{5}{\overline{AG}} \qquad | \cdot \overline{AG} \qquad | : \sin(26{,}6°)$$

$$\overline{AG} = \frac{5}{\sin(26{,}6°)}$$

$$\overline{AG} = 11{,}2 \text{ cm}$$

Leitidee Funktionaler Zusammenhang

1. Funktionale Zusammenhänge erfassen, darstellen und nutzen

Aufgabe 1

a) Die wenigsten Bundesbürger/-innen erwerbstätig: 2003 mit 39,24 Mio.
Die meisten Bundesbürger/-innen erwerbstätig: 2019 mit 45,24 Mio.

b) Der Anstieg der Erwerbstätigkeit war mit einer Steigerung von über einer Million von 2015 (43,12 Mio.) auf 2017 (44,25 Mio.) am stärksten.

c) Im Jahr 2019 waren 45,24 Mio. Menschen in Deutschland erwerbstätig. 4,5 % davon waren verbeamtet.

I. Möglichkeit

Dreisatz:

$100\ \% \triangleq 45{,}24 \text{ Mio.}$

$1\ \% \triangleq \dfrac{45{,}24 \text{ Mio.}}{100}$

$4{,}5\ \% \triangleq \dfrac{45{,}24 \text{ Mio.} \cdot 4{,}5}{100}$

$\approx 2{,}04 \text{ Mio.}$

II. Möglichkeit

Formel:

GW = 45,24 Mio., p = 4,5 %

$$PW = \frac{GW \cdot p}{100}$$

$$PW = \frac{45{,}24 \text{ Mio.} \cdot 4{,}5}{100}$$

$PW = 2{,}04$

Im Jahr 2019 waren etwa 2,04 Mio. Bundesbürger/-innen als Beamte und Beamtinnen tätig.

d) Die Addition der Prozentwerte müsste eigentlich 100 % ergeben.
75,5 % + 10,5 % + 9,4 % + 4,5 % = 99,9 %
Da es sich um gerundete Werte handelt, um den Graph übersichtlich zu halten, kann es sein, dass die Summe nicht genau 100 % ergibt.

Aufgabe 2

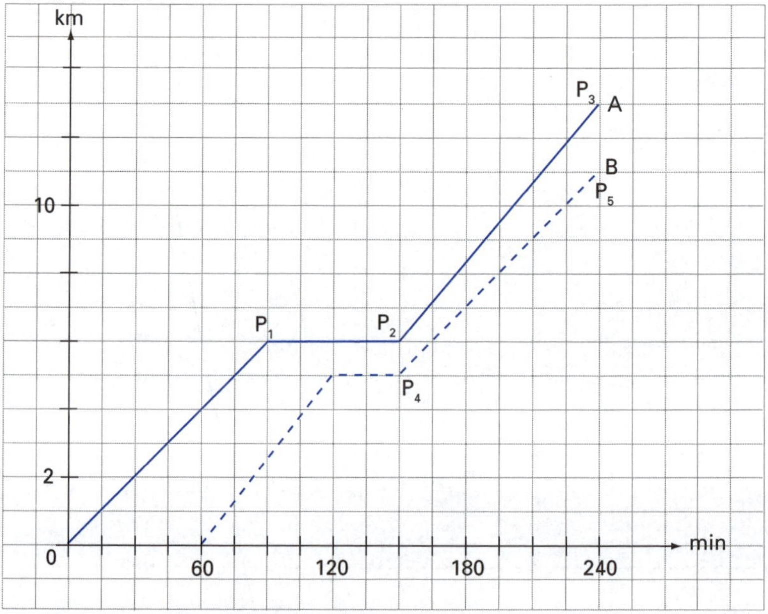

a) A ist 13 km gelaufen, B ist 11 km gelaufen.

b) Pause von A: 1 Stunde

Pause von B: $\frac{1}{2}$ Stunde

c) A ist 4 Stunden unterwegs, B ist 3 Stunden unterwegs.

d) Laufzeit von A: 3 Stunden

Laufzeit von B: $2\frac{1}{2}$ Stunden

Aufgabe 3

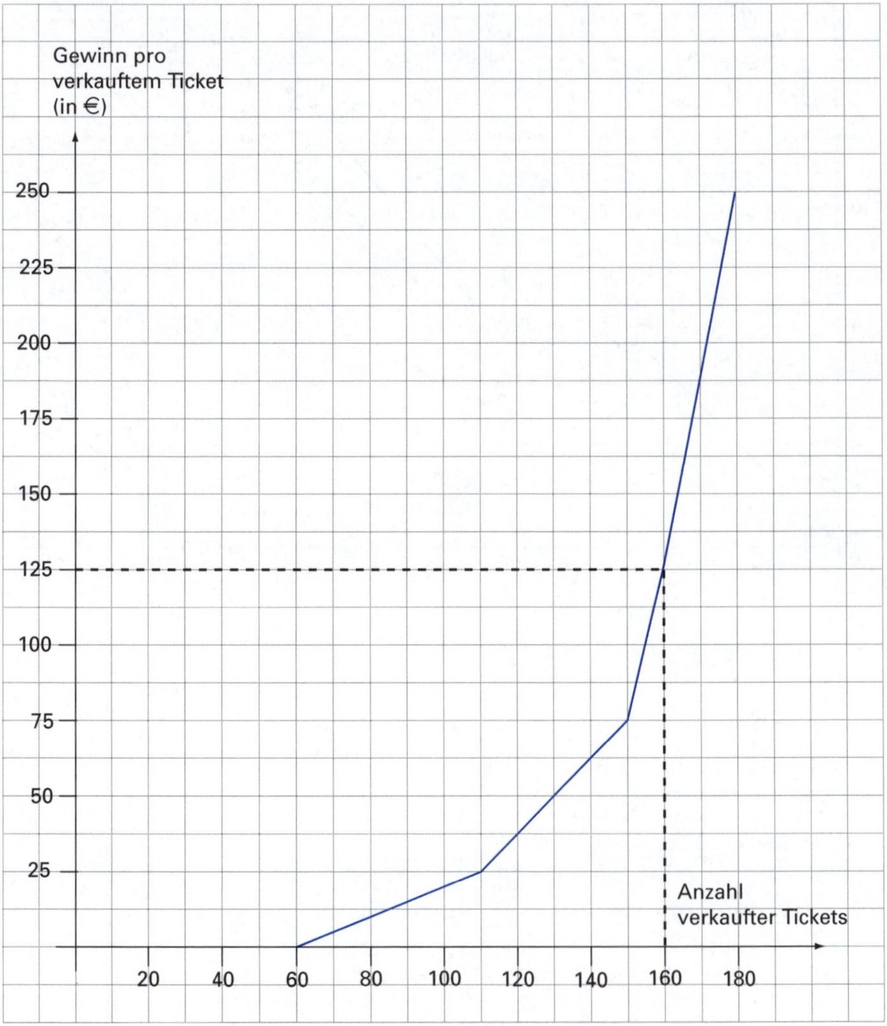

a) Wie man den gestrichelten Linien entnehmen kann, muss die Fluggesellschaft 160 Tickets verkaufen, um 125 € pro Ticket zu erwirtschaften.

b) Der Graph zeigt, dass nach dem 60. verkauften Ticket ein Gewinn erwirtschaftet wird. Die Fluggesellschaft sollte also mindestens 61 Tickets verkaufen, um überhaupt in die Gewinnzone zu gelangen.

Aufgabe 4

Zu Vase [A] gehört Graph ③, weil sich die Vase zu Beginn nur langsam füllt, dann aber stetig schneller, weil sie oben immer enger wird.

Zu Vase [B] gehört Graph ①. Hier steigt die Füllhöhe immer langsamer.

Zu Vase [C] gehört Graph ②, weil sich die Vase erst langsam füllt, dann aber immer schneller bis zur Mitte der Vase, wo sie am engsten ist. Danach füllt sich die Vase wieder zunehmend langsamer, weil sie oben erneut breiter wird.

Aufgabe 5

Allgemein gilt bei einem Zeit-Weg-Diagramm:
Je schneller eine Bewegung, desto steiler steigt der Graph.

Da Triathleten schneller Rad fahren als laufen, aber auch schneller laufen als schwimmen können, entspricht Schaubild C am besten einem wirklichen Triathlon.

2. Proportionalität und Antiproportionalität erkennen und nutzen

Aufgabe 1

Um die beiden Angebote zu vergleichen, muss man jeweils den Preis für 1 kg berechnen.

Angebot A

: 3 (3 kg ≙ 4,50 € ; 1 kg ≙ 1,50 €) : 3

Angebot B

: 10 (10 kg ≙ 12,00 € ; 1 kg ≙ 1,20 €) : 10

Angebot B ist günstiger (pro kg).

Aufgabe 2

Ein/-e Gewinner/-in bekommt den gesamten Betrag von 3000 €.
Die fehlenden Angaben berechnet man mithilfe einer antiproportionalen Zuordnung:

: 2 (300 € ≙ 10 Gewinnern ; 150 € ≙ 20 Gewinnern) · 2 (laut Tabelle)

Im Juni war die Anzahl an Gewinner/-innen 20.

· 10 (300 € ≙ 10 Gewinnern ; 3000 € ≙ 1 Gewinner) : 10

Im März bekam der/die (einzige) Gewinner/-in 3000 €.

Aufgabe 3

Je mehr kg Teig vorhanden sind, umso mehr Pfannkuchen kann man backen. Also liegt eine proportionale Zuordnung (Quotientengleichheit) vor.

Zuordnungstabelle oder **Quotientengleichheit**

	kg Teig	Anzahl Pfannkuchen	
	1,5	24	
: 3	0,5	8	: 3
· 9	4,5	72	· 9

$$\frac{1{,}5}{24} = \frac{4{,}5}{x}$$
$$\frac{24}{1{,}5} = \frac{x}{4{,}5}$$
$$\frac{24 \cdot 4{,}5}{1{,}5} = x$$
$$\frac{108}{1{,}5} = x$$
$$72 = x$$

Er erhält 72 Stück Pfannkuchen.

Aufgabe 4

3 · 0,77 € + 2 · 0,69 €
= 2,31 € + 1,38 €
= 3,69 €

Louis muss 3,69 € bezahlen, gibt aber einen 5-Euro-Schein: 5,00 € – 3,69 € = 1,31 €

Louis bekommt 1,31 € Wechselgeld zurück.

Aufgabe 5

Hier liegt eine antiproportionale Beziehung vor, weil die Zahl der Arbeitsstunden umso kleiner wird, je höher die Anzahl der Holzfäller ist.

	5 Holzfäller ≙ 15 Stunden	
: 5	1 Holzfäller ≙ 75 Stunden	· 5
· 3	3 Holzfäller ≙ 25 Stunden	: 3

Drei Holzfäller würden 25 Stunden brauchen.

3. Mit linearen Funktionen umgehen

Aufgabe 1

a) g_1: $y = -x + 2$ $\qquad$ g_2: $y = -\frac{1}{3}x + 3$ $\qquad$ g_3: $y = \frac{4}{3}x + 4$

b)

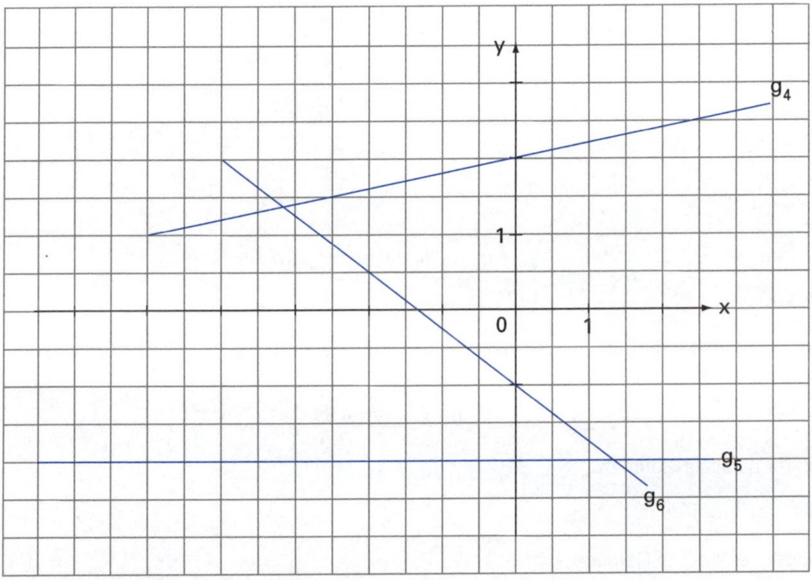

g_4: $m_4 = 0{,}2 = \frac{1}{5}$

g_5: Parallele zur x-Achse durch (0 I -2)

g_6: $m_6 = -0{,}75 = -\frac{3}{4}$

Aufgabe 2

$$m = \frac{y_B - y_A}{x_B - x_A}$$

a) $m = \frac{-4 + 1}{1{,}5 + 4} = \frac{-3}{5{,}5} = \frac{-30}{55} = -\frac{6}{11}$

b) $m = \frac{-1{,}5 + 2}{8 - 0{,}5} = \frac{0{,}5}{7{,}5} = \frac{5}{75} = \frac{1}{15}$

Aufgabe 3

1. Schritt:
Berechnung der Steigung m:

$m = \frac{0{,}5 + 1}{1 + 4} = \frac{1{,}5}{5} = \frac{3}{10}$

2. Schritt:
Berechnung des Achsenabschnitts c:

$g\text{: } y = \frac{3}{10}x + c$

P_1 in g eingesetzt:

$-1 = \frac{3}{10} \cdot (-4) + c$

$-1 = -\frac{12}{10} + c \qquad | + \frac{12}{10}$

$c = \frac{2}{10}$

$c = \frac{1}{5}$

3. Schritt:
Aufstellen der Geradengleichung:

$g\text{: } y = \frac{3}{10}x + \frac{1}{5}$

Aufgabe 4

Zunächst werden bei den Steigungen der Geraden alle Dezimalzahlen in vollständig gekürzte Brüche verwandelt:

$g_3\text{: } y = \frac{2}{5}x + 5 \qquad g_4\text{: } y = \frac{1}{4}x - 2 \qquad g_5\text{: } y = -\frac{5}{2}x - 3$

Zueinander parallele Geraden:

$g_1 \parallel g_3 \qquad g_4 \parallel g_6$

Zueinander senkrechte Geraden:

Da $\frac{2}{5} \cdot \left(-\frac{5}{2}\right) = -1$ ist, gilt $g_1 \perp g_5$ und $g_3 \perp g_5$.

Da $-4 \cdot \frac{1}{4} = -1$ ist, gilt $g_4 \perp g_2$ und $g_6 \perp g_2$.

Aufgabe 5

Der Wert -0,2 ist die Steigung des zugehörigen Graphen. Das bedeutet, dass die Kerze pro Minute 0,2 cm (also 2 mm) an Länge verliert. Der Wert 8 ist der y-Achsenabschnitt des zugehörigen Graphen. Das bedeutet, dass die Kerze zum Zeitpunkt des Anzündens 8 cm lang ist.

Aufgabe 6

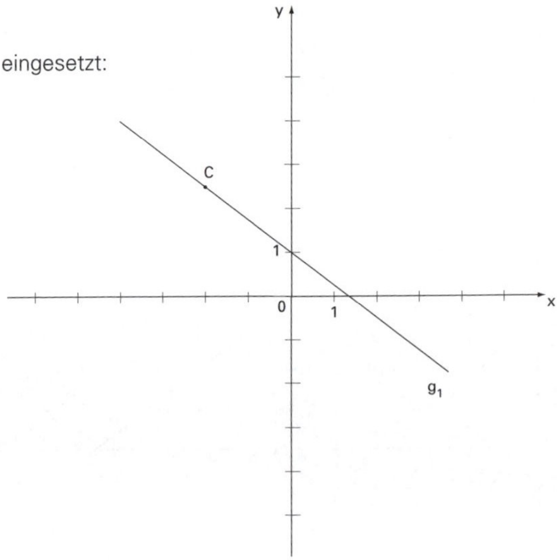

a) Die Koordinaten von C werden in g_1 eingesetzt:

$\frac{5}{2} = -\frac{3}{4} \cdot (-2) + 1$

$\frac{5}{2} = \frac{3}{2} + 1$

$\frac{5}{2} = \frac{5}{2}$ (w) $\Rightarrow C \in g_1$

b) $h \parallel g_1 \Rightarrow m_h = m_{g_1}$

$m_{g_1} = -\frac{3}{4} \Rightarrow m_h = -\frac{3}{4}$

h: $y = -\frac{3}{4}x + c$

A in h eingesetzt:

$4 = -\frac{3}{4} \cdot 1 + c$

$c = \frac{19}{4} \Rightarrow$ h: $y = -\frac{3}{4}x + \frac{19}{4}$

c) $l \perp g_1 \Rightarrow m_l = -\frac{1}{m_{g_1}}$

$m_{g_1} = -\frac{3}{4} \Rightarrow m_l = \frac{4}{3}$

l: $y = \frac{4}{3}x + c$

B in l eingesetzt:

$-3 = \frac{4}{3} \cdot (-1) + c$

$c = -\frac{5}{3} \Rightarrow$ l: $y = \frac{4}{3}x - \frac{5}{3}$

d) $g_1 \cap g_2 = \{S\}$

g_1: $y = -\frac{3}{4}x + 1$

g_2: $y = \frac{1}{4}x - 1$ $\xrightarrow[\text{verfahren}]{\text{Gleichsetz-}}$ $-\frac{3}{4}x + 1 = \frac{1}{4}x - 1$ $\quad | -\frac{1}{4}x \quad | -1$

$-x = -2$ $\quad | \cdot (-1)$

$x = 2$

x = 2 in g_1 eingesetzt:

$y = -\frac{3}{4} \cdot 2 + 1$

$y = -0{,}5$ $\Rightarrow S\,(2 \mid -0{,}5)$

e)

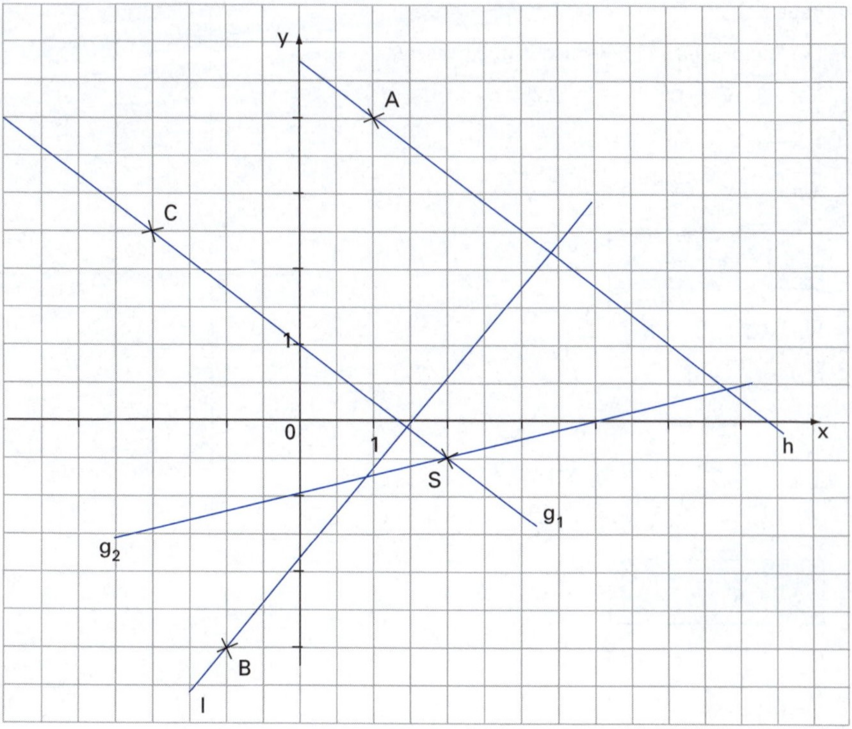

Aufgabe 7

In der allgemeinen Form der Geradengleichung y = mx + c müssen die Steigung m und der y-Achsenabschnitt c bestimmt werden.

1. Berechnung der Steigung m:

   $$m = \frac{y_2 - y_1}{x_2 - x_1} = \frac{5 - (-3)}{-4 - 2} = \frac{8}{-6} = -\frac{4}{3}$$

2. Berechnung des y-Achsenabschnitts c:

   Setzt man in die Gleichung $y = -\frac{4}{3}x + c$ die Koordinaten (z. B.) des Punktes A (2 I -3) ein, dann ergibt sich:

   $$-3 = -\frac{4}{3} \cdot 2 + c$$

   $$-3 = -\frac{8}{3} + c \qquad | + \frac{8}{3}$$

   $$-3 + \frac{8}{3} = c$$

   $$-\frac{9}{3} + \frac{8}{3} = c$$

   $$c = -\frac{1}{3}$$ ⇒ Damit lautet die Gleichung der Geraden $y = -\frac{4}{3}x - \frac{1}{3}$.

4. Mit quadratischen Funktionen umgehen

Aufgabe 1

Die Parabel ist nach unten geöffnet und breiter als die Normalparabel. Ihr Scheitelpunkt liegt unterhalb der x-Achse.

Die Parabel ist nach unten geöffnet und schmaler als die Normalparabel. Ihr Scheitelpunkt liegt oberhalb der x-Achse.

Die Parabel ist nach oben geöffnet und breiter als die Normalparabel. Ihr Scheitelpunkt liegt oberhalb der x-Achse.

Die Parabel ist nach oben geöffnet und schmaler als die Normalparabel. Ihr Scheitelpunkt liegt unterhalb der x-Achse.

$y = -2x^2 + 5$

$y = -\frac{1}{2}x^2 + 7$

$y = -\frac{3}{4}x^2 - 6$

$y = 0{,}8x^2 + 4$

$y = 1{,}2x^2 - 0{,}5$

$y = -0{,}1x^2 - 0{,}1$

$y = \frac{1}{4}x^2 + 1$

$y = \frac{4}{3}x^2 - 2$

Aufgabe 2

$y = 0{,}5x^2 - 1$ **p_3** $y = 0{,}25x^2 + 3$ **p_4** $y = -x^2 + 3$ **p_1**

$y = -0{,}25x^2 + 3$ **p_2** $y = 2x^2 - 1$ **p_5**

Aufgabe 3

Gleichsetzen der Geradengleichung und der Parabelgleichung ergibt:

$$-3x^2 + 8 = -3x - 10 \quad | + 3x \quad | + 10$$
$$-3x^2 + 3x + 18 = 0 \quad | : (-3)$$
$$x^2 - x - 6 = 0 \quad | \text{ Lösungsformel}$$

$$x_{1,2} = -\frac{-1}{2} \pm \sqrt{\left(\frac{-1}{2}\right)^2 - (-6)}$$

$$x_{1,2} = \frac{1}{2} \pm \sqrt{\frac{1}{4} + 6}$$

$$x_{1,2} = \frac{1}{2} \pm \sqrt{\frac{1}{4} + \frac{24}{4}}$$

$$x_{1,2} = \frac{1}{2} \pm \sqrt{\frac{25}{4}}$$

$$x_{1,2} = \frac{1}{2} \pm \frac{5}{2}$$

$$x_1 = \frac{1}{2} + \frac{5}{2} = \frac{6}{2} = 3 \qquad x_2 = \frac{1}{2} - \frac{5}{2} = -\frac{4}{2} = -2$$

Einsetzen der beiden gefundenen Lösungen x_1 und x_2, z. B. in die Geradengleichung, ergibt:

$$y_1 = -3x_1 - 10 = -9 - 10 = -19$$
$$y_2 = -3x_2 - 10 = 6 - 10 = -4$$

Damit gilt für die beiden Schnittpunkte: A (3 I -19) und B (-2 I -4)

Aufgabe 4

Gleichsetzen der Geradengleichung und der Parabelgleichung ergibt:

$$2x^2 + 3 = 8x - 5 \quad | - 8x \quad | + 5$$
$$2x^2 - 8x + 8 = 0 \quad | : 2$$
$$x^2 - 4x + 4 = 0$$

Die Diskriminante D dieser Gleichung ist

$$D = \left(\frac{-4}{2}\right)^2 - 4 = 4 - 4 = 0$$

Da D = 0 ist, haben die Parabel p und die Gerade g genau einen Schnittpunkt (= Berührpunkt).

Aufgabe 5

Die Parabel $y = x^2 - 3$ geht aus der Normalparabel durch …	… eine Spiegelung an der x-Achse und eine anschließende Verschiebung um 3 Einheiten nach unten hervor.
Die Parabel $y = -3x^2$ geht aus der Normalparabel durch …	… eine Verschiebung um 3 Einheiten nach unten hervor.
Die Parabel $y = -x^2 - 3$ geht aus der Normalparabel durch …	… eine Spiegelung an der x-Achse und eine anschließende Verschiebung um 3 Einheiten nach oben hervor.
Die Parabel $y = -x^2 + 3$ geht aus der Normalparabel durch …	… eine Streckung mit dem Faktor 3 hervor.
Die Parabel $y = 3x^2$ geht aus der Normalparabel durch …	… eine Spiegelung an der x-Achse und eine anschließende Streckung mit dem Faktor 3 hervor.

Aufgabe 6

	Öffnung der Parabel		Form der Parabel im Vergleich zur Normalparabel		Der Scheitelpunkt dieser Parabel ist gegenüber dem Scheitelpunkt der Normalparabel verschoben nach			
	nach oben	nach unten	breiter	schmaler	links	rechts	oben	unten
p_1	x					x	x	
p_2		x	x				x	
p_3		x		x				
p_4	x				x			x
p_5	x			x				x
p_6	x		x					

Aufgabe 7

a) Zum Beispiel: p_1: $y = -2x^2 + 1$ (Andere Lösungen sind möglich.)

b) Zum Beispiel: p_2: $y = \frac{1}{2}x^2 - 4$ (Andere Lösungen sind möglich.)

c) p_3: $y = (x + 7)^2 + 2$

d) p_4: $y = (x - 9)^2$

Aufgabe 8

Man kann die Scheitelform mithilfe der quadratischen Ergänzung bestimmen:

$$x^2 + 3x - 7$$
$$= x^2 + 3x + \left(\frac{3}{2}\right)^2 - 7 - \left(\frac{3}{2}\right)^2$$
$$= \left(x + \frac{3}{2}\right)^2 - 7 - \frac{9}{4}$$
$$= \left(x + \frac{3}{2}\right)^2 - \frac{28}{4} - \frac{9}{4}$$
$$= \left(x + \frac{3}{2}\right)^2 - \frac{37}{4}$$
$$= (x + 1{,}5)^2 - 9{,}25$$

Der Scheitelpunkt ist folglich S (-1,5 I -9,25).

Aufgabe 9

Die Länge des Rechtecks wird mit x und die Breite mit y bezeichnet. Der Umfang des Rechtecks muss 24 cm betragen. Folglich gilt:

$$u = 2x + 2y$$
$$24 = 2x + 2y \quad | -2x$$
$$24 - 2x = 2y \quad | :2$$
$$12 - x = y$$

Für den Flächeninhalt A des Rechtecks gilt dann:

$$A = x \cdot y$$
$$A = x \cdot (12 - x)$$
$$A = 12x - x^2$$

Die Gleichung $A = 12x - x^2$ kann als Funktionsgleichung einer quadratischen Funktion aufgefasst werden. Die zugehörige Parabel ist nach unten geöffnet, hat also in ihrem Scheitelpunkt ihren größten y-Wert. Wenn man also den größtmöglichen Flächeninhalt sucht, dann ist dies der y-Wert des Scheitelpunkts der zugehörigen Parabel. Um den Scheitelpunkt zu bestimmen, kann man z. B. zunächst die Schnittpunkte der Parabel mit der x-Achse berechnen:

$$12x - x^2 = 0 \quad | \text{ ausklammern}$$
$$x(12 - x) = 0 \quad | \text{ Satz vom Nullprodukt}$$
$$x_1 = 0; \; x_2 = 12$$

Die x-Koordinate x_S des Scheitelpunkts befindet sich genau in der Mitte zwischen den beiden x-Koordinaten der Schnittpunkte mit der x-Achse. Also gilt: $x_S = 6$
Damit gilt, dass als Länge des Rechtecks 6 cm und als Breite 12 cm – 6 cm = 6 cm gewählt werden muss. Es handelt sich also um ein Quadrat mit der Seitenlänge 6 cm. Dessen Flächeninhalt beträgt 36 cm^2.

5. Die Sinusfunktion und ihr Graph

Aufgabe 1

Drei verschiedene Winkel mit positivem Sinuswert: z. B. 120°; 130°; 140°
Drei verschiedene Winkel mit negativem Sinuswert: z. B. 185°; 190°; 195°
Alle Winkel mit dem Sinuswert 0: 180°

Aufgabe 2

a) $\sin(94°) = \sin(180° - 94°) = \sin(86°)$; der zweite Winkel ist 86°.

b) $\sin(168°) = \sin(180° - 168°) = \sin(12°)$; der zweite Winkel ist 12°.

c) $\sin(227°) = \sin(180° + 47°) = \sin(360° - 47°) = \sin(313°)$; der zweite Winkel ist 313°.

d) $\sin(341°) = \sin(180° + 161°) = \sin(360° - 161°) = \sin(199°)$; der zweite Winkel ist 199°.

e) $\sin(11°) = \sin(180° - 11°) = \sin(169°)$; der zweite Winkel ist 169°.

Aufgabe 3

a) Der Taschenrechner liefert:

$\alpha = \sin^{-1}(0{,}75) \approx 48{,}6°$
$\sin(48{,}6°) = \sin(180° - 48{,}6°) = \sin(131{,}4°)$; der zweite Winkel ist 131,4°.

b) Der Taschenrechner liefert:

$\alpha = \sin^{-1}\left(\frac{\sqrt{3}}{2}\right) = 60°$
$\sin(60°) = \sin(180° - 60°) = \sin(120°)$; der zweite Winkel ist 120°.

Leitidee Daten und Zufall

1. Daten erfassen und darstellen

Aufgabe 1

a) Summe aller Prozentwerte:
20 % + 25 % + 35 % + 20 % + 5 % = 105 %
Katja hat 5 % zu viel gezeichnet. Es kann bei dieser Fragestellung aber nicht entschieden werden, bei welcher Altersgruppe der Fehler liegt.

b) Altersstufen an der Schule:

unter 12 Jahren	20 %
12 – 13 Jahre	25 %
13 – 14 Jahre	30 %
14 – 16 Jahre	20 %
über 16 Jahre	5 %

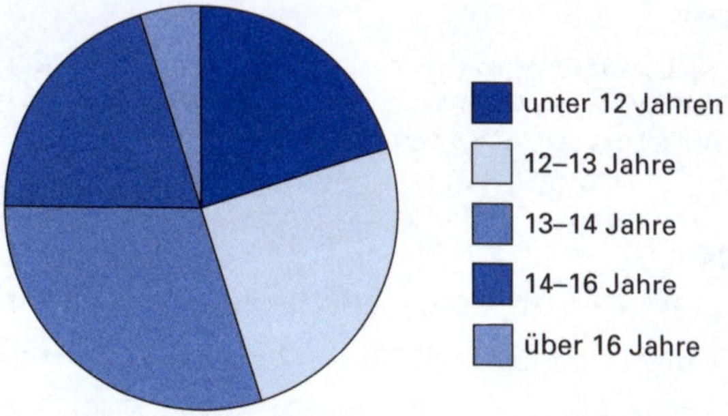

Aufgabe 2

Wählt man 0,1 t als Einheit pro Kästchen auf der y-Achse, so braucht man 35 Kästchen. Dies ist zwar möglich, erzeugt aber ein sehr großes Schaubild. Sinnvoller ist es, 0,2 t als Einheit pro Kästchen zu wählen.

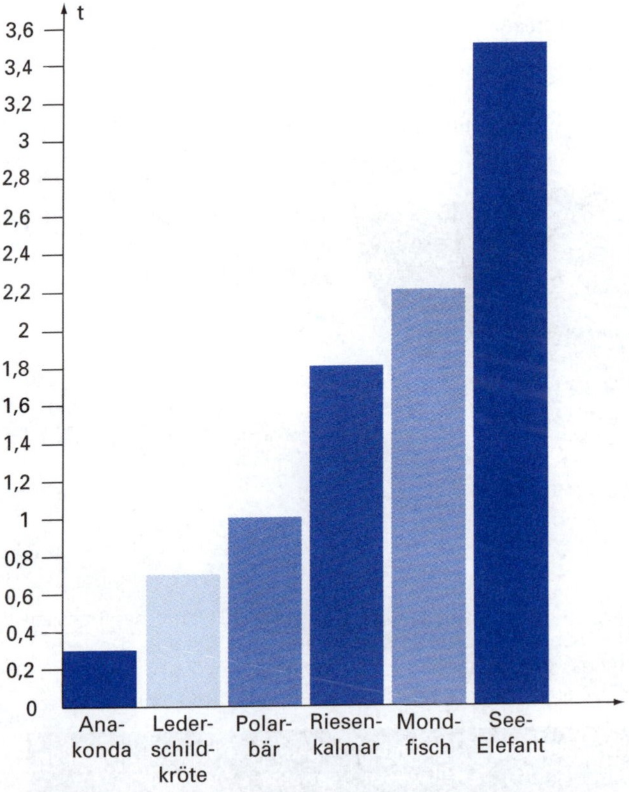

Aufgabe 3

a) Da alle Fächer zusammen 100 % ergeben, berechnet man den Prozentsatz für die sonstigen Fächer so:

100 % – 12 % – 15 % – 10 % – 40 % = 23 %

Gradzahlen für das Kreisdiagramm:

Mathe:	12 % von 360° = 0,12 · 360° = 43,2° ≈ 43°
Englisch:	15 % von 360° = 0,15 · 360° = 54°
Deutsch:	10 % von 360° = 0,1 · 360° = 36°
Sport:	40 % von 360° = 0,4 · 360° = 144°
Sonstige:	23 % von 360° = 0,23 · 360°= 82,8° ≈ 83°

Kreisdiagramm

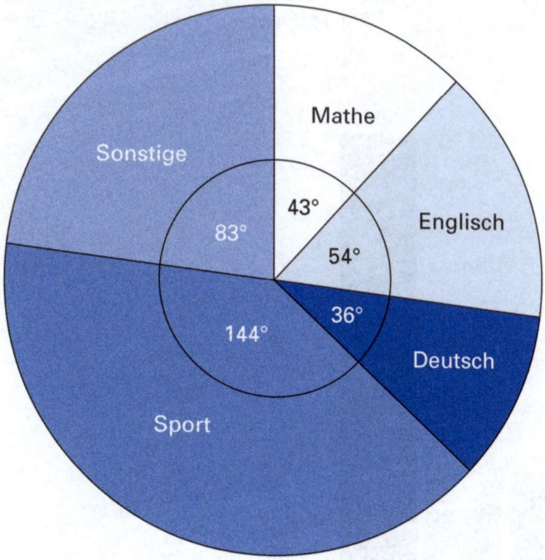

b) 40 % von 6000 = 0,4 · 6000 = 2400

Aufgabe 4

a) Aus dem Säulendiagramm kann man die Anzahlen für den Einzelhandel (7) und das Transportwesen (1) ablesen und in die Tabelle eintragen. Es sind insgesamt 24 Befragte. Deshalb berechnet sich die Anzahl für das Gesundheitswesen wie folgt:
24 – 5 – 7 – 2 – 2 – 1 – 3 = 4. Damit kann die Tabelle komplett ausgefüllt werden.

Berufsfeld	Handwerk	Einzelhandel	Industrie	Gesundheitswesen	Baugewerbe	Transportwesen	Sonstige
Anzahl	5	**7**	2	**4**	2	**1**	3

Tabellenübertrag in Säulendiagramm:

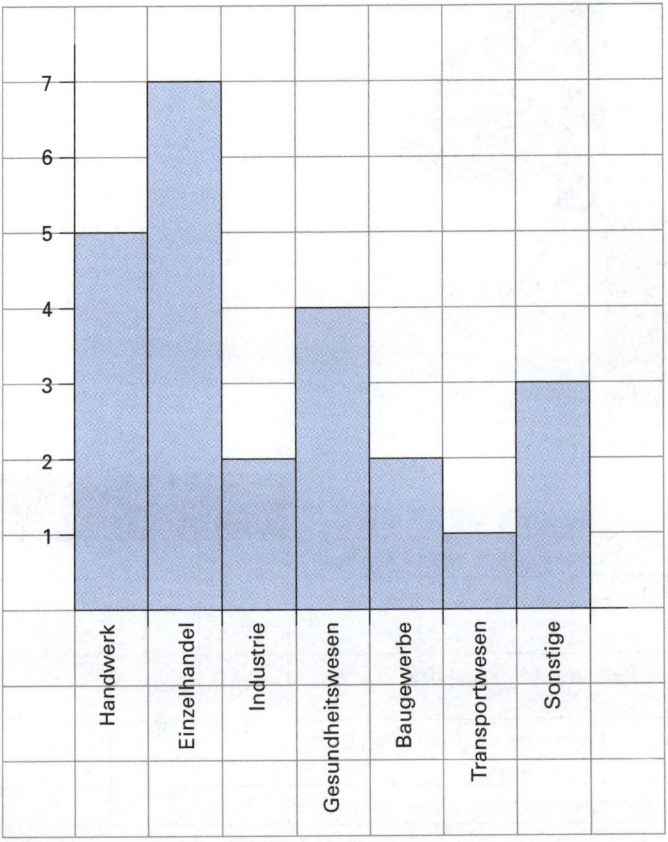

b) Berechnung der Winkel der verschiedenen Kreissektoren:

Handwerk: $\frac{5}{24} \cdot 360° = 75°$

Einzelhandel: $\frac{7}{24} \cdot 360° = 105°$

Industrie: $\frac{2}{24} \cdot 360° = 30°$

Gesundheitswesen: $\frac{4}{24} \cdot 360° = 60°$

Baugewerbe: $\frac{2}{24} \cdot 360° = 30°$

Transportwesen: $\frac{1}{24} \cdot 360° = 15°$

Sonstige: $\frac{3}{24} \cdot 360° = 45°$

Kreisdiagramm:

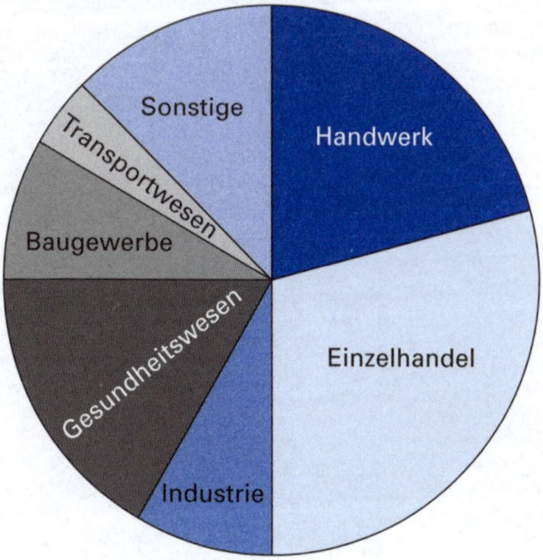

c)

	Wahr	Falsch	Nicht entscheidbar
A In der Klasse sind 10 Schülerinnen und 14 Schüler.			X
B Mehr als ein Drittel der Befragten bevorzugt den Einzelhandel.		X $\left(<\frac{1}{3}\right)$	
C Ein Sechstel der Befragten bevorzugt das Gesundheitswesen.	X		
D Niemand möchte Schaffner bei der Deutschen Bahn werden.			X
E Über 20 % der Befragten bevorzugen das Handwerk.	X		

2. Daten ordnen und auswerten

Aufgabe 1

5 + 3 + 11 + 10 + 2 + 2 = 33

$$\text{Notendurchschnitt} = \frac{5 \cdot 1 + 3 \cdot 2 + 11 \cdot 3 + 10 \cdot 4 + 2 \cdot 5 + 2 \cdot 6}{33}$$

$$= \frac{5 + 6 + 33 + 40 + 10 + 12}{33} = \frac{106}{33} = 3{,}21$$

Der Notendurchschnitt beträgt 3,21.

Aufgabe 2

	Absolute Häufigkeit	Relative Häufigkeit		
		Bruch	Dezimalzahl	Prozent
⚀	② 0	② $\frac{0}{15}$	② 0,0	0
⚁	⑥ 3	⑦ $\frac{1}{5}$	0,2	⑧ 20
⚂	2	⑨ $\frac{2}{15}$	⑩ 0,13	⑪ 13
⚃	③ 5	$\frac{1}{3}$	④ 0,33	⑤ 33
⚄	4	⑫ $\frac{4}{15}$	⑬ 0,27	⑭ 27
⚅	1	⑮ $\frac{1}{15}$	⑯ 0,07	⑰ 7
	① 15			

$$\text{Relative Häufigkeit} = \frac{\text{Absolute Häufigkeit}}{\text{Gesamtzahl aller Würfe}}$$

Berechnung der Lösungsschritte ① – ⑰

① Es wurde 15-mal gewürfelt.

② 0 % bedeutet, dass die „1“ nicht gewürfelt wurde.

③ $\frac{1}{3}$ erweitert auf den Nenner 15 ⇒ $\frac{5}{15}$ ⇒ es wurde 5-mal die „4“ gewürfelt.

④ 1 : 3 = 0,33 ⇒ ⑤ 33 %

⑥ I. Möglichkeit: Differenz 15 – 1 – 4 – 5 – 2 = 3

II. Möglichkeit: $0{,}2 = \frac{1}{5} = \frac{3}{15}$ ⇒ ⑦ $\frac{1}{5}$

⇒ Die „2“ wurde 3-mal gewürfelt.

⑧ $0{,}20 = \frac{20}{100} = 20\ \%$

⑨ $\frac{2}{15}$ ⇒ ⑩ $2 : 15 = 0{,}13$ ⇒ ⑪ $13\ \%$

⑫ $\frac{4}{15}$ ⇒ ⑬ $4 : 15 = 0{,}27$ ⇒ ⑭ $27\ \%$

⑮ $\frac{1}{15}$ ⇒ ⑯ $1 : 15 = 0{,}07$ ⇒ ⑰ $7\ \%$

Probe
Die Summe aller Brüche und Dezimalzahlen muss 1 ergeben, die Summe der Prozentwerte muss 100 ergeben.

$$\frac{0}{15} + \frac{1}{5} + \frac{2}{15} + \frac{1}{3} + \frac{4}{15} + \frac{1}{15} = 0 + \frac{3}{15} + \frac{2}{15} + \frac{5}{15} + \frac{4}{15} + \frac{1}{15} = \frac{15}{15} = 1$$

$0{,}0 + 0{,}2 + 0{,}13 + 0{,}33 + 0{,}27 + 0{,}07 = 1$
$0 + 20 + 13 + 33 + 27 + 7 = 100$

Aufgabe 3

a) Spannweite $d = 40 - 12$
$d = 28$

b) 12 15 ☐ 23 28 30 34 34 40

Es stehen 9 Werte in der Rangliste. ⇒ Der mittlere Wert ist der Zentralwert.
⇒ Zentralwert = 28

c) Im Platzhalter können stehen: 15, 16, 17, 18, 19, 20, 21, 22, 23

d) Wenn Zahlen fehlen bzw. unbekannt sind, kann das arithmetische Mittel nicht berechnet werden.

Aufgabe 4

Daten in aufsteigender Reihenfolge sortieren:

a) Werte aus Tabelle ablesen:
x_{min} = kleinster Wert = 1003 hPa
x_{max} = größter Wert = 1023 hPa

Spannweite $W = x_{max} - x_{min} = 1023 - 1003$
$W = 20$ hPa

b) Die Anzahl der Werte ist ungerade.
Der mittlere Wert ist der Zentralwert.
Er beträgt 1015 hPa.

Der Modalwert ist der am häufigsten vorkommende Wert einer Datenreihe.
Das sind 1015 hPa.

c) Der Mittelwert errechnet sich aus:

$$\bar{x} = \frac{\text{Summe aller Werte}}{\text{Anzahl der Werte}}$$

$$\bar{x} = \frac{31\,470}{31} = 1015 \text{ hPa}$$

Tabelle sortiert	
lfd. Nr.	Luftdruck in hPA
	max
1	1003
2	1006
3	1007
4	1009
5	1010
6	1010
7	1011
8	1012
9	1012
10	1013
11	1014
12	1015
13	1015
14	1015
15	1015
16	1015
17	1016
18	1017
19	1018
20	1018
21	1018
22	1019
23	1019
24	1019
25	1019
26	1020
27	1020
28	1020
29	1020
30	1022
31	1023

d)

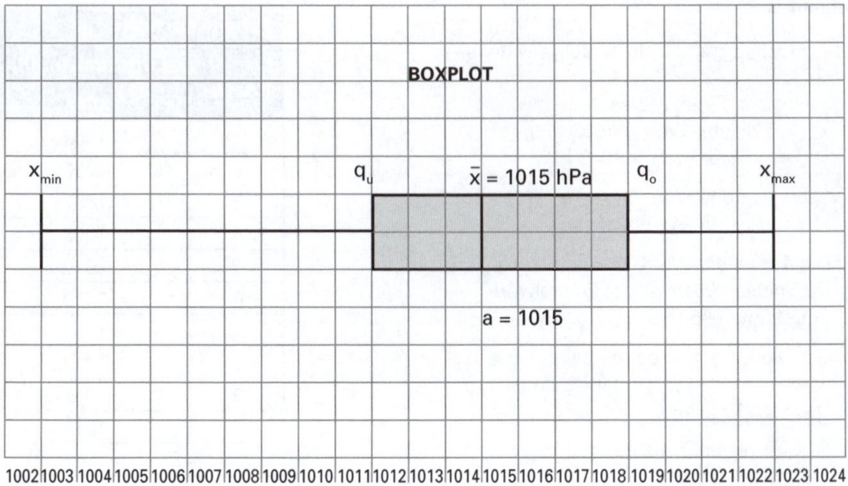

Aufgabe 5

a) Arithmetisches Mittel:

$$\frac{85 + 25 + 50 + 15\,000 + 35 + 20 + 95 + 35 + 55 + 220}{10}$$

= 1562 €

Zentralwert (= Median):
Zur Bestimmung des Zentralwerts müssen die Daten der Größe nach geordnet werden.

20 25 35 35 50 ↓ 55 85 95 220 15 000

Zentralwert

Da insgesamt 10 Daten vorliegen, liegt der Zentralwert zwischen dem 5. und 6. Datenwert. Dabei bildet man das arithmetische Mittel dieser beiden Datenwerte:

$$\text{Zentralwert} = \frac{50 + 55}{2} = \frac{105}{2} = 52{,}50\text{ €}$$

b) Mögliche Gründe:

1. Der „Ausreißer" 15 000 zieht das arithmetische Mittel extrem in die Höhe. Damit liegt der Durchschnitt von 1562 € viel höher als 9 von 10 Datenwerten. Das arithmetische Mittel ist also nicht sehr aussagekräftig, was die überwiegende Anzahl der Datenwerte betrifft. Der Durchschnitt „verfälscht" hier zu sehr die tatsächlichen Daten.

2. Da die Journalistin nur Verluste in ihre Statistik einbezieht, mögliche Gewinne anderer Casinobesucher jedoch ignoriert, entsteht ebenfalls ein übertriebenes Bild von den „durchschnittlichen" Verlusten der Casinobesucher/-innen.

3. Es ist statistisch sehr fragwürdig, ob eine kleine Datenmenge von nur 10 Werten überhaupt eine verallgemeinernde Schlussfolgerung über „alle" Casinobesucher/-innen zulässt. Um allgemeinere Aussagen über durchschnittliche Gewinne oder Verluste zu treffen, müsste man wesentlich mehr Casinobesucher/-innen befragen.

Aufgabe 6

a)

	Wahr	Falsch	Nicht entscheidbar
Mindestens ein Viertel der Mädchen hat höchstens 4 Nachhilfestunden bekommen.	x		
Mehr Jungen als Mädchen haben überhaupt keine Nachhilfe bekommen.			x
Mindestens 50 % der Jungen haben mehr als 28 Nachhilfestunden bekommen.		x	
Mehr als die Hälfte der Mädchen hat die höchste von den Jungen angegebene Anzahl an Nachhilfestunden überschritten.		x	
Exakt 50 % der Jungen haben mindestens 16 und höchstens 28 Nachhilfestunden bekommen.			x
Mindestens drei Viertel der Mädchen hat höchstens 36 Nachhilfestunden bekommen.	x		

b) Der erste Vergleich kann unter gewissen Bedingungen tatsächlich eine haltbare statistische Schlussfolgerung sein. Während z. B. mindestens 25 % der Mädchen nur höchstens 4 Nachhilfestunden (unteres Quartil) bekommen haben, haben unter den Jungen mindestens 25 % mit höchstens 16 Nachhilfestunden (unteres Quartil) deutlich mehr Nachhilfe bekommen. Außerdem haben mindestens 50 % der Mädchen höchstens 8 Nachhilfestunden (Median) bekommen, während unter den Jungen mindestens 50 % mit höchstens 24 Nachhilfestunden (Median) deutlich mehr Nachhilfe bekommen haben. Unter der Bedingung, dass die tatsächlichen Anzahlen in den beiden Bereichen „Minimum bis unteres Quartil" und „Unteres Quartil bis Median" zumindest relativ gleichmäßig verteilt waren, kann man tatsächlich schlussfolgern, dass es prozentual mehr Mädchen als Jungen gibt, die nur recht wenige Nachhilfestunden bekommen haben.

Der zweite Vergleich ist ohne weitere Informationen sicher nicht haltbar. Der Grund ist, dass es sich bei diesem Vergleich nicht um eine statistische Schlussfolgerung, sondern um eine subjektive Einschätzung handelt. Eine statistisch durchaus haltbare Schlussfolgerung wäre, dass es weniger Jungen als Mädchen gibt, die sehr viele Nachhilfestunden (also z. B. mindestens 36) <u>bekommen haben</u>. Ob die Jungen allerdings weniger Nachhilfestunden als die Mädchen <u>benötigten</u>, ist eine rein subjektive Bewertung und kann daher in keiner Weise aus diesen (rein statistischen) Boxplots geschlossen werden.

3. Wahrscheinlichkeiten verstehen und berechnen

Aufgabe 1

Lena

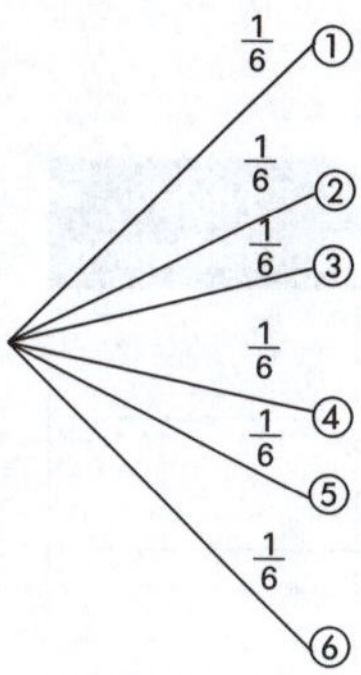

Jonas

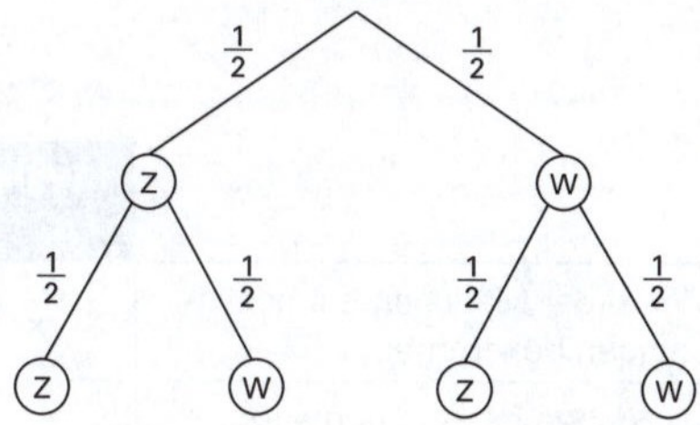

Z: Zahl
W: Wappen

$P(6) = \frac{1}{6}$

$P(ZZ) = \frac{1}{2} \cdot \frac{1}{2} = \frac{1}{4}$

$\frac{1}{4} > \frac{1}{6}$ ⇒ Jonas hat recht.

Aufgabe 2

Von 10 Kugeln sind 3 Primzahlen (13, 17, 19) in der Schale.

⇒ $P(\text{Primzahl}) = \frac{3}{10} = 0{,}3 = 30\ \%$

Merke: Primzahlen haben nur zwei Teiler.
P = {2; 3; 5; 7; 11; 13; …}

Aufgabe 3

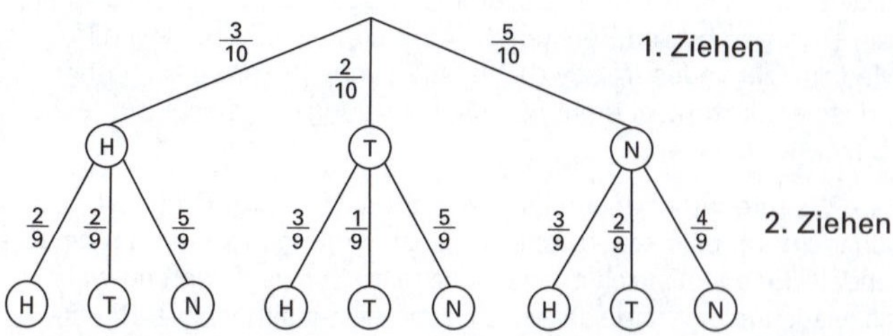

Beim ersten Ziehen sind insgesamt 10 Lose in der Lostrommel. Beim zweiten Ziehen sind nur noch 9 Lose in der Trommel.

Wenn Leonard beim ersten Zug einen Haupttreffer H zieht, sind beim zweiten Ziehen noch 2 H, 2 T und 5 N in der Trommel (linker Ast).

⇒ Wahrscheinlichkeit $P(H) = \frac{2}{9}$ $P(T) = \frac{2}{9}$ $P(N) = \frac{5}{9}$

Wenn Leonard beim ersten Ziehen einen Trostpreis T zieht, sind beim zweiten Ziehen noch 3 H, 1 T und 5 N in der Trommel (mittlerer Ast).

⇒ Wahrscheinlichkeit $P(H) = \frac{3}{9}$ $P(T) = \frac{1}{9}$ $P(N) = \frac{5}{9}$

Berechnung der Wahrscheinlichkeit zuerst H, dann T:

⇒ $P(HT) = \frac{3}{10} \cdot \frac{2}{9} = \frac{6}{90} = \frac{1}{15}$ (1. Pfadregel)

Berechnung der Wahrscheinlichkeit zuerst T, dann H:

⇒ $P(TH) = \frac{2}{10} \cdot \frac{3}{9} = \frac{6}{90} = \frac{1}{15}$ (1. Pfadregel)

Die Wahrscheinlichkeit, einen Hauptpreis und einen Trostpreis (ohne Rücksicht auf die Reihenfolge) zu ziehen, beträgt:

$$P(HT, TH) = P(HT) + P(TH) \quad \text{(2. Pfadregel)}$$
$$= \frac{1}{15} + \frac{1}{15}$$
$$= \frac{2}{15}$$

Aufgabe 4

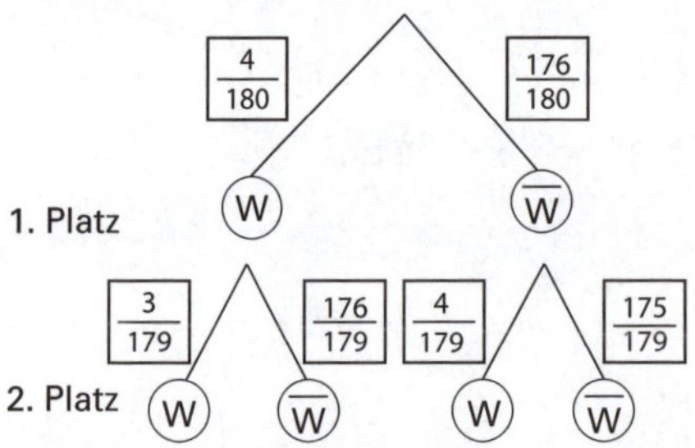

$P(\overline{W}; \overline{W}) = \frac{176}{180} \cdot \frac{175}{179} \approx 95{,}6\ \%$

Die Wahrscheinlichkeit, dass kein Mitglied von Familie Weller ausgewählt wird, beträgt etwa 95,6 %.

Aufgabe 5

Auf dem Glücksrad befinden sich 4 Sektoren mit Vokalen (A; A; I; A) und 5 Sektoren mit Konsonanten (K; T; H; R; N).
Für das Baumdiagramm soll gelten: V = Vokal; $\overline{V}$ = kein Vokal

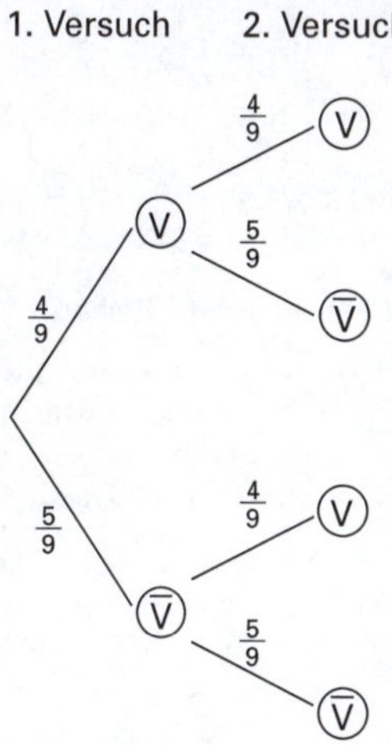

P(mindestens ein Vokal) = 1 – P(kein Vokal) = 1 – P($\overline{V}$; $\overline{V}$) = $1 - \frac{5}{9} \cdot \frac{5}{9} \approx 69{,}1\ \%$

Die Wahrscheinlichkeit, dass Katharina einen Preis gewinnt, beträgt etwa 69,1 %.

Alternativer Lösungsweg:

P(mindestens ein Vokal) = $\frac{4}{9} \cdot \frac{4}{9} + \frac{4}{9} \cdot \frac{5}{9} + \frac{5}{9} \cdot \frac{4}{9} = \frac{56}{81} \approx 69{,}1\ \%$

Aufgabe 6

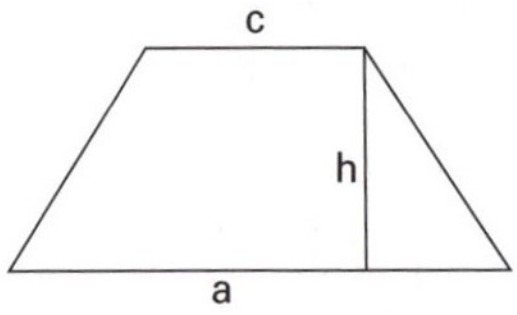

a) Für den Erwartungswert gilt:
$E = p_1 \cdot x_1 + p_2 \cdot x_2 + p_3 \cdot x_3$

mit den Gewinnmöglichkeiten (des Budenbesitzers) von
$x_1 = 1{,}70$ € (keine positive Zahl)
$x_2 = -0{,}30$ € (eine positive Zahl)
$x_3 = -2{,}30$ € (zwei positive Zahlen)

und nach den Pfadregeln mit den Einzelwahrscheinlichkeiten von
$p_1 = \frac{3}{5} \cdot \frac{3}{5} = \frac{9}{25}$ (keine positive Zahl)
$p_2 = \frac{3}{5} \cdot \frac{2}{5} + \frac{2}{5} \cdot \frac{3}{5} = \frac{12}{25}$ (eine positive Zahl)
$p_3 = \frac{2}{5} \cdot \frac{2}{5} = \frac{4}{25}$ (zwei positive Zahlen)

Also $E = \frac{9}{25} \cdot 1{,}7 + \frac{12}{25} \cdot (-0{,}3) + \frac{4}{25} \cdot (-2{,}3)$
$= 0{,}36 \cdot 1{,}7 - 0{,}48 \cdot 0{,}3 - 0{,}16 \cdot 2{,}3$
$= 0{,}10$

Der Erwartungswert des Gewinns pro Spielrunde aus der Sicht des Budenbesitzers beträgt 0,10 €. Das bedeutet, dass er auf lange Sicht im Durchschnitt mit einem Gewinn von 0,10 € pro Spielrunde rechnen kann.

b) Im Durchschnitt erzielt der Budenbesitzer 0,10 € pro Spielrunde (siehe Teilaufgabe a)). Also kann er bei vermuteten 5000 Spielrunden insgesamt etwa mit dem 5000-Fachen des durchschnittlichen Gewinns rechnen, also mit einem Gesamtgewinn von $5000 \cdot 0{,}10$ € = 500 €. Er sollte diese Summe aber nicht fest einplanen, denn sie steht keinesfalls fest, sondern ist lediglich der rein rechnerisch ermittelte Erwartungswert. In der Realität kann der Gesamtgewinn bei 5000 Spielrunden natürlich noch in gewissen Grenzen (nach oben oder unten) von 500 € abweichen.

Aufgabe 7

Mögliche Primzahlen und Berechnung der Wahrscheinlichkeit für eine Primzahl:
Es gibt insgesamt 11 Primzahlen: 2; 3; 5; 7; 11; 13; 17; 19; 23; 29; 31

P(„Primzahl") $= \frac{11}{37} \approx 29{,}7$ %

Berechnung der Wahrscheinlichkeit für eine durch 8 teilbare Zahl ($\neq 0$):
Es gibt insgesamt vier durch 8 teilbare Zahlen: 8; 16; 24; 32

P(„durch 8 teilbare Zahl") $= \frac{4}{37} \approx 10{,}8$ %

Berechnung des Erwartungswerts:

$E = \frac{11}{37} \cdot 3 + \frac{4}{37} \cdot 10 - 2{,}50 = \frac{33}{37} + \frac{40}{37} - 2{,}50 = -0{,}53$

Der (negative) Erwartungswert von -0,53 € bedeutet, dass der Betreiber im Durchschnitt pro Spiel einen Reingewinn von 0,53 € erzielt.

Berechnung des zu verändernden Gewinns für das Ereignis „Primzahl", um das Spiel fair zu gestalten:
Der Gewinn für das Ereignis „Primzahl" wird mit x bezeichnet. Damit das Spiel fair ist, muss der Erwartungswert 0 sein. Das heißt, es muss dann folgende Gleichung gelten:

$$\frac{11}{37} \cdot x + \frac{4}{37} \cdot 10 - 2{,}50 = 0$$

$$\frac{11x}{37} + \frac{40}{37} - 2{,}50 = 0 \qquad | \cdot 37$$

$$11x + 40 - 92{,}5 = 0 \qquad | \text{ zusammenfassen}$$

$$11x - 52{,}5 = 0 \qquad | + 52{,}5$$

$$11x = 52{,}5 \qquad | : 52{,}5$$

$$x = 4{,}77$$

Damit das Spiel fair ist, müsste der Gewinn für das Ereignis „Primzahl" 4,77 € betragen.

Teil A1

Aufgabe 1

$(16^5 \cdot 16) : (8^2 \cdot 8^4)$
$= 16^{5+1} : 8^{2+4}$
$= 16^6 : 8^6$
$= (16 : 8)^6$
$= 2^6$

Aufgabe 2

Jedes Muster hat zwei einzelne Kreise (oben und unten). Das erste Muster hat zusätzlich fünf Kreise in der Mitte. Das zweite Muster hat 10 Kreise in der Mitte. Von jedem Muster zum nächsten kommen immer fünf Kreise in der Mitte hinzu. Also gibt es für die Anzahl an Kreisen folgende Gesetzmäßigkeit:

Muster (1): $2 + \mathbf{1} \cdot 5 = 7$
Muster (2): $2 + \mathbf{2} \cdot 5 = 12$
Muster (3): $2 + \mathbf{3} \cdot 5 = 17$
Muster (4): $2 + \mathbf{4} \cdot 5 = 22$
Muster (5): $2 + \mathbf{5} \cdot 5 = 27$

Daraus folgt für Muster (14): $2 + \mathbf{14} \cdot 5 = 2 + 70 = 72$
Für das 14. Muster muss Aleyna 72 Kreise malen.

Aufgabe 3

Prozentualer Vergleich der beiden Flächeninhalte:

1. $A_1 = \pi \cdot r_1^2$
   $A_1 = \pi \cdot 4^2$
   $A_1 = 16\pi$
2. $A_2 = \pi \cdot r_2^2$
   $A_2 = \pi \cdot 6^2$
   $A_2 = 36\pi$
3. $A_2 - A_1 = 36\pi - 16\pi = 20\pi$
4. $W = \frac{G \cdot p}{100}$

$20\pi = 16\pi \cdot \frac{p}{100} \quad | : 16\pi$

$\frac{20\pi}{16\pi} = \frac{p}{100}$

$\frac{5}{4} = \frac{p}{100} \quad | \cdot 100$

$p = \frac{500}{4} = 125$

Der Flächeninhalt von K_2 ist um 125 % größer als der Flächeninhalt von K_1.

Prozentualer Vergleich der beiden Umfänge:

1. $u_1 = 2 \cdot \pi \cdot r_1$
   $u_1 = 2 \cdot \pi \cdot 4$
   $u_1 = 8\pi$

2. $u_2 = 2 \cdot \pi \cdot r_2$
   $u_2 = 2 \cdot \pi \cdot 6$
   $u_2 = 12\pi$

3. $W = G \cdot p\ \%$
   $8\pi = 12\pi \cdot p\ \% \quad | : 12\pi$
   $\frac{8\pi}{12\pi} = p\ \%$
   $\frac{2}{3} = p\ \%$
   $p\ \% = 66{,}7\ \%$

Der Umfang von K_1 beträgt etwa 66,7 % des Umfangs von K_2.

Aufgabe 4

Wenn die zusätzliche Kugel weiß wäre, müsste gelten:
$P(\text{rot; weiß}) = \frac{2}{4} \cdot \frac{3}{5} = \frac{6}{20}$
Dies stimmt aber nicht mit der vorgegebenen Wahrscheinlichkeit überein.

Wenn die zusätzliche Kugel rot wäre, müsste gelten:
$P(\text{rot; weiß}) = \frac{2}{4} \cdot \frac{2}{5} = \frac{4}{20}$
Dies stimmt mit der vorgegebenen Wahrscheinlichkeit überein.

Wenn die zusätzliche Kugel blau wäre, müsste gelten:
$P(\text{rot; weiß}) = \frac{2}{4} \cdot \frac{2}{5} = \frac{4}{20}$
Dies stimmt mit der vorgegebenen Wahrscheinlichkeit überein.

Die zusätzliche Kugel kann also rot oder blau sein.

Aufgabe 5

- $\frac{\overline{EB}}{\overline{AB}} = \frac{\overline{CD}}{\overline{AC}}$
- Im Dreieck ABE gilt: $\tan(\alpha) = \frac{\overline{EB}}{\overline{AB}}$; im Dreieck ACD gilt: $\tan(\alpha) = \frac{\overline{CD}}{\overline{AC}}$
  Also gilt auch: $\frac{\overline{EB}}{\overline{AB}} = \frac{\overline{CD}}{\overline{AC}}$

Aufgabe 6

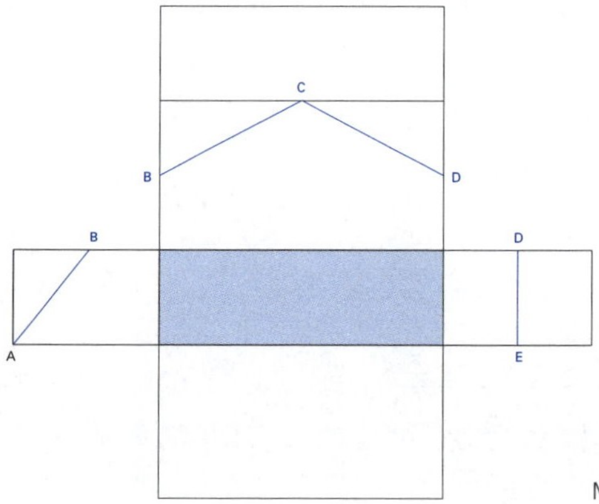

Maßstab: 1 : 2

Aufgabe 7

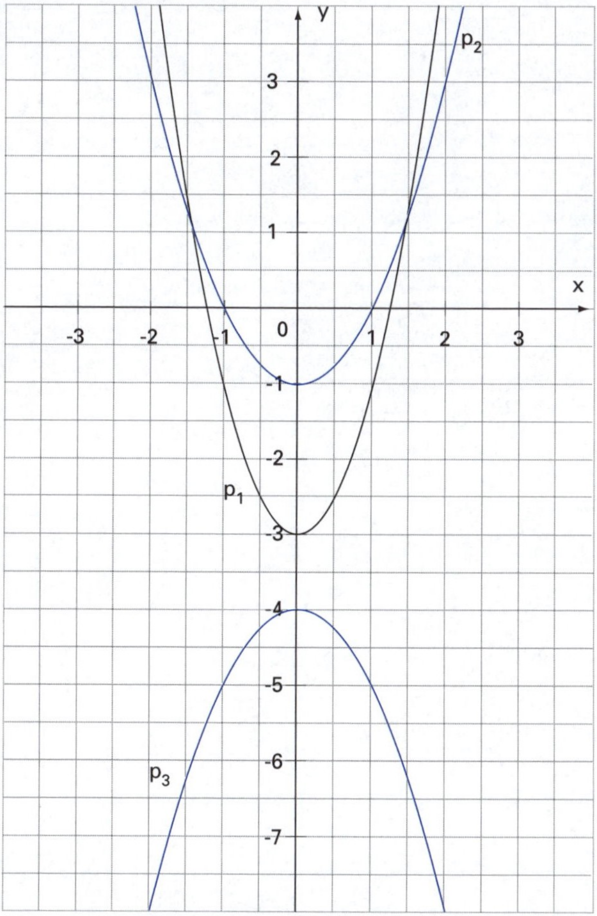

Beschreibung der Parabeln p_1, p_2 und p_3:
Die Parabel p_1 ist nach oben geöffnet und schmaler als die Normalparabel. Ihr Scheitelpunkt liegt unterhalb der x-Achse.
Die Parabel p_2 ist nach oben geöffnet und hat dieselbe Form wie die Normalparabel. Ihr Scheitelpunkt liegt unterhalb der x-Achse.
Die Parabel p_3 ist nach unten geöffnet und hat dieselbe Form wie die Normalparabel. Ihr Scheitelpunkt liegt unterhalb der x-Achse.

Teil A2

Aufgabe 1

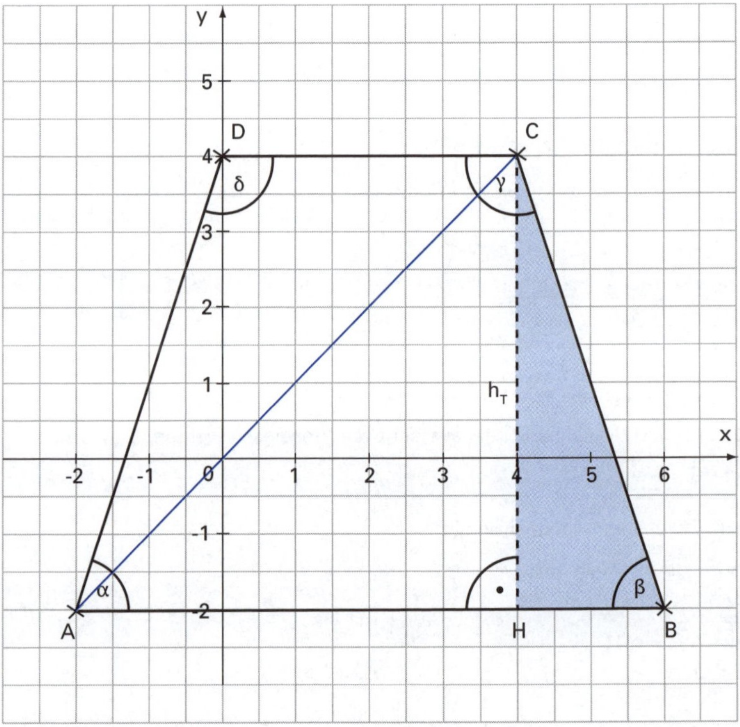

Aus der Grafik lässt sich ablesen, dass gelten muss: D (0 I 4)

Berechnung der Innenwinkel:

1. Da es sich um ein gleichschenkliges Trapez handelt, gilt: $\alpha = \beta$ und $\gamma = \delta$
2. Berechnung des Winkels β (= α):

   $\tan(\beta) = \frac{\overline{HC}}{\overline{HB}} = \frac{6}{2} = 3$

   $\beta = \tan^{-1}(3) = 71{,}6°$

   Damit gilt: $\alpha = \beta = 71{,}6°$

3. Berechnung des Winkels γ (= δ):

$\alpha + \beta + \gamma + \delta = 360°$ (Begründung: Winkelsumme im Viereck)

$71{,}6° + 71{,}6° + 2\gamma = 360°$ (Begründung: $\delta = \gamma$)

$2\gamma + 143{,}2° = 360°$ $\quad | - 143{,}2°$

$2\gamma = 216{,}8°$ $\quad | : 2$

$\gamma = 108{,}4°$

Damit gilt: $\delta = \gamma = 108{,}4°$

Berechnung des Flächeninhalts des Trapezes ABCD:

$A = \frac{1}{2} \cdot (a + c) \cdot h_T$ (Formel für den Flächeninhalt eines Trapezes)

$A = \frac{1}{2} \cdot (\overline{AB} + \overline{CD}) \cdot \overline{HC}$

$A = \frac{1}{2} \cdot (8 + 4) \cdot 6$

$A = 36\ \text{cm}^2$

Berechnung der Länge der Diagonale $\overline{AC}$:

1. Die Seitenlängen $\overline{AH}$ und $\overline{HC}$ können direkt aus der Grafik abgelesen werden:

   $\overline{AH} = 6$ cm und $\overline{HC} = 6$ cm

2. Das Dreieck AHC ist rechtwinklig, deshalb gilt:

   $\overline{AH}^2 + \overline{HC}^2 = \overline{AC}^2$ (Pythagoras im Dreieck AHC)

   $6^2 + 6^2 = \overline{AC}^2$ $\quad | \sqrt{\ }$

   $\overline{AC} = \sqrt{6^2 + 6^2}$

   $\overline{AC} \approx 8{,}5$ cm

Aufgabe 2

a) $V = V_{HK} + V_Z + V_K$

↑ Halbkugel ↑ Zylinder ↑ Kegel

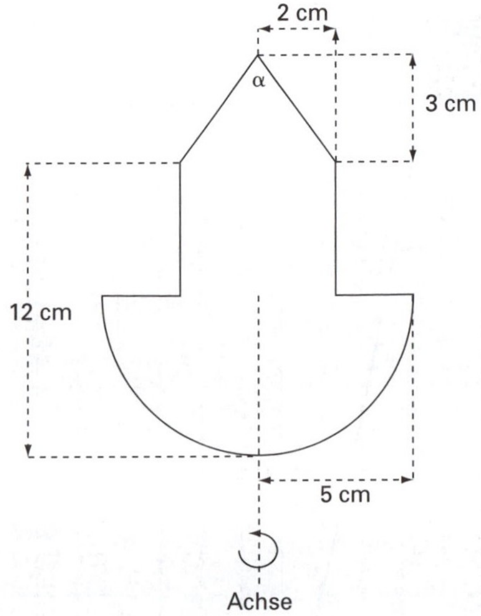

$$V_{HK} = \frac{1}{2} \cdot \frac{4}{3} r^3 \pi$$

$r = 5$ cm

$V_{HK} = \frac{1}{2} \cdot \frac{4}{3} \cdot (5\text{ cm})^3 \cdot \pi$

$V_{HK} = 261{,}80\text{ cm}^3$

$$V_Z = r^2 \pi \cdot h$$

$r = 2$ cm
$h = 12\text{ cm} - 5\text{ cm}$
$h = 7$ cm

$V_Z = (2\text{ cm})^2 \pi \cdot 7\text{ cm}$
$V_Z = 87{,}96\text{ cm}^3$

$$V_K = \frac{1}{3} r^2 \pi \cdot h$$

$r = 2$ cm
$h = 3$ cm

$V_K = \frac{1}{3} \cdot (2\text{ cm})^2 \cdot \pi \cdot 3\text{ cm}$

$V_K = 12{,}57\text{ cm}^3$

$V = 261{,}80\text{ cm}^3 + 87{,}96\text{ cm}^3 + 12{,}57\text{ cm}^3$
$V = 362{,}33\text{ cm}^3$ Volumen des Gesamtkörpers

b) Das Winkelmaß $\frac{\alpha}{2}$ kann mit dem **Sinus**, **Kosinus** oder **Tangens** berechnet werden.

$\tan\left(\frac{\alpha}{2}\right) = \frac{2\text{ cm}}{3\text{ cm}}$

$\frac{\alpha}{2} = 33{,}69° \quad \Rightarrow \quad \alpha = 67{,}38°$

Der Öffnungswinkel hat das Maß 67,38°.

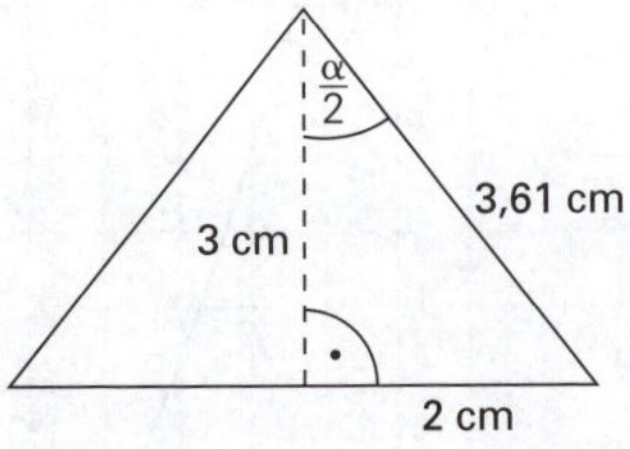

Aufgabe 3

Wertetabelle für die Parabel p:

x	-5	-4	-3	-2	-1	0	1	2	3	4	5
y	11	6,5	3	0,5	-1	-1,5	-1	0,5	3	6,5	11

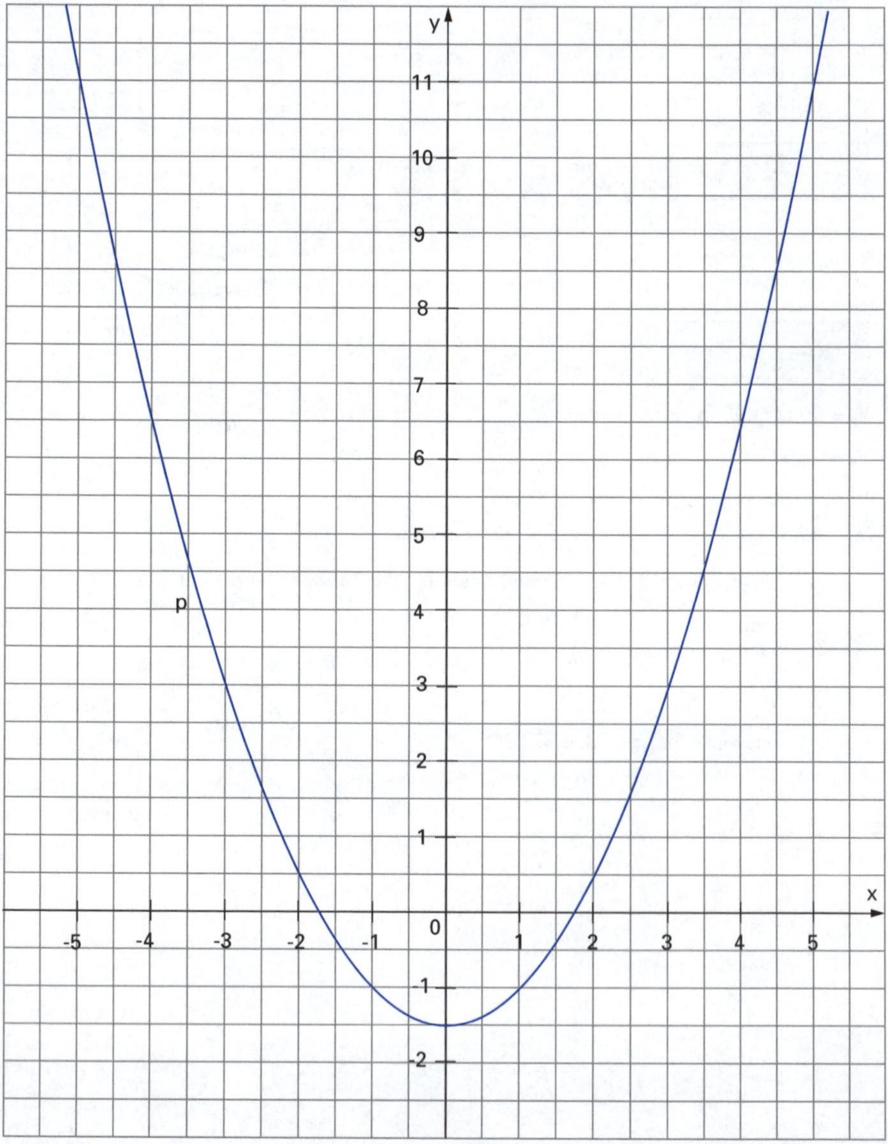

Aufstellen der Gleichung von g:

1. Die Steigung von g ist 4, also gilt: $y = 4x + c$
2. Punktprobe mit P (2 I -1,5):

$$4 \cdot 2 + c = -1{,}5$$
$$8 + c = -1{,}5 \qquad | -8$$
$$c = -9{,}5$$

Damit hat die Gerade g die Gleichung $y = 4x - 9{,}5$.

Berechnung aller Schnittpunkte von p und g:

$$0{,}5x^2 - 1{,}5 = 4x - 9{,}5 \qquad | +9{,}5 - 4x$$
$$0{,}5x^2 - 4x + 8 = 0 \qquad | \cdot 2$$
$$x^2 - 8x + 16 = 0 \qquad | \text{ Lösungsformel}$$
$$x_{1,2} = -\frac{-8}{2} \pm \sqrt{\left(\frac{-8}{2}\right)^2 - 16}$$
$$x_{1,2} = 4 \pm \sqrt{16 - 16}$$
$$x_{1,2} = 4 \pm 0$$

Es gibt nur eine Lösung, nämlich $x = 4$.
Einsetzen der (einzigen) Lösung $x = 4$, z. B. in die Geradengleichung, ergibt:
$y = 4 \cdot 4 - 9{,}5 = 16 - 9{,}5 = 6{,}5$

Damit gilt für den einzigen Schnittpunkt A von p und g: A (4 I 6,5)

Aufgabe 4

Berechnung des prozentualen Wertzuwachses vom Ende des 1. zum Ende des 2. Jahres:

$$W = G \cdot \frac{p}{100}$$
$$1401{,}69 = 1342{,}61 \cdot \frac{p}{100} \qquad | : 1342{,}61 \qquad | \cdot 100$$
$$p = 104{,}4\ \%$$

Damit beträgt der prozentuale Wertzuwachs 4,4 %.

Berechnung des Wertes am Ende des 3. Jahres:

Der prozentuale Wertverlust vom Ende des 2. bis zum Ende des 3. Jahres beträgt 4,4 %. Das bedeutet, dass der Prozentwert 100 % – 4,4 % = 95,6 % des Grundwertes ist.

$$W = G \cdot \frac{p}{100}$$
$$W = 1401{,}69 \cdot \frac{95{,}6}{100}$$
$$W = 1340{,}02\ €$$

Der Wert einer Unze Gold beträgt am Ende des 3. Jahres 1340,02 € (siehe eingezeichneter Wert im auf der nächsten Seite abgebildeten Diagramm für „Jahr 3“).

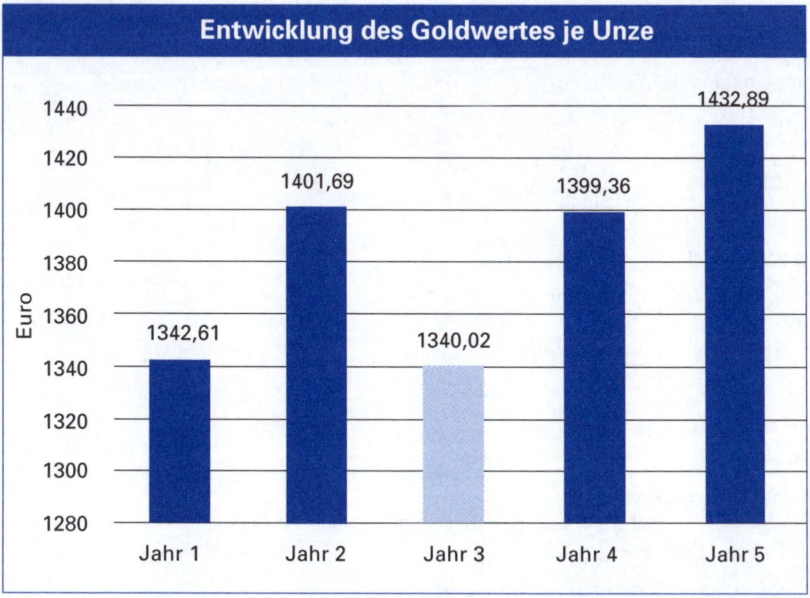

Bestimmung des Zinssatzes, der bei einer Zinseszinsanlage mit einer Laufzeit von 4 Jahren zur Erzielung des gleichen Wertzuwachses von einer Unze Gold nötig wäre:
$K_0 = 1342{,}61$; $K_4 = 1432{,}89$; $n = 4$; p = gesucht

$$K_4 = K_0 \cdot \left(1 + \frac{p}{100}\right)^4$$

$$1432{,}89 = 1342{,}61 \cdot \left(1 + \frac{p}{100}\right)^4 \qquad | : 1342{,}61$$

$$1{,}06724 = \left(1 + \frac{p}{100}\right)^4 \qquad | \sqrt[4]{\ }$$

$$\sqrt[4]{1{,}06724} = 1 + \frac{p}{100}$$

$$1{,}0164 = 1 + \frac{p}{100} \qquad | -1$$

$$0{,}0164 = \frac{p}{100} \qquad | \cdot 100$$

$$1{,}64\ \% = p$$

Der Zinssatz, der zur Erzielung des gleichen Wertzuwachses über 4 Jahre nötig wäre, beträgt 1,64 %.

Aufgabe 5

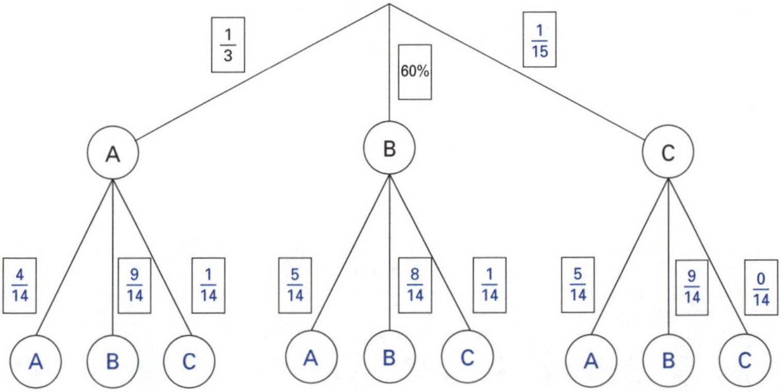

Berechnung der fehlenden Angabe im Baumdiagramm (1. Zug; rechter Ast):

$60\ \% = \frac{3}{5}$

$1 - \frac{1}{3} - \frac{3}{5} = 1 - \frac{5}{15} - \frac{9}{15} = 1 - \frac{14}{15} = \frac{1}{15}$

Die fehlende Angabe ist $\frac{1}{15}$.

Bestimmung der Verteilung von Kärtchen mit A, B oder C in der Schachtel:
Da insgesamt 15 Kärtchen in der Schachtel sind, gilt die folgende Verteilung:
Von den 15 Kärtchen sind fünf (= $\frac{1}{3} \cdot 15$) mit einem A und neun (= 60 % von 15) mit einem B bedruckt.
Nur ein einziges Kärtchen (= $\frac{1}{15} \cdot 15$) ist mit einem C bedruckt.

Berechnung der Wahrscheinlichkeit, genau ein Kärtchen mit C zu ziehen:

P(„genau ein Kärtchen mit C") = P(A; C) + P(B; C) + P(C; A) + P(C; B)

$= \frac{5}{15} \cdot \frac{1}{14} + \frac{9}{15} \cdot \frac{1}{14} + \frac{1}{15} \cdot \frac{5}{14} + \frac{1}{15} \cdot \frac{9}{14} = 13{,}3\ \%$

Berechnung der Wahrscheinlichkeit, nach dem Hinzufügen der drei Kärtchen genau ein Kärtchen mit C zu ziehen:

P(„genau ein Kärtchen mit C") = P(A; C) + P(B; C) + P(C; A) + P(C; B)

$= \frac{6}{18} \cdot \frac{2}{17} + \frac{10}{18} \cdot \frac{2}{17} + \frac{2}{18} \cdot \frac{6}{17} + \frac{2}{18} \cdot \frac{10}{17} = 20{,}9\ \%$

Die Wahrscheinlichkeit, genau ein Kärtchen mit C zu ziehen, hat sich nach dem Hinzufügen der drei Kärtchen um 7,6 % erhöht.

Aufgabe 6

Minimum: 0
Unteres Quartil q_u: 1
Zentralwert (Median): 2
Oberes Quartil q_o: 3
Maximum: 6

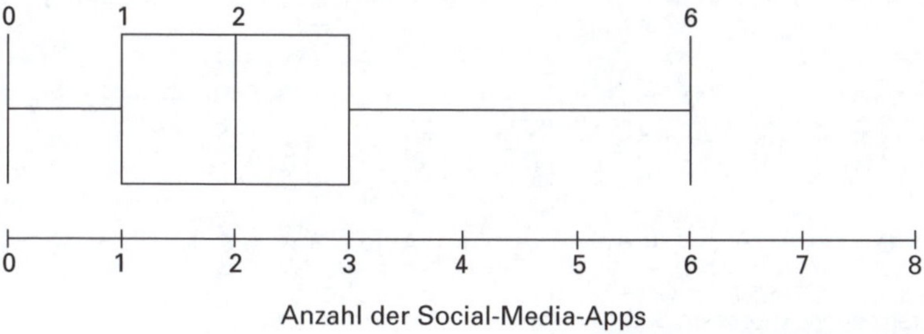

	Wahr	Falsch	Nicht entscheidbar
Alle Mädchen haben mindestens eine App installiert.	x		
Genau die Hälfte der Mädchen hat mindestens drei Apps installiert.			x
Weniger als 25 % der Mädchen haben höchstens zwei Apps installiert.		x	
Die von den Mädchen am häufigsten genannte Anzahl an Apps ist drei.			x

Bestimmung von zwei möglichen Social-Media-App-Anzahlen auf Coras Smartphone, die eine Änderung des Boxplots bewirken:
Entweder das Minimum oder das Maximum des Boxplots kann durch Coras App-Anzahl verändert werden. Zwei mögliche App-Anzahlen auf Coras Smartphone sind daher z. B. 0 oder 6, denn dadurch ändert sich entweder das Minimum oder das Maximum und damit entweder die linke oder die rechte Antenne des Boxplots.
(Wenn man für Coras Apps eine Anzahl zwischen 1 und 5 wählen würde, könnte man nicht mit Sicherheit davon ausgehen, dass sich der Boxplot ändert, da dies von der genauen Häufigkeitsverteilung abhängt, die aber nicht bekannt ist.)

Teil B

Aufgabe 1

a) Flächeninhalt des rechtwinkligen Dreiecks △ ABC:

$$A = \frac{\overline{AC} \cdot \overline{CB}}{2}$$

$\overline{CB}$ und $\overline{AC}$ müssen berechnet werden.

Berechnung von $\overline{CB}$:
Betrachten Sie das Dreieck △ DBC:

$$\cos(\alpha) = \frac{AK}{Hy}$$

$$\cos(30°) = \frac{\overline{CB}}{e} \qquad \left(\cos(30°) = \frac{1}{2} \cdot \sqrt{3}\right)$$

$$\frac{1}{2} \cdot \sqrt{3} = \frac{\overline{CB}}{e} \qquad | \cdot e$$

$$\overline{CB} = \frac{e}{2} \cdot \sqrt{3}$$

Berechnung von $\overline{AC}$:

I. Möglichkeit
Betrachten Sie das Dreieck △ ABC:

$$\tan(\alpha) = \frac{GK}{AK}$$

$$\tan(45°) = \frac{\overline{CB}}{\overline{AC}}$$

$$1 = \frac{\frac{e}{2}\sqrt{3}}{\overline{AC}} \qquad | \cdot \overline{AC}$$

$$\overline{AC} = \frac{e}{2}\sqrt{3}$$

II. Möglichkeit
Da die Winkelsumme im Dreieck ABC 180° beträgt, ist der verbleibende Winkel $\beta_1 = 15°$. Damit ist aber auch das Dreieck gleichschenklig, also:

$$\overline{AC} = \overline{CB} = \frac{e}{2}\sqrt{3}$$

Flächeninhalt des Dreiecks △ ABC:

$$A = \frac{\frac{e}{2}\sqrt{3} \cdot \frac{e}{2}\sqrt{3}}{2}$$

$$A = \frac{\frac{e^2}{4} \cdot 3}{2}$$

$$A = \frac{3}{8}e^2$$ was zu beweisen war.

b) Allgemeine Parabelgleichung: $y = ax^2 + c$
Scheitelpunkt S (0 I 30) ⇒ y-Wert = c
Nullpunkt F_1 (50 I 0)

Werte in die Funktionsgleichung einsetzen.

$y = a \cdot 50^2 + 30$

$0 = a \cdot 50^2 + 30 \qquad | -30$

$-30 = a \cdot 50^2 \qquad | : 50^2$

$a = -\frac{30}{50^2} = -0{,}012$

Die Funktionsgleichung lautet: $y = -0{,}012x^2 + 30$

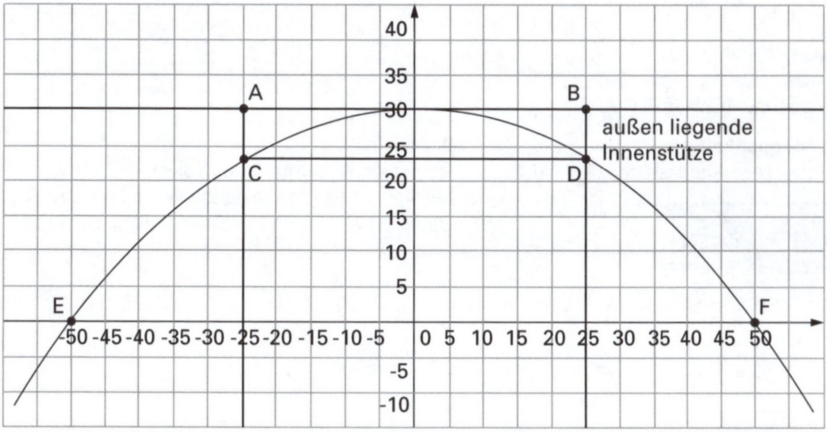

$\overline{CD} = \overline{AB} = 50$ m

$50 : 2 = 25$

$x = 25$ m ⇒ D (25 I y)

$y = -0{,}012 \cdot x^2 + 30$

$y = -0{,}012 \cdot 25^2 + 30 = 22{,}5$ ⇒ D (25 I 22,5)

Stützenlänge = 30 m – 22,5 m = 7,5 m

Die außen liegenden Innenstützen sind jeweils 7,5 m lang.

Aufgabe 2

a) Berechnung des Volumens des Goldkegels:

$V_{Kegel} = \frac{1}{3} \cdot G \cdot h = \frac{1}{3} \cdot \pi \cdot r^2 \cdot h = \frac{1}{3} \cdot \pi \cdot 7^2 \cdot 8 = 410{,}5$

Das Volumen des Goldkegels beträgt 410,5 cm^3.

Berechnung des Gewichts von 1 cm^3 Gold:

$7922{,}7 : 410{,}5 = 19{,}3$
1 cm^3 Gold wiegt 19,3 g.

Berechnung des Radius der Aluminiumkugel:

$V_{Kugel} = \frac{4}{3} \cdot \pi \cdot r^3$

$293{,}7 = \frac{4}{3} \cdot \pi \cdot r^3 \quad | \cdot \frac{3}{4} \quad | : \pi$

$r^3 = 70{,}12 \quad | \sqrt[3]{}$

$r = 4{,}12$

Der Radius der Aluminiumkugel beträgt etwa 4,1 cm.

Bestimmung der Anzahl an benötigten Aluminiumkugeln:

$293{,}7 \cdot 2{,}7 = 792{,}99$ → Gewicht einer Aluminiumkugel
$7922{,}7 : 792{,}99 \approx 10$

Man benötigt also etwa 10 solcher Aluminiumkugeln, um dasselbe Gewicht zu erreichen wie das des Goldkegels.

b) Funktionsgleichung von p_1 und Koordinaten der Schnittpunkte von p_1 mit der x-Achse:

p_1 ist eine nach unten geöffnete Normalparabel.
Scheitel von p_1: S_1 (0 | 4)
p_1: $y = -x^2 + 4$; N_1 (-2 | 0) und N_2 (2 | 0)

Berechnung der Koordinaten der Schnittpunkte von p_1 und p_2:

$x^2 - 4x + 4 = -x^2 + 4 \quad | + x^2 \quad | - 4$

$2x^2 - 4x = 0 \quad | : 2$

$x^2 - 2x = 0 \quad$ | ausklammern

$x \cdot (x - 2) = 0 \quad$ | Satz vom Nullprodukt

$x_1 = 0; \quad x_2 = 2$

Einsetzen der gefundenen Werte für x_1 und x_2, z. B. in die Gleichung von p_1:
$y_1 = -0^2 + 4 = 4$
$y_2 = -2^2 + 4 = 0$

Damit gilt für die Schnittpunkte P und Q: P (0 I 4) und Q (2 I 0) → P ist identisch mit S_1 und Q ist identisch mit N_2.

Zeichnen der Parabel p_2:
Um p_2 zeichnen zu können, muss die Normalform ihrer Gleichung zunächst in die Scheitelform umgeformt werden:
$x^2 - 4x + 4 = (x - 2)^2$ (Binomische Formel)
Also gilt: p_2: $y = (x - 2)^2$; Scheitel von p_2: S_2 (2 I 0) (S_2 ist identisch mit Q und N_2.)

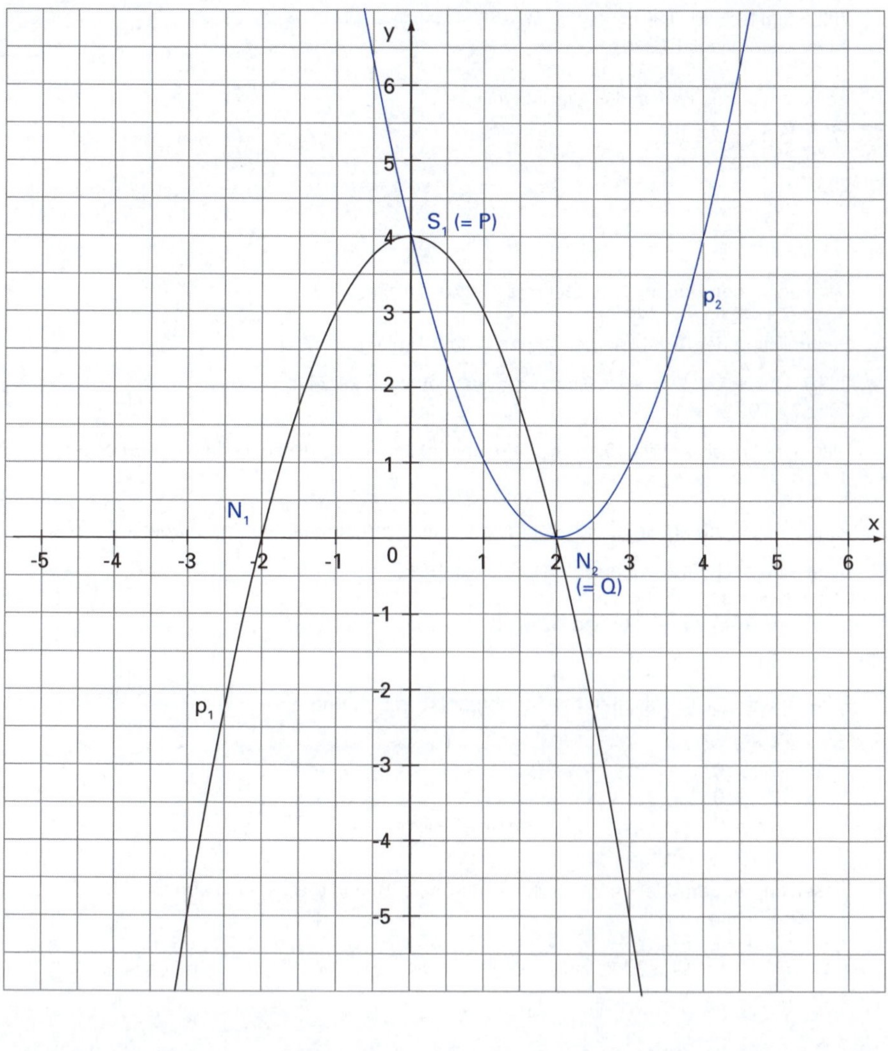

Flächeninhalt des Dreiecks $N_1N_2S_1$:

$$A = \frac{1}{2} \cdot g \cdot h_g$$

$$A = \frac{1}{2} \cdot \overline{N_1N_2} \cdot \overline{0S_1}$$

$$A = \frac{1}{2} \cdot 4 \cdot 4$$

$$A = 8$$

Der Flächeninhalt des Dreiecks $N_1N_2S_1$ beträgt 8 Flächeneinheiten.

Koordinaten von T auf p_2:

1. Schritt:

Die Grundseite des Dreiecks N_1N_2T ist ebenfalls $\overline{N_1N_2}$ mit 4 Längeneinheiten. Es ist also ein Punkt T (x I y) auf p_2 gesucht, für dessen y-Koordinate gilt:

$$A = \frac{1}{2} \cdot \overline{N_1N_2} \cdot y \qquad \text{(y ist die Höhe zur Grundseite } \overline{N_1N_2}\text{)}$$

$$4{,}5 = \frac{1}{2} \cdot 4 \cdot y$$

$$4{,}5 = 2y \qquad | : 2$$

$$y = 2{,}25$$

2. Schritt:

Da y = 2,25 die y-Koordinate von T ist, gilt für die x-Koordinate von T auf p_2 :

$$(x - 2)^2 = 2{,}25$$

$$x^2 - 4x + 4 = 2{,}25 \qquad | - 2{,}25$$

$$x^2 - 4x + 1{,}75 = 0 \qquad | \text{ Lösungsformel}$$

$$x_{1,2} = -\frac{-4}{2} \pm \sqrt{\left(\frac{-4}{2}\right)^2 - 1{,}75}$$

$$x_{1,2} = 2 \pm \sqrt{4 - 1{,}75}$$

$$x_{1,2} = 2 \pm \sqrt{2{,}25}$$

$$x_1 = 2 - 1{,}5 = 0{,}5$$

$$x_2 = 2 + 1{,}5 = 3{,}5$$

Da nur x_1 im Bereich $0 \leq x \leq 2$ liegt, kommt hier nur diese Lösung in Frage.
Damit gilt für den gesuchten Punkt T: T (0,5 I 2,25)

Aufgabe 3

a)

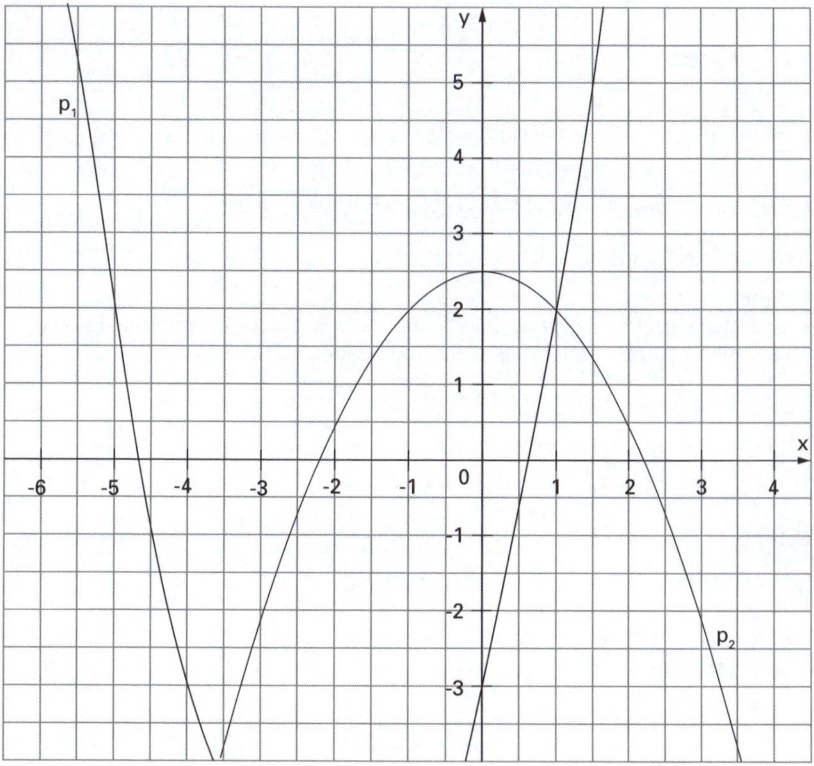

Bestimmung der Gleichung von p_1:

1. Schritt:

Da p_1 durch die Punkte P (-5 | 2) und Q (1 | 2) verläuft, muss die x-Koordinate x_S des Scheitelpunkts von p_1 genau in der Mitte der beiden x-Koordinaten von P und Q liegen.
Es gilt also: $x_S = (-5 + 1) : 2 = (-4) : 2 = -2$
Damit gilt für p_1 der Ansatz: p_1: $y = (x + 2)^2 + e$

2. Schritt:

Eine Punktprobe, z. B. mit Q in p_1, ergibt:

$2 = (1 + 2)^2 + e$
$2 = 3^2 + e$
$2 = 9 + e \qquad | - 9$
$e = -7$

Damit gilt: p_1: $y = (x + 2)^2 - 7$. Ihr Scheitelpunkt ist S_1 (-2 | -7).

Bestimmung der Gleichung von p_2:

1. Schritt:
Da der Scheitelpunkt von p_2 auf der y-Achse liegt, gilt der Ansatz: p_2: $y = ax^2 + c$

2. Schritt:
Da der Scheitelpunkt von p_2 als S_2 (0 I 2,5) abgelesen werden kann, gilt: p_2: $y = ax^2 + 2{,}5$

3. Schritt:
Eine Punktprobe, z. B. mit Q in p_2, ergibt:
$2 = a \cdot 1^2 + 2{,}5$
$2 = a + 2{,}5$ I -2,5
$a = -0{,}5$

Damit gilt: p_2: $y = -0{,}5x^2 + 2{,}5$. Ihr Scheitelpunkt ist S_2 (0 I 2,5).

Bestimmung der Art und des Flächeninhalts des Vierecks ABCD:

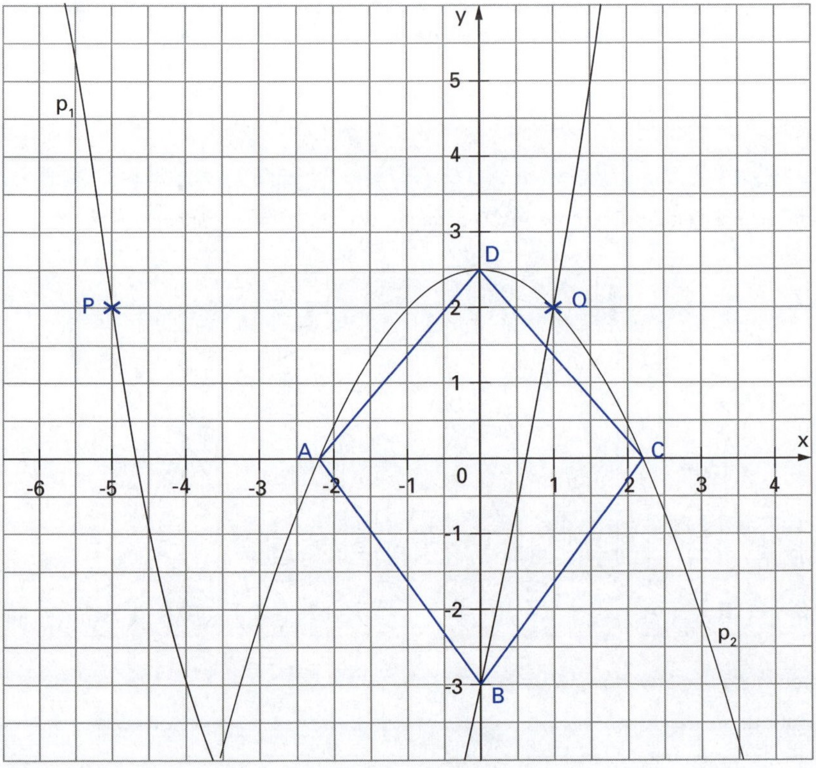

1. Schritt:
Da die y-Achse die Symmetrieachse von p_2 ist, handelt es sich bei dem Viereck ABCD um einen Drachen.

2. Schritt:
Berechnung der Koordinaten der Punkte A und C:

$$-0{,}5x^2 + 2{,}5 = 0 \quad | -2{,}5$$
$$-0{,}5x^2 = -2{,}5 \quad | : (-0{,}5)$$
$$x^2 = 5 \quad | \sqrt{}$$
$$x_1 = -\sqrt{5} \approx -2{,}24; \qquad x_2 = \sqrt{5} \approx 2{,}24$$

Damit gilt: A (-2,24 I 0) und C (2,24 I 0)

3. Schritt:
Berechnung des Flächeninhalts des Drachens ABCD:
Für die beiden Diagonalen des Drachens gilt: $\overline{AC} = 2 \cdot 2{,}24$ LE = 4,48 LE und $\overline{BD} = 2{,}5$ LE + 3 LE = 5,5 LE

Für den Flächeninhalt A des Drachens gilt dann:

$$A = \frac{\overline{AC} \cdot \overline{BD}}{2}$$

$$A = \frac{4{,}48 \cdot 5{,}5}{2}$$

$$A = 12{,}32$$

Der Flächeninhalt des Drachens ABCD beträgt etwa 12,32 Flächeneinheiten.

b)

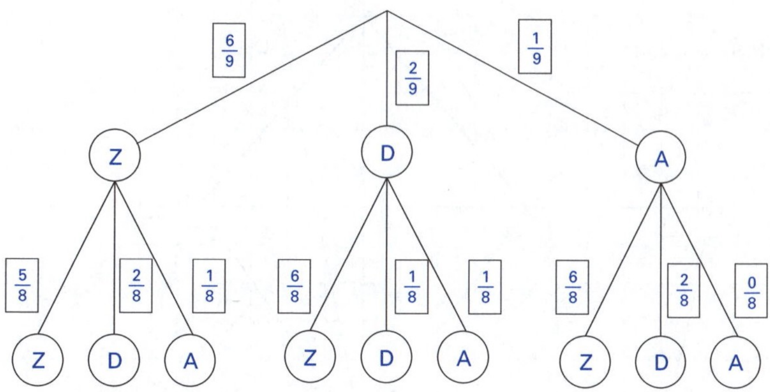

Berechnung des Erwartungswertes:

1. Schritt:

P(„Beide Karten mit Zahlen") $= \frac{6}{9} \cdot \frac{5}{8} = \frac{30}{72}$

P(„Zwei Damen") $= \frac{2}{9} \cdot \frac{1}{8} = \frac{2}{72}$

P(„Ein Ass und eine Dame") = P(Ass; Dame) + P(Dame; Ass) $= \frac{1}{9} \cdot \frac{2}{8} + \frac{2}{9} \cdot \frac{1}{8} = \frac{4}{72}$

2. Schritt:

$$E = \frac{30}{72} \cdot 4 + \frac{2}{72} \cdot 9 + \frac{4}{72} \cdot 6 - 2{,}50 = \frac{120}{72} + \frac{18}{72} + \frac{24}{72} - 2{,}50 = \frac{162}{72} - 2{,}5 = -0{,}25$$

Der (negative) Erwartungswert von –0,25 € bedeutet, dass der Betreiber im Durchschnitt pro Spiel einen Reingewinn von 0,25 € erzielt.

Berechnung des zu verändernden Gewinns für das Ereignis „Beide Karten mit Zahlen", um das Spiel fair zu gestalten:
Der Gewinn für das Ereignis „Beide Karten mit Zahlen" wird mit x bezeichnet. Damit das Spiel fair ist, muss der Erwartungswert 0 sein. Das heißt, es muss dann folgende Gleichung gelten:

$$\frac{30}{72} \cdot x + \frac{2}{72} \cdot 9 + \frac{4}{72} \cdot 6 - 2{,}5 = 0$$

$$\frac{30x}{72} + \frac{18}{72} + \frac{24}{72} - 2{,}5 = 0 \qquad | \cdot 72$$

$$30x + 18 + 24 - 180 = 0 \qquad | \text{ zusammenfassen}$$

$$30x - 138 = 0 \qquad | + 138$$

$$30x = 138 \qquad | : 30$$

$$x = 4{,}6$$

Damit das Spiel fair ist, müsste der Gewinn für das Ereignis „Beide Karten mit Zahlen" genau 4,60 € betragen.

Mathematik-Prüfung 2021 – A

Teil A1 (Pflichtteil)

Aufgabe 1

a) Die kürzeste Seite des Streckenzuges liegt genau gegenüber der Seite, die an der Basis (Kante der quadratischen Grundfläche) endet.
Deshalb scheidet Figur A in der Auswahl aus.
Von den 3 restlichen Figuren kann nur Figur B die Lösung sein, weil die beiden Seiten des Streckenzuges in der Basis enden.

Die richtige Lösung lautet: Figur B

b) Die Volumenformel einer Pyramide lautet:

$$V = \frac{\text{Grundfläche} \cdot \text{Körperhöhe}}{3} = \frac{A_G \cdot h}{3}$$

$$= \frac{(5\text{ cm})^2 \cdot 6\text{ cm}}{3} = \frac{150\text{ cm}^3}{3}$$

$$V = 50\text{ cm}^3$$

Das Volumen beträgt 50 cm^3.

Aufgabe 2

$$(x-3)(x+5)+7 = 8(x-2)$$

$$x^2+5x-3x-15+7 = 8x-16 \quad \text{I Klammerausdrücke ausmultiplizieren}$$

$$x^2-8x-3x+5x = 15-7-16 \quad \text{I x-Werte auf eine Gleichungsseite bringen}$$

$$x^2-6x = -8$$

$$x^2-6x+8 = 0$$

Es liegt eine quadratische Gleichung in der Normalform vor:
$x^2 + p \cdot x + q = 0$

$p = -6$ $\qquad$ $x^2 - 6x + 8 = 0$
$q = 8$

Lösungsansatz:

$$x_{1/2} = -\frac{p}{2} \pm \sqrt{\left(\frac{p}{2}\right)^2 - q}$$

$$x_1 = \frac{6}{2} + \sqrt{\left(\frac{-6}{2}\right)^2 - 8}$$

$$= 3 + \sqrt{9-8} = 4$$

$$x_2 = 3 - 1 = 2$$

Aufgabe 3

a) Es gilt die Knotenregel.
Die Summe aller Wahrscheinlichkeiten beträgt immer 100 % oder ein Ganzes $\left(\frac{6}{6}\right)$.

$\frac{6}{6} - \frac{1}{2} - \frac{1}{6} =$

$\frac{6}{6} - \frac{3}{6} - \frac{1}{6} = \frac{6}{6} - \frac{4}{6} = \frac{2}{6}$

Anhand der Wahrscheinlichkeiten liegen im Behälter: 3 rote, 2 gelbe und 1 blaue Kugel.
Im nächsten Zug liegen nur noch 5 Kugeln im Behälter!

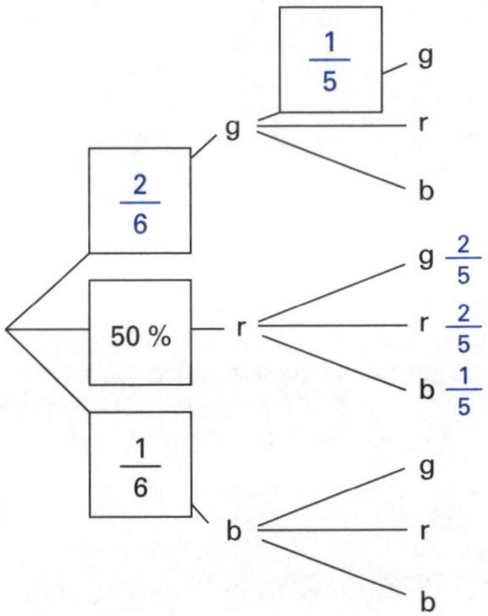

b) Es gilt die 1. Pfadregel (Produktregel):

$\frac{3}{6} \cdot \frac{2}{5} = \frac{6}{30} = \frac{1}{5} = 20\ \%$

oder

$0{,}5 \cdot 0{,}4 = 0{,}2 = 20\ \%$

Die Wahrscheinlichkeit, 2 rote Kugeln zu ziehen, beträgt 20 %.

Aufgabe 4

a) Graph g ist (4): $y = 3x + 3$
wegen der positiven Steigung ($m > 0$)

Graph p_1 ist nach unten geöffnet, also kommen nur (2) oder (6) in Betracht.

Überprüfung der Gleichung durch Koordinatenwerte:

$y = 1$:

$$y = -\frac{1}{2}x^2 + 3$$

$$1 = -\frac{1}{2}x^2 + 3$$

$$\frac{1}{2}x^2 = 3 - 1$$

$$0{,}5x^2 = 2 \qquad | : 0{,}5$$

$$x^2 = \frac{2}{0{,}5} = 4$$

$$x = \sqrt{4} = \pm 2$$

Die Parabel geht durch die Koordinaten (x I y): 2 I 1 und -2 I 1.

Die richtige Funktionsgleichung zum Graph p_1 lautet (2): $y = -\frac{1}{2}x^2 + 3$

Graph p_2 ($y = x^2 + px + q$) ist im Koordinatenkreuz nach rechts (Quadrant V) verschoben.
D. h. px ist negativ.
Die richtige Funktionsgleichung für den Graphen p_2 ist (3): $y = x^2 - 4x + 3$

b) Ermittlung von 2 Koordinatenwerten zum Zeichnen des Graphen:

$$y = -\frac{1}{2}x + 2 \qquad \text{| Nullsetzen von y (Schnittpunkt mit x-Achse)}$$

$$0 = -\frac{1}{2}x + 2$$

$$\frac{1}{2}x = 2$$

$$x = \frac{2}{0{,}5} = 4 \qquad \text{| 1. Koordinate } (x_1 \text{ I } y_1)\text{: 4 I 0}$$

$$y = -\frac{1}{2} \cdot 0 + 2 \qquad \text{| Nullsetzen von x (Schnittpunkt mit y-Achse)}$$

$$y = 2 \qquad \text{| 2. Koordinate } (x_2 \text{ I } y_2)\text{: 0 I 2}$$

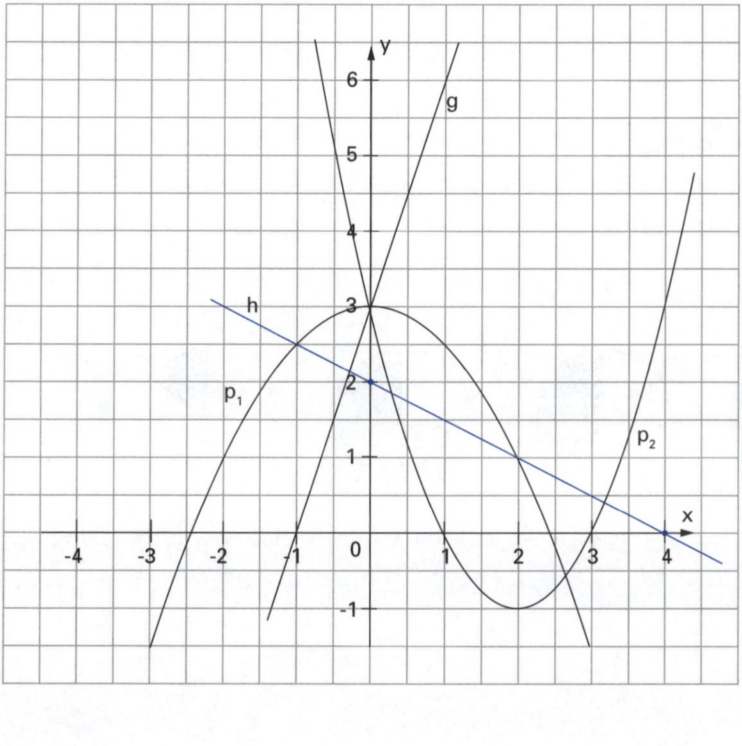

Aufgabe 5

$$\frac{10^6}{5^4 \cdot 5^2} : 2^4 = 4$$

$$\frac{10^6}{5^{4+2}} : 2^4 = 4$$

$$\frac{10^6 \cdot 1}{5^6 \cdot 2^4} = 4$$

$$\frac{\cancel{10}^2 \cdot \cancel{10}^2 \cdot \cancel{10}^2 \cdot \cancel{10}^2 \cdot \cancel{10}^2 \cdot \cancel{10}^2}{\cancel{5} \cdot \cancel{5} \cdot \cancel{5} \cdot \cancel{5} \cdot \cancel{5} \cdot \cancel{5} \cdot \cancel{2} \cdot \cancel{2} \cdot \cancel{2} \cdot \cancel{2}} = 4$$

$$2 \cdot 2 = 4$$

$$4 = 4$$

oder

$$\frac{10^6}{5^4 \cdot 5^2} : 2^4 = 4$$

$$\frac{10^6}{5^6} : 2^4 = 4$$

$$\left(\frac{10}{5}\right)^6 : 2^4 = 4$$

$$\frac{2^6}{2^4} = 4$$

$$2^{6-4} = 4$$

$$2^2 = 4$$

$$4 = 4$$

Aufgabe 6

Das Muster hat das Aussehen eines Kreuzes. Mit jeder weiteren Figur wächst der Arm des Kreuzes um 1 Kärtchen.

Muster 1: 1 Kärtchen pro Arm
Muster 10: 10 Kärtchen pro Arm

10 Kärtchen · 4 Arme + 1 Zentralkärtchen = 41 Kärtchen

Johannes hat nicht recht.

Aufgabe 7

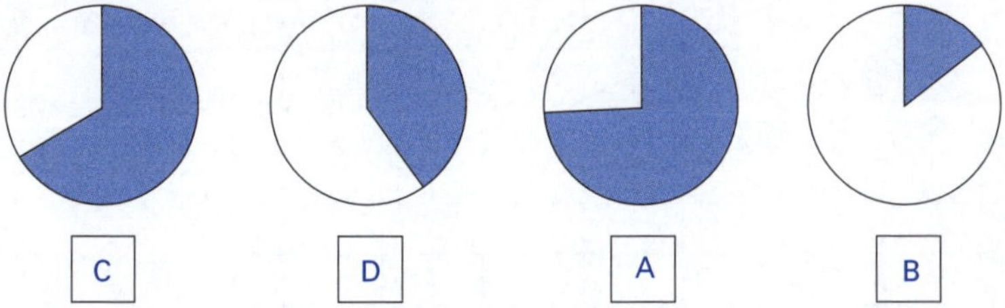

Teil A2

Aufgabe 1

Gesucht ist der Umfang der Dreiecks GEC.
$\overline{BD} = 10$ cm
$\beta = 67°$

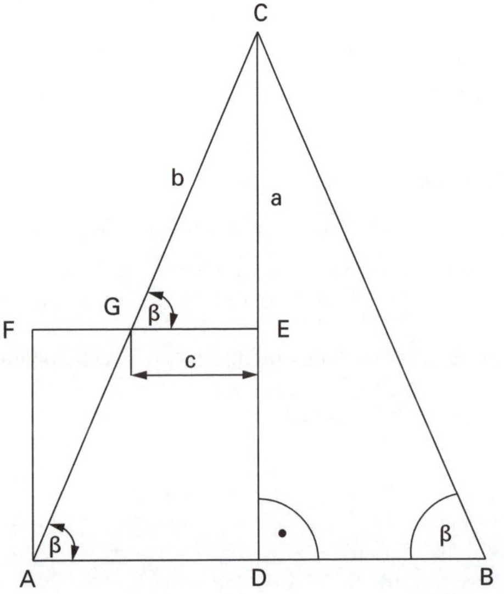

1. Schritt:
Berechnung der Dreieckshöhe $\overline{CD}$ mithilfe der trigonometrischen Funktionen.

$$\tan(\beta) = \frac{\text{Gegenkathete}}{\text{Ankathete}} = \frac{\overline{CD}}{\overline{BD}}$$

$$\overline{CD} = \overline{BD} \cdot \tan(\beta)$$

$$\overline{CD} = 10 \text{ cm} \cdot \tan(67°) = 10 \text{ cm} \cdot 2{,}356$$

$$\overline{CD} = 23{,}56 \text{ cm}$$

2. Schritt:
Berechnung der gesuchten Dreieckseiten:

$$\overline{CE} = \overline{CD} - 10 \text{ cm} = 23{,}56 \text{ cm} - 10 \text{ cm}$$

$$\overline{CE} = 13{,}56 \text{ cm}$$

$$\tan(67°) = \frac{\overline{CE}}{c}$$

$$c = \frac{\overline{CE}}{\tan(67°)} = \frac{13{,}56 \text{ cm}}{2{,}356} = 5{,}756 \text{ cm}$$

$$c = 5{,}756 \text{ cm}$$

$$\sin(\beta) = \frac{\text{Gegenkathete}}{\text{Hypothenuse}} = \frac{\overline{CE}}{b}$$

$$b = \frac{\overline{CE}}{\sin(\beta)} = \frac{13{,}56 \text{ cm}}{0{,}9205} = 14{,}73 \text{ cm}$$

$$b = 14{,}73 \text{ cm}$$

Umfang = Summe aller Seiten

$u = \overline{CE} + c + b$
$u = 13{,}56\ \text{cm} + 5{,}756\ \text{cm} + 14{,}73\ \text{cm}$
$u = 34{,}046\ \text{cm} \approx 34{,}05\ \text{cm}$

Der Umfang des Dreiecks GEC beträgt 34,05 cm.

Aufgabe 2

Zusammengesetzter Körper aus einer Halbkugel und einem Kegel.

Oberflächeninhalt = Mantelfläche Kegel + Mantelfläche Halbkugel + reduzierte Querschnittsfläche Halbkugel

Der Radius der Kegelgrundfläche lässt sich anhand der trigonometrischen Funktionen errechnen.

$$\cos(\alpha) = \frac{\text{Ankathete}}{\text{Hypotenuse}} = \frac{r}{s}$$

$r = s \cdot \cos(\alpha) = 3{,}7\ \text{m} \cdot \cos(72°)$
$r = 3{,}7\ \text{m} \cdot 0{,}309 = 1{,}143\ \text{m} \approx 1{,}14\ \text{m}$

$M_{Kegel} = r \cdot \pi \cdot s$
$= 1{,}14\ \text{m} \cdot 3{,}14 \cdot 3{,}7\ \text{m}$
$M_{Kegel} = 13{,}28\ \text{m}^2$

$A_{Kegel} = r^2 \cdot \pi = (1{,}14\ \text{m})^2 \cdot 3{,}14 = 4{,}08\ \text{m}^2$

Jetzt wird die Kegelhöhe h zur Berechnung des Halbkugelradius benötigt.

$$\sin(\alpha) = \frac{\text{Gegenkathete}}{\text{Hypotenuse}} = \frac{h}{s}$$

$h = s \cdot \sin(\alpha)$
$= 3{,}7\ \text{m} \cdot \sin(72°) = 3{,}7\ \text{m} \cdot 0{,}9511$
$h = 3{,}519\ \text{m} \approx 3{,}52\ \text{m}$

Radius der Halbkugel $= h_{ges.} - h$
$= 5{,}1\ \text{m} - 3{,}52\ \text{m}$
$r = 1{,}58\ \text{m}$

Kreisringfläche $A_{Halbkugel} = r^2 \cdot \pi - A_{Kegel}$
$= (1{,}58\ \text{m})^2 \cdot 3{,}14 - 4{,}08\ \text{m}^2$
$A_{Halbkugel} = 3{,}758\ \text{m}^2 \approx 3{,}76\ \text{m}^2$

$$O_{Halbkugel} = \frac{O}{2} + A_{Halbkugel}$$
$$= \frac{4 \cdot r^2 \cdot \pi}{2} + 3{,}76\ \text{m}^2$$
$$= \frac{4 \cdot (1{,}58\ \text{m})^2 \cdot 3{,}14}{2} + 3{,}76\ \text{m}^2$$

$O_{Halbkugel} = 15{,}677\ \text{m}^2 + 3{,}76\ \text{m}^2 = 19{,}437\ \text{m}^2 \approx 19{,}44\ \text{m}^2$

Oberflächeninhalt $O = O_{Halbkugel} + M_{Kegel}$

$O = 19{,}44\ m^2 + 13{,}28\ m^2$

$O = 32{,}72\ m^2$

Die Oberfläche des zusammengesetzten Körpers beträgt $32{,}72\ m^2$.

Pro $10\ m^2$ wird eine 1-Liter-Farbdose benötigt:
$32{,}72\ m^2 : 10\ m^2 = 3{,}272$ Dosen

Es werden 4 Farbdosen benötigt.

Aufgabe 3

Es handelt sich um einen mehrstufigen Laplace-Versuch.

Rad 1: 4 Ziffern: 2, 3, 4, 5
Rad 2: 5 Ziffern: 2, 3, 4, 4, 5

Am besten schafft ein Baumdiagramm einen Überblick.

$$\text{Wahrscheinlichkeit } P(E) = \frac{\text{Anzahl der günstigen Ergebnisse}}{\text{Anzahl der möglichen Ergebnisse}}$$

Baumdiagramm:

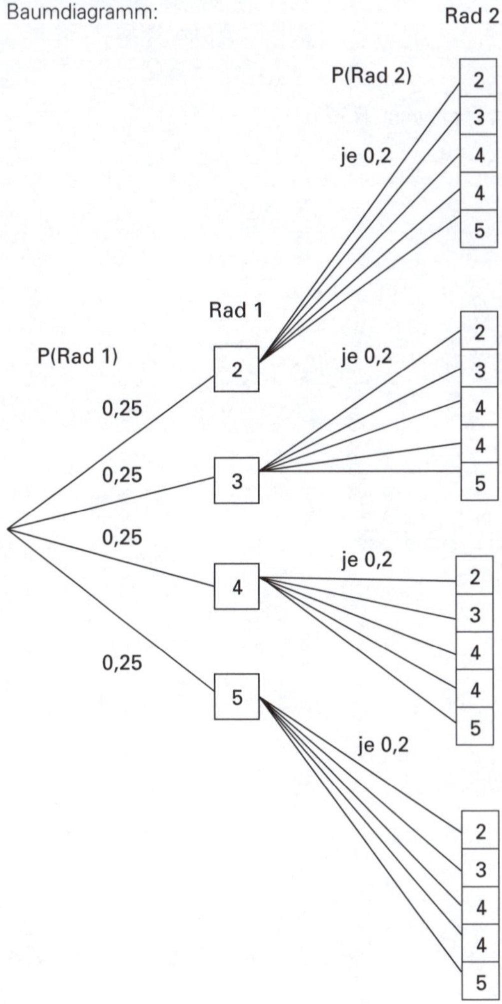

P(E) = P(Rad 1) · P(Rad 2)
P(E) = 0,25 · 0,2 = 0,05
⋮

1,0 oder 100 %

P(E) für 2 gleiche Ziffern:

Rad 1	Rad 2	
2	2	5x
3	3	
4	4	
4	4	
5	5	

P(E) = 5 · 0,05 = 0,25 oder 25 %

Die Wahrscheinlichkeit, eine Zahl mit 2 gleichen Ziffern zu sehen, beträgt 25 %.

P(E) für eine durch 12 teilbare Zahl:
Die Kombination Rad 1 / Rad 2 = 2 / 4 taucht 2x auf und ist die einzig mögliche.
P(E) = 2 · 0,05 = 0,1 oder 10 %

Die Wahrscheinlichkeit, eine durch 12 teilbare Zahl zu sehen, beträgt 10 %.

P(E) für einmal die Ziffer 4 zu sehen:
Diese Kombination tritt 9x auf.
P(E) = 9 · 0,05 = 0,45 oder 45 %

Die Wahrscheinlichkeit, höchstens einmal die Ziffer 4 zu sehen, beträgt 45 %.

Aufgabe 4

Umsatzsteigerung des Onlinehandels von 2016 bis 2019:
Umsatz in Mrd. Euro lt. Diagramm:

2019:	58,5
2016:	44,2
Diff.:	14,3

Prozentrechnung:
Grundwert (G) = 44,2 Mrd. €
Prozentwert (W) = 14,3 Mrd. €
Prozentsatz (p) = gesucht

$$p = \frac{W \cdot 100}{G} = \frac{14{,}3 \cdot 100}{44{,}2} = 32{,}35\ \%$$

Die Umsatzsteigerung betrug 32,35 %.

Grundwert (G) = 48,9 Mrd. € (Diagrammwert für 2017)
Prozentsatz (p) = 14,5 %
Prozentwert (W) = gesucht

$$W = \frac{G \cdot p}{100} = \frac{48{,}9 \cdot 14{,}5}{100} = 7{,}09 \text{ Mrd. €}$$

Der Umsatz für den Bereich „Freizeit und Hobby" betrug 7,09 Mrd. €.

Diese Aufgabe kann man in 2 Stufen lösen.

1. Grundwert (G) = 48,9 Mrd. € (Umsatz 2017)
   Prozentsatz (p) = 24,9 % (Umsatzanteil Elektronik)
   Prozentwert (W) = gesucht in Mrd. € (Umsatz Elektronik in €)

   $$W = \frac{G \cdot p}{100} = \frac{48{,}9 \cdot 24{,}9}{100} = 12{,}176 \approx 12{,}18 \text{ Mrd. €}$$

2. Grundwert (G) = 12,18 Mrd. €
Prozentsatz (p) = 53 % (Umsatzanteil für Smartphones)
Prozentwert (W) = gesucht in Mrd. €

$$W = \frac{G \cdot p}{100} = \frac{12{,}18 \cdot 53}{100} = 6{,}455 \approx 6{,}46 \text{ Mrd. €}$$

Die ganze Rechnung lässt sich auch folgendermaßen vereinfachen:

$$53\ \%\ \text{von}\ 24{,}9\ \% = \frac{53 \cdot 24{,}9}{100} = 13{,}197 \approx 13{,}2\ \%$$

13,2 % Umsatzanteil Smartphones von Gesamtumsatz im Onlinehandel in 2017.

Grundwert (G) = 48,9 Mrd. €
Prozentsatz (p) = 13,2 %
Prozentwert (W) = gesucht in Mrd. € (Umsatzanteil für Smartphones)

$$W = \frac{G \cdot p}{100} = \frac{48{,}9 \cdot 13{,}2}{100} = 6{,}455 \text{ Mrd. €} \approx 6{,}46 \text{ Mrd. €}$$

Es wurden 6,46 Mrd. € im Onlinehandel 2017 für Smartphones ausgegeben.

Aufgabe 5

Parabel p: $y = x^2 - 6x + 10$
Gerade g: $m = -2$

Berechnung der Scheitelpunktkoordinaten:

Normalform: $y = x^2 + px + q$
$y = x^2 - 6x + 10$

$p = -6;\ q = 10$

$$x_S = -\frac{p}{2} = -\frac{-6}{2} = 3$$

$$\begin{aligned} y_S &= q - \left(\frac{p}{2}\right)^2 = 10 - \left(\frac{-6}{2}\right)^2 \\ &= 10 - (-3)^2 \\ &= 10 - 9 = 1 \end{aligned}$$

Die Scheitelpunktkoordinaten lauten:
$x_S = 3;\ y_S = 1$

Zur Ermittlung der Koordinaten des 2. Schnittpunktes Q benötigt man die Funktionsgleichung der Geraden g. Dazu setzt man die gerade errechneten Scheitelpunktkoordinaten ein:

$$\begin{aligned} y &= mx + n \\ y_S &= -2 \cdot x_S + n \\ 1 &= -2 \cdot 3 + n \\ 1 &= -6 + n \\ n &= 7 \end{aligned}$$

$y = mx + n$
$y = -2x + 7$

Berechnung 2. Schnittpunkt Q:

Im Schnittpunkt Q treffen sich beide Funktionen.

$$y = x^2 - 6x + 10$$
$$y = -2x + 7$$
$$x^2 - 6x + 10 = -2x + 7 \quad \text{I gleichsetzen}$$
$$x^2 = 6x - 10 - 2x + 7 \quad \text{I umstellen}$$
$$x^2 = 4x - 3 \quad \text{I nach x auflösen}$$
$$x^2 - 4x + 3 = 0$$

$$x_{1/2} = -\frac{p}{2} \pm \sqrt{\left(\frac{p}{2}\right)^2 - q}$$
$$x_1 = -\frac{-4}{2} + \sqrt{\left(\frac{-4}{2}\right)^2 - 3} = 2 + \sqrt{1} = 3$$
$$x_2 = -\frac{-4}{2} - \sqrt{\left(\frac{-4}{2}\right)^2 - 3} = 2 - \sqrt{1} = 1$$

$y = -2x + 7 = -2 \cdot 1 + 7 = 5$

Die Koordinaten des Schnittpunkts Q lauten Q (1 I 5).

Die Gerade h läuft senkrecht zur Geraden g durch Punkt Q.

Es gilt für die Steigung:
$h \perp g \Rightarrow m_h \cdot m_g = -1$

$$m_h = \frac{-1}{m_g} = \frac{-1}{-2} = 0{,}5$$

Funktionsgleichung der Geraden h:
$h(x) = y = mx + n$
$y = 0{,}5x + n$

Einsetzen der Koordinatenwerte von Schnittpunkt Q:
$5 = 0{,}5 \cdot 1 + n \Rightarrow n = 5 - 0{,}5 = 4{,}5$

Die Funktionsgleichung lautet:
$y = 0{,}5x + 4{,}5$

Aufgabe 6

Für die Beurteilung der richtigen Zuordnung des richtigen Boxplots zum Diagramm stellt man aus Diagramm 1 die Rangliste auf:

Lesestunden: 1
2
(25 Personen) 2
3
3
3 } $q_u = 3$
3
4
5
5
5
6
7 ⇒ Z = 7
7
7
7
7
8
8 } $q_o = 8$
8
10
10
12
14
16

Der Zentralwert Z liegt bei der 13. Person und beträgt 7.
Die Mediane q_u und q_o sind die Mittelwerte der Lesestunden für die 6. und 7. Person sowie für die 19. und 20. Person.
Daraus ergibt sich folgende Zuordnung:
Diagramm 1: Boxplot „Männer"
Diagramm 2: Boxplot „Frauen"

Vervollständigen der Rangliste für Diagramm 2 bzw. Boxplot „Frauen".

Lesestunden (Rangliste)

1 1 2 2 3 3 3 4 5 5 6 6 7 7 7 [7 8 8 9 9 10 11 12 15 16]

$q_u = 3$ (3 3) ⇓ Z = 7 $q_o = 9$ (9 9)

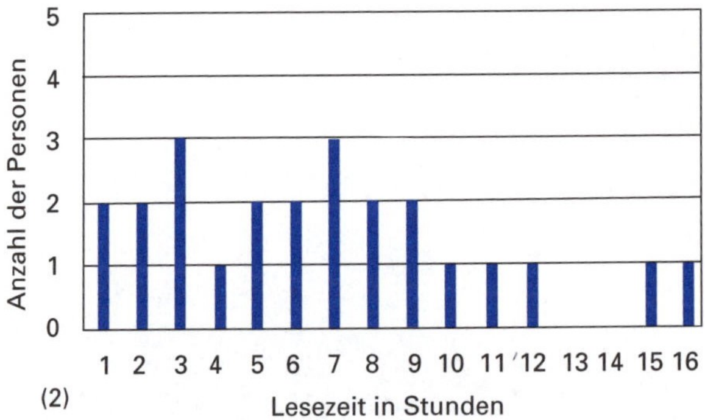

(2)

Finn hat mit seiner Behauptung recht.
Begründung: Die Anzahl der Männer, die 7 h oder mehr pro Woche lesen, beträgt 13. Das ist mehr als die Hälfte der 25 befragten Männer.

Teil B (Wahlteil)

Aufgabe 1

a) 1. Berechnung von $\overline{DF}$:

$$\cos(\alpha) = \frac{\overline{AB}}{\overline{AC}}$$

$$\overline{AC} = \frac{\overline{AB}}{\cos(\alpha)} = \frac{13{,}2}{\cos(55°)} = \frac{13{,}2}{0{,}5736}$$

$$\overline{AC} = 23{,}01 \text{ cm}$$

$$\tan(\alpha) = \frac{\overline{BC}}{\overline{AB}}$$

$$\overline{BC} = \overline{AB} \cdot \tan(\alpha) = 13{,}2 \text{ cm} \cdot \tan(55°)$$
$$\overline{BC} = 13{,}2 \text{ cm} \cdot 1{,}4281$$
$$\overline{BC} = 18{,}85 \text{ cm}$$

Winkel in C: 90° – 55° = 35°
Winkel in D: 55°, da Dreieck ADE gleichschenklig

Winkel in F = 90° – 55° = 35°
Winkel in E = 180° – 2 · 55° = 70°

$\overline{AE} = \overline{DE}$, da Dreieck gleichschenklig
$\overline{AE} = \overline{AC} - \overline{CE}$
$\overline{AE} = 23{,}01 - 8 = 15{,}01$ cm

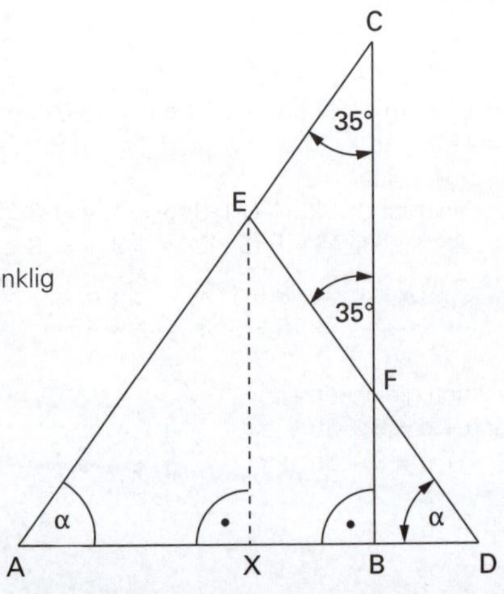

$2 \cdot \overline{AX} = \overline{AD}$

$\cos(\alpha) = \frac{A_k}{H_y} = \frac{\overline{AX}}{\overline{AE}}$

$\overline{AX} = \overline{AE} \cdot \cos(\alpha)$
$= 15{,}01 \cdot \cos(55°)$

$\overline{AX} = 15{,}01 \cdot 0{,}5736 = 8{,}609 \text{ cm} \approx 8{,}61 \text{ cm}$

$\overline{AD} = 2 \cdot \overline{AX} = 2 \cdot 8{,}61 \text{ cm} = 17{,}2 \text{ cm}$

$\overline{BD} = \overline{AD} - \overline{AB}$
$= 17{,}2 - 13{,}2 = 4 \text{ cm}$

$\cos(\alpha) = \frac{A_k}{H_y} = \frac{\overline{BD}}{\overline{DF}}$

$\overline{DF} = \frac{\overline{BD}}{\cos(55°)} = \frac{4 \text{ cm}}{\cos(55°)} = 6{,}97 \text{ cm}$

Die Seite $\overline{DF}$ hat eine Länge von 6,97 cm.

2. Gesucht ist der Umfang des Vierecks ABFE.

$u = \overline{AB} + \overline{BF} + \overline{EF} + \overline{AE}$

$\overline{BF}$ lässt sich mithilfe des Lehrsatzes von Pythagoras ermitteln:

$(\overline{DF})^2 = (\overline{BD})^2 + (\overline{BF})^2$

$\overline{BF} = \sqrt{(\overline{DF})^2 - (\overline{BD})^2}$

$\overline{BF} = \sqrt{(6{,}97 \text{ cm})^2 - (4 \text{ cm})^2} = \sqrt{32{,}58 \text{ cm}^2}$

$\overline{BF} = 5{,}7 \text{ cm}$

$\overline{EF} = \overline{DE} - \overline{DF}$
$\overline{EF} = 15{,}01 \text{ cm} - 6{,}97 \text{ cm}$
$\overline{EF} = 8{,}04 \text{ cm}$

$u = \overline{AB} + \overline{BF} + \overline{EF} + \overline{AE}$
$u = 13{,}2 \text{ cm} + 5{,}7 \text{ cm} + 8{,}04 \text{ cm} + 15{,}01 \text{ cm}$
$u = 41{,}95 \text{ cm}$

b) Koordinaten: Pkt. A (1 I -8): x = 1; y = -8
Pkt. B (3 I -8): x = 3; y = -8

$y = x^2 + bx + c \Rightarrow -8 = 1^2 + 1 \cdot b + c$
$\Rightarrow -8 = 3^2 + 3 \cdot b + c$

Funktion gleichsetzen:

$1 + b + c = 9 + 3b + c \quad | -c$
$1 + b = 9 + 3b \quad | -b;\ | -9$
$-8 = 2b \quad | :2$
$b = -4$

Berechnung von c:

$-8 = 1^2 + 1b + c$
$c = -8 - 1^2 - (-4)$
$c = -8 - 1 + 4 = -5$
$c = -5$

Die Funktion lautet: $y = x^2 - 4x - 5$

Berechnung der Schnittpunkte der Parabel mit der x-Achse mithilfe der p-q-Formel:
$x^2 + px + q = 0$

Da y = 0 ist, gilt: $x^2 - 4x - 5 = 0$

$x_{1/2} = -\frac{p}{2} \pm \sqrt{\left(\frac{p}{2}\right)^2 - q}$, wenn $\left(\frac{p}{2}\right)^2 - q \geq 0$

$\left(\frac{-4}{2}\right)^2 - (-5) = (-2)^2 + 5$
$= 4 + 5 = 9 \geq 0$

$x_1 = -\frac{-4}{2} + \sqrt{9} = 2 + 3 = 5$

$x_2 = 2 - \sqrt{9} = 2 - 3 = -1$

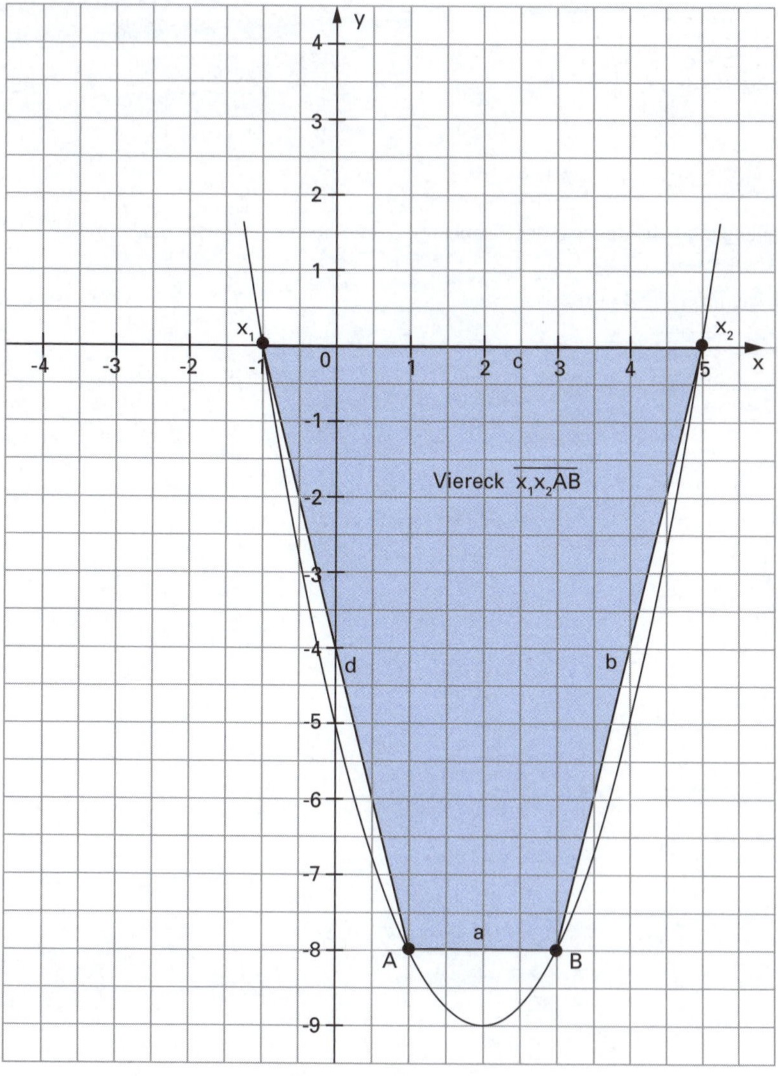

Berechnung des Vierecks. Die Fläche hat die Form eines Trapezes.

Flächenformel Trapez: $A = \frac{a + c}{2} \cdot h$

Die Strecken entnimmt man den bekannten Punkten.
a = Pkt. B (3 I -8) – Pkt. A (1 I -8) = 3 – 1 = 2
c = Pkt. x_2 – Pkt. x_1 = 5 – (-1) = 6
h = Strecke y = 0 bis y = -8 = 8

$A = \frac{2 + 6}{2} \cdot 8 = 4 \cdot 8 = 32$

Der Flächeninhalt des Vierecks beträgt 32.

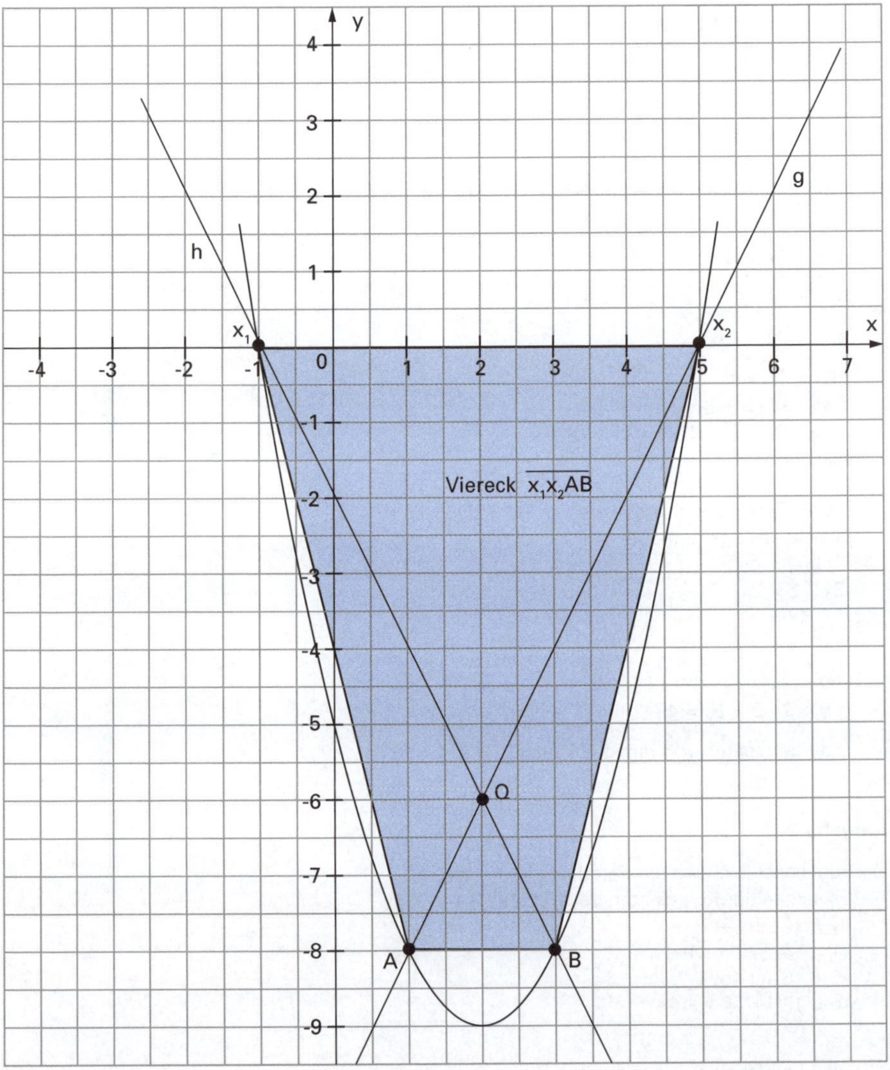

Ermittlung der Koordinaten des Punktes Q:
Dazu müssen die Linearfunktionen g(x) und h(x) anhand der bekannten Koordinaten errechnet werden.
Geraden g: Pkt. A (1 I -8) und x_2 (5 I 0)
Geraden h: Pkt. B (3 I -8) und x_1 (-1 I 0)

Berechnung der Steigungen:

$m_g = \frac{y_2 - y_1}{x_2 - x_1} = \frac{0 - (-8)}{5 - 1} = \frac{8}{4} = 2$

$m_n = \frac{y_2 - y_1}{x_2 - x_1} = \frac{0 - (-8)}{-1 - 3} = -\frac{8}{4} = -2$

Allgemeine Form: $y = mx + n$
Ermittlung von n: Einsetzen eines Koordinatenpunktes in die Gleichung.
Z. B. Pkt. A (1 I -8) bzw. Pkt. B (3 I -8)

$g(x) = 2x + n$
$-8 = 2 \cdot 1 + n$
$n = -8 - 2 = -10$
$g(x) = 2x - 10$

$h(x) = -2x + n$
$-8 = -2 \cdot 3 + n$
$n = -8 + 6 = -2$
$h(x) = -2x - 2$

Beide Geraden schneiden sich im Punkt Q.
Gleichsetzungsmethode:
$h(x) = g(x)$
$-2x - 2 = 2x - 10$
$-4x = -8$ $\quad | \cdot (-1) \quad | : 4$
$x = 2$

$y(x) = 2x - 10$
$y = 2 \cdot 2 - 10 = 4 - 10 = -6$

Die Koordinaten von Punkt Q lauten: $x = 2$; $y = -6$

Aufgabe 2

a) Funktionsgleichung der Parabel: $y = x^2 + bx + 7$
Einsetzen der Koordinaten des Punktes A (-4 I -1)
$y = x^2 + bx + 7$
$-1 = (-4)^2 + b \cdot (-4) + 7$
$-1 = 16 + (-4b) + 7$
$4b = 16 + 7 + 1 = 24$
$b = 6$

Die Funktionsgleichung lautet: $y = x^2 + 6x + 7$

Berechnung des Scheitelpunktes:

$x_S = -\frac{p}{2} = -\frac{6}{2} = -3$

$y_S = q - \left(\frac{p}{2}\right)^2 = 7 - \left(\frac{6}{2}\right)^2 = 7 - 9 = -2$

Berechnung der Geradengleichung g:

g geht durch den Punkt A und durch den Scheitelpunkt S der Parabel p_1.
A (-4 I -1); S (-3 I -2)

Ermittlung der Steigung: $m = \frac{y_2 - y_1}{x_2 - x_1} = \frac{1 - (-2)}{-4 - (-3)}$

$m = \frac{1}{-1} = -1$

y = mx + n = -1x + n
Einsetzen der Koordinaten eines Punktes, z. B. Pkt. A:
-1 = -1x + n
-1 = -1 · (-4) + n
-1 = 4 + n
n = -1 – 4 = -5

Die Funktionsgleichung der Geraden lautet: g(x) = -x – 5

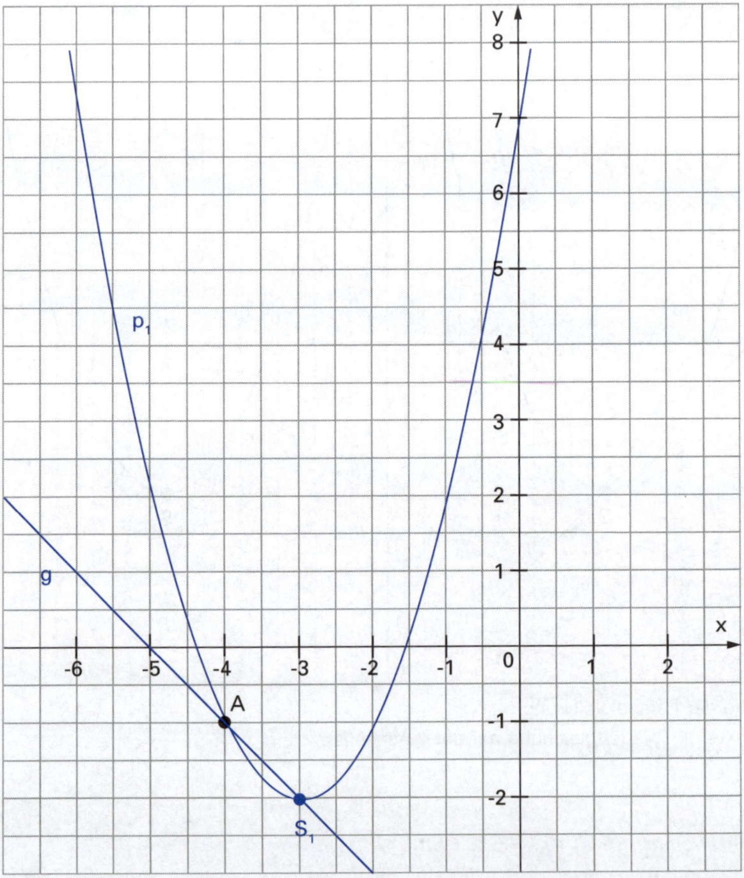

p_2 ist die Spiegelung der Parabel p_1 an der y-Achse.
Die Parabel wandert nun vom III. Quadranten des Koordinatensystems in den IV. Quadranten.
Somit ändert sich nur der p-Teil der Funktion:
Die Parabelfunktion p_2 lautet: $y = x^2 - 6x + 7$

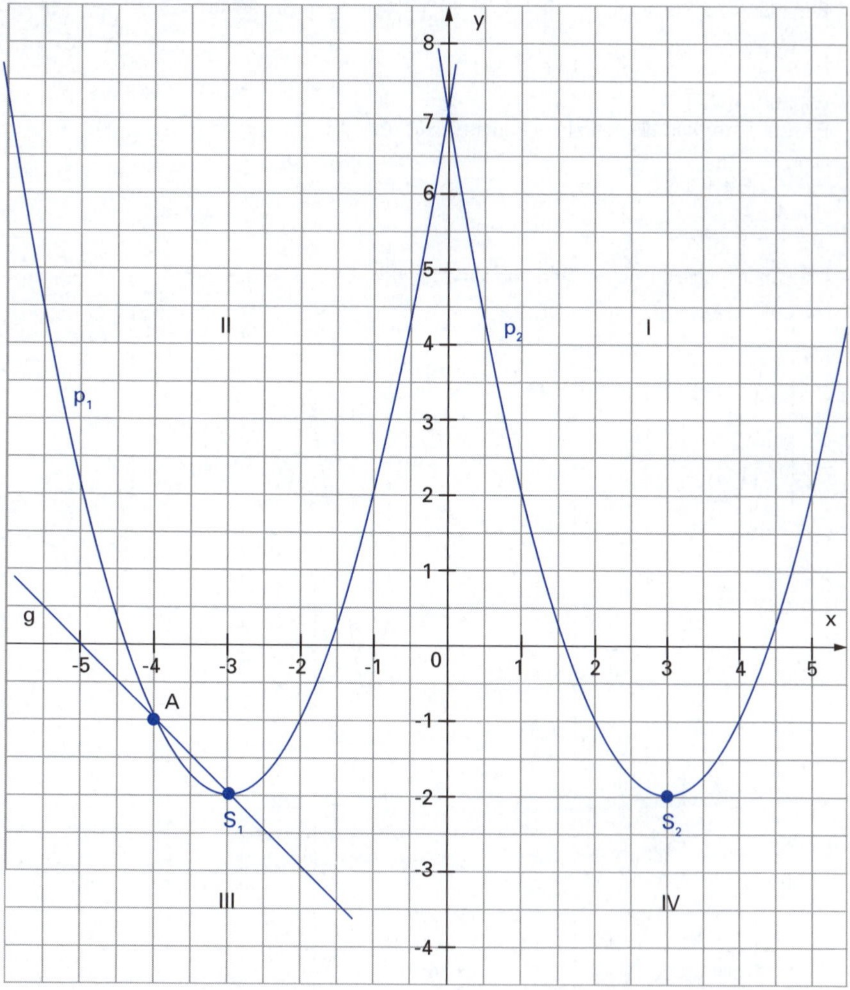

Berechnung der Parabelgleichung p_3:
Schnittpunkt der Geradengleichung mit der y-Achse ist:
$y = -x - 5$
$y = 0 - 5$
$y = -5$
Scheitelpunkt von p_3: $S\ (x_S \mid y_S) = S\ (0 \mid -5)$
Scheitelpunktform p_3: $y = (x - x_S)^2 + y_S$
$y = (x - 0)^2 + y_S$
$y = x^2 - 5$

Die Parabel p_3 geht auch durch die Scheitelpunkte S_1 und S_2.
S_1 (-3 | -2)
S_2 (3 | -2)
$y = ax^2 + c$; $c = -5$

$-2 = a \cdot (-3)^2 - 5$ | Einsetzen der Koordinatenwerte

$3 = a \cdot 9$

$a = \frac{3}{9} = \frac{1}{3}$

Die Funktionsgleichung p_3 lautet: $y = \frac{1}{3}x^2 - 5$

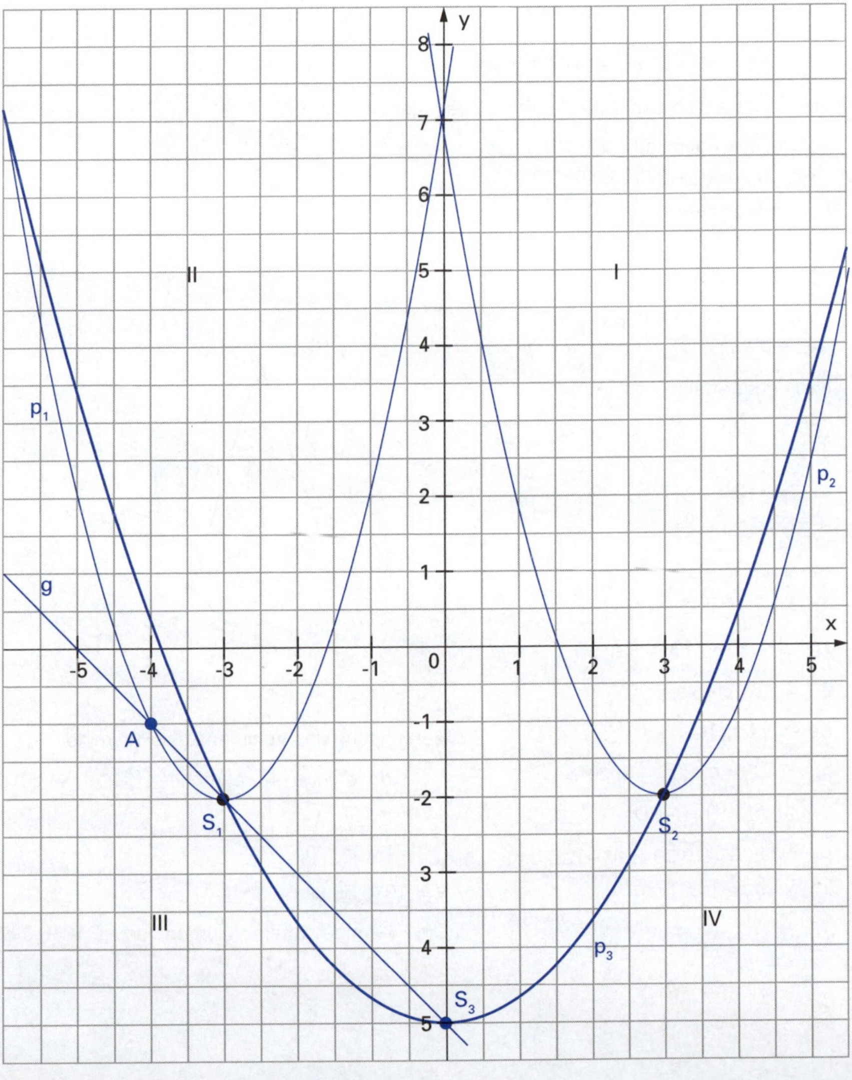

b) Flächeninhalt Dreieck EFS:
Höhe des Dreiecks h_S:

$$\tan(\alpha) = \frac{GK}{AK} = \frac{h_S}{\frac{1}{2} \cdot \overline{EF}} = \frac{h_S}{6{,}3\text{ cm}}$$

$h_S = 6{,}3\text{ cm} \cdot \tan(72°)$
$h_S = 6{,}3\text{ cm} \cdot 3{,}08 = 19{,}39\text{ cm}$

Flächenformel Dreieck:

$$A = \frac{\text{Grundseite} \cdot \text{Höhe}}{2}$$

$$A = \frac{12{,}6\text{ cm} \cdot 19{,}39\text{ cm}}{2} = 122{,}157\text{ cm}^2$$

Der Flächeninhalt des Dreiecks EFS beträgt ca. 122,2 cm².

Volumen der quadratischen Pyramide:
Dazu benötigt man die Körperhöhe h_p.

Berechnung $\overline{AC}$:

$\overline{AC}^2 = 2 \cdot \overline{AB}^2$
$\overline{AC} = \sqrt{2 \cdot \overline{AB}^2}$
$\overline{AC} = \sqrt{2 \cdot (12{,}6\text{ cm})^2}$
$\overline{AC} = 17{,}82\text{ cm}$

Nach dem Strahlensatz gilt:

$$\frac{\overline{ED}}{\frac{1}{2}\overline{AC}} = \frac{\overline{DB}}{\frac{1}{2}\overline{AC}} \qquad \left(\overline{ZB} = \frac{1}{2}\overline{AC}\right)$$

$\overline{ED} = \overline{DB}$
$\overline{DB} = 6{,}3\text{ cm}$

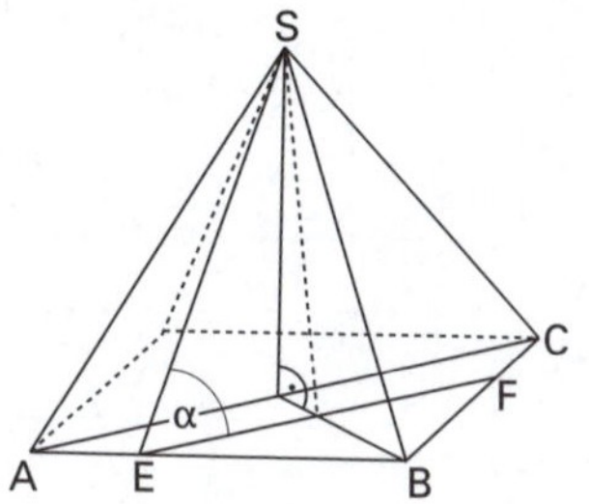

Berechnung $\overline{ZD}$:

$\overline{ZD} = \overline{ZB} - \overline{DB}$

$\overline{ZD} = \frac{1}{2} \cdot 17{,}82\text{ cm} - 6{,}3\text{ cm}$

$\overline{ZD} = 2{,}61\text{ cm}$

Berechnung h_p:

$h_p^2 + \overline{ZD}^2 = h_S^2 \qquad | - \overline{ZD}^2 \quad | \sqrt{\ }$

$h_p = \sqrt{h_S^2 - \overline{ZD}^2}$

$h_p = \sqrt{(19{,}39\text{ cm})^2 - (2{,}6\text{ cm})^2}$

$h_p = 19{,}21\text{ cm}$

Berechnung des Volumens der Pyramide:

$$V = \frac{\text{Grundfläche} \cdot \text{Körperhöhe}}{3} = \frac{(\overline{AB})^2 \cdot h_p}{3}$$

$$V = \frac{(12{,}6\text{ cm})^2 \cdot 19{,}21\text{ cm}}{3}$$

$V = 1016{,}59\text{ cm}^3$

Die Pyramide hat ein Volumen von ca. 1016,6 cm³.

Aufgabe 3

a) Es handelt sich um ein zweistufiges Zufallsexperiment.

Baumdiagramm:

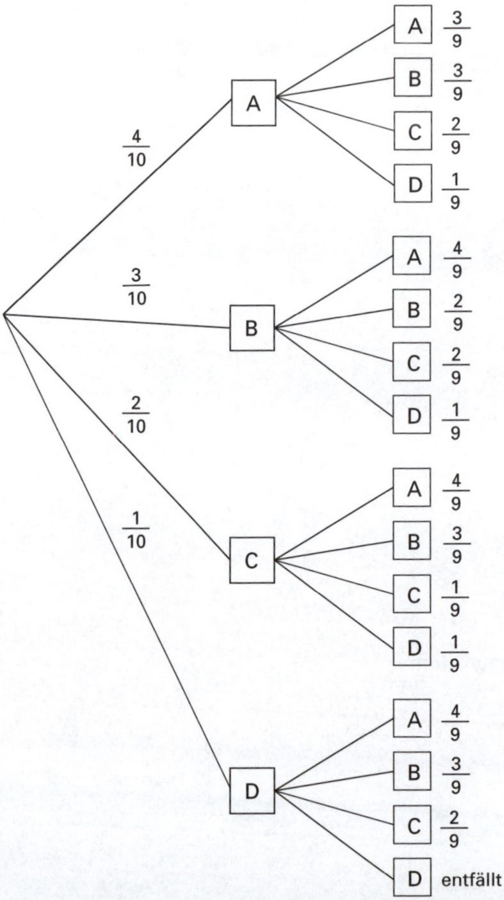

Berechnung der Erwartungswerte:

1. Schritt:

$P(2xC) = \frac{2}{10} \cdot \frac{1}{9} = \frac{2}{90}$

$P(1xC + 1xD) = \frac{2}{10} \cdot \frac{1}{9} + \frac{1}{10} \cdot \frac{2}{9} = \frac{4}{90}$

$P(1xB + 1xD) = \frac{3}{10} \cdot \frac{1}{9} + \frac{1}{10} \cdot \frac{3}{9} = \frac{6}{90}$

2. Schritt:

$E = \frac{2}{90} \cdot 9 + \frac{4}{90} \cdot 6 + \frac{6}{90} \cdot 3 - 1$

$E = \frac{18}{90} + \frac{24}{90} + \frac{18}{90} - 1$

$E = \frac{60}{90} - 1 = -\frac{1}{3} = -0{,}33$

Der Erwartungswert beträgt -0,33.

Berechnung des veränderten Gewinns:

Der Gewinn für das Ereignis C + D, um langfristig einen Erlös von 0,50 € pro Spiel zu erzielen, wird mit x bezeichnet.

$E = \frac{2}{90} \cdot 9 + \frac{4}{10} \cdot x + \frac{6}{90} \cdot 3 - 1 = -0{,}5$

$\frac{18}{90} + \frac{4x}{90} + \frac{18}{90} - 1 = -0{,}5 \qquad | \cdot 90$

$18 + 4x + 18 - 90 = -45$

$4x - 54 = -45 \qquad | + 54$

$4x = 9 \qquad | : 4$

$x = 2{,}25$

Der Gewinn muss 2,25 € betragen.

b) Scheitelpunkt S (20 | 9,8)
Schnittpunkt mit der y-Achse bei 1,8.

Berechnung der Funktionsgleichung:
$y = ax^2 + bx + c$

Einsetzen der Punkte in die Scheitelpunktform:

$y = a\,(x - x_S)^2 + y_S$

$1{,}8 = a\,(0 - 20)^2 + 9{,}8$

$-8 = a \cdot 400$

$a = \frac{-8}{400} = -0{,}02$

$a = -0{,}02$

$y_S = c - \frac{b^2}{4a}$

$9{,}8 = 1{,}8 - \frac{b^2}{4 \cdot (-0{,}02)}$ | – 1,8

$8 = \frac{-b^2}{-0{,}08} = \frac{b^2}{0{,}08}$ | · 0,08 | $\sqrt{\ }$

$b = \sqrt{8 \cdot 0{,}08} = \sqrt{0{,}64}$

$b = 0{,}8$

Die Funktionsgleichung lautet:
$y = -0{,}02x^2 + 0{,}8x + 1{,}8$

Berechnung der Speerwurfweite:
Auftreffpunkt entspricht dem Schnittpunkt auf der positiven x-Achse.

$y = ax^2 + bx + c$ | umformen in Normalform

$0 = x^2 + px + q$

$0 = -0{,}02x^2 + 0{,}8x + 1{,}8$ | : (-0,02)

$0 = x^2 - 40x - 90$

$p = -40$

$q = -90$

$x_{1/2} = -\frac{p}{2} \pm \sqrt{\left(\frac{p}{2}\right)^2 - q}$

$x_1 = -\frac{-40}{2} - \sqrt{\left(\frac{-40}{2}\right)^2 - (-90)}$

$x_1 = 20 + \sqrt{400 + 90} = 20 + 22{,}136$

$x_1 = 42{,}136 \approx 42{,}14$

Der Speer fliegt 42,14 m weit.

$y = -\frac{1}{30}x^2 + 13$; Wurfweite = 38,15 m

Schnittstellen berechnen:

$0 = -\frac{1}{30}x^2 + 13$ $\qquad$ $y = -\frac{1}{30} \cdot 0^2 + 13$

$\frac{x^2}{30} = 13$ $\qquad$ $y = 13$

$x^2 = 13 \cdot 30$

$x = \sqrt{390} = 19{,}74$

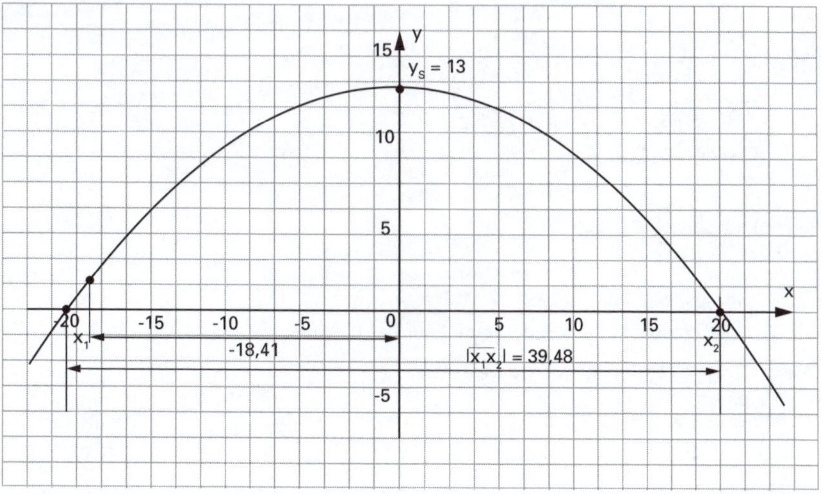

Grafik verkleinert

Da der Anteil bx in der Funktionsgleichung fehlt, handelt es sich um eine nicht verschobene, gestauchte Parabel.
Die Strecke $|\overline{x_1x_2}|$ beträgt 39,48 m.
Um die Abwurflinie zu berechnen, zieht man die Wurfweite von 38,15 m ab:
39,48 m – 38,15 m = 1,33 m

Die Abwurflinie liegt bei $x_1 = -19{,}74\text{ m} + 1{,}33\text{ m}$
$x_1 = -18{,}41\text{ m}$

Die Höhe des Abwurfpunktes liegt bei

$$y = -\frac{1}{30} \cdot (-18{,}41)^2 + 13$$

$$y = -\frac{1}{30} \cdot 338{,}93 + 13 = 1{,}70\text{ m}$$

Aufgabe 4

a) Gemeinsame Schnittpunkte der Geraden g mit der Parabel:
Koordinaten: A (2 | 3); B (6 | 11)
Punkt C (4 | y_S) liegt auf der Parabel.

Schritt 1:
Steigung der Geraden g:

$$m = \frac{y_2 - y_1}{x_2 - x_1} = \frac{11 - 3}{6 - 2} = \frac{8}{4} = 2$$

$y = mx + n$
$y = 2x + n$

Funktionsgleichung durch Einsetzen der Koordinatenwerte:

$3 = 2 \cdot 2 + n$

$3 = 4 + n$

$n = 3 - 4 = -1$

$y = 2x - 1$

Schritt 2:

Berechnung der Parabelfunktion:

A (2 I 3); B (6 I 11)

Eine verschobene Normalparabel hat die Form:

$f(x) = y = x^2 + bx + c$, da $a = 1$

$f(2) = 3$: $2^2 + 2b + c = 3$

$f(6) = 11$: $6^2 + 6b + c = 11$

Umformen: $4 + 2b + c = 3$

$2b + c = -1$ I.

$36 + 6b + c = 11$

$6b + c = -25$ II.

Subtraktionsverfahren anwenden: II. – I.

$$\begin{array}{rl} 6b + c &= -25 \\ -\ 2b - c &= +1 \\ \hline 4b &= -24 \\ b &= -6 \end{array}$$

b in I. einsetzen:

$f(x) = x^2 + bx + c$

$3 = 2^2 + (-6) \cdot 2 + c$

$3 = 4 - 12 + c = -8 + c$

$c = 11$

Die Parabelfunktion lautet: $y = x^2 - 6x + 11$

Berechnung von Punkt C (4 I y_S):

$y_S = x^2 - 6x + 11$

$y_S = 4^2 - 24 + 11 = -8 + 11$

$y_S = 3$

Berechnung der Koordinatenpunkte P und Q:

Sind 2 Geraden zueinander senkrecht (orthogonal), dann gilt: $m_1 \cdot m_2 = -1$

$m_1 = 2 \Rightarrow m_2 = \frac{-1}{m_1} = -\frac{1}{2} = -0{,}5$

Gerade h geht durch C (4 I 3).

$y = mx + n$

$3 = -0{,}5 \cdot 4 + n$

$n = 3 + 0{,}5 \cdot 4 = 5$

Die Funktionsgleichung lautet: $y = -0{,}5x + 5$

Koordinatenschnittpunkte:

$y = -0{,}5 \cdot 0 + 5 = 5$

$0 = -0{,}5x + 5$

$0{,}5x = 5$

$x = 10$

Die Gerade h schneidet die x-Achse bei 10 und die y-Achse bei 5.
P liegt auf (0 I 5) und Q auf (10 I 0)

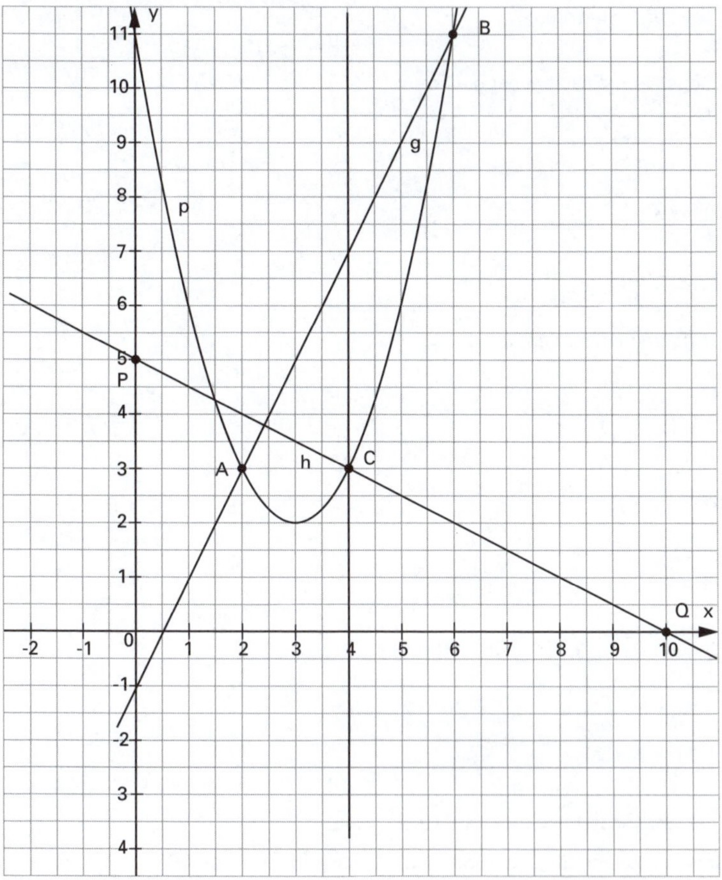

Grafik verkleinert

b) Lösung in 2 Schritten:

1. Schritt:
Winkel berechnen:

$$\tan(\alpha) = \frac{\overline{C'M_2}}{\overline{C'M_1}}$$

$$\overline{C'M_2} = \frac{21\text{ cm}}{2} = 10{,}5\text{ cm}$$

$$\overline{C'M_1} = \frac{29{,}7\text{ cm}}{2} = 14{,}85\text{ cm}$$

$$\tan(\alpha) = \frac{10{,}5\text{ cm}}{14{,}85\text{ cm}} = 0{,}707$$

$\alpha = \arctan 0{,}707$
$\alpha = 35{,}26°$

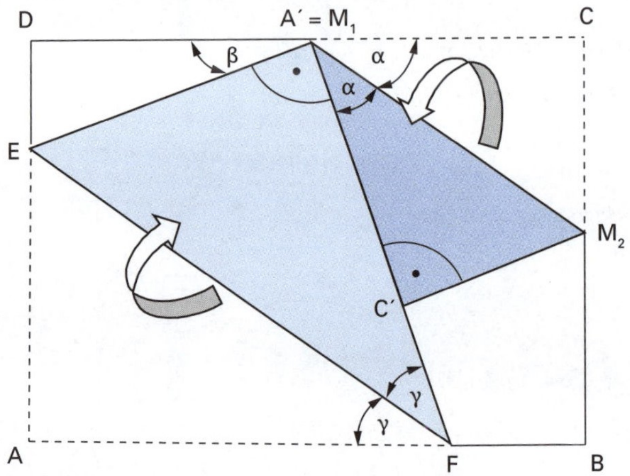

$\beta = 180° - 2 \cdot \alpha - 90° = 180° - 2 \cdot 35{,}26° - 90°$
$\beta = 19{,}48°$

2. Schritt:

$$\tan(19{,}48°) = \frac{\overline{DE}}{\overline{DM_1}}$$

$\overline{DE} = \overline{DM_1} \cdot \tan(19{,}48°)$
$\overline{DE} = 14{,}85\text{ cm} \cdot 0{,}3537$
$\overline{DE} = 5{,}25\text{ cm}$

Flächenformel für Dreiecke:

$$A = \frac{\text{Grundseite} \cdot \text{Höhe}}{2}$$

$$A = \frac{14{,}85\text{ cm} \cdot 5{,}25\text{ xm}}{2} = 38{,}98\text{ cm}^2$$

Der Flächeninhalt des Dreiecks beträgt 38,98 cm².

Berechnung des Flächeninhalts des Vierecks:

Summe aller Winkel in einem Viereck = 360°

$$\gamma = \frac{360° - 180° - 90° - \beta}{2} = \frac{90° - 19{,}48°}{2} = 35{,}26°$$

$\overline{AE} = 21\text{ cm} - \overline{DE} = 21\text{ cm} - 5{,}25\text{ cm}$

$\overline{AE} = 15{,}75\text{ cm}$

Fläche Dreieck AEF:

$$\tan(\gamma) = \frac{\overline{AE}}{\overline{AF}}$$

$$\overline{AF} = \frac{\overline{AE}}{\tan(\gamma)} = \frac{15{,}75\text{ cm}}{0{,}707} = 22{,}277\text{ cm} \approx 22{,}28\text{ cm}$$

$2 \cdot A_{AEF} = \overline{AE} \cdot \overline{AF} = 22{,}28\text{ cm} \cdot 15{,}75\text{ cm}$

$2 \cdot A_{AEF} = 350{,}87\text{ cm}^2$

$2 \cdot A_{CM_1M_2} = 10{,}5\text{ cm} \cdot 14{,}85\text{ cm} = 155{,}925\text{ cm}^2$

$A_{FBM_2C'} = A_{ges} - 350{,}87\text{ cm}^2 - 155{,}925\text{ cm}^2 - 38{,}98\text{ cm}^2$

$= 623{,}7\text{ cm}^2 - 545{,}775\text{ cm}^2$

$A_{FBM_2C'} = 77{,}925\text{ cm}^2 \approx 77{,}93\text{ cm}^2$

Der Flächeninhalt des Vierecks beträgt $77{,}93\text{ cm}^2$.

Teil A1 (Pflichtteil)

Aufgabe 1

a) Das Dreieck ABC ist rechtwinklig.

$$\sin\alpha = \frac{\boxed{\overline{CB}}}{\overline{AB}}$$

b) Das Dreieck DBE ist rechtwinklig.

$$\boxed{\tan\beta} = \frac{\overline{DE}}{\overline{BE}}$$

c) Der Winkel ∢CED ist rechtwinklig.

$$\cos\varepsilon_1 = \frac{\boxed{\overline{DE}}}{\boxed{\overline{CD}}}$$

Aufgabe 2

a) $V_{pyr} = \frac{1}{3} \cdot A_g \cdot h = \frac{1}{3} \cdot a^2 \cdot h = \frac{1}{3} \cdot 36\ \text{cm}^2 \cdot 4\ \text{cm} = 48\ \text{cm}^3$

Das Volumen der Wassermenge beträgt 48 cm^3.

b) Ein Prisma hat ein Volumen von $V = A_g \cdot h$
mit $A_g = 4\ \text{cm} \cdot 4\ \text{cm} = 16\ \text{cm}^2$
ist $V = 48\ \text{cm}^3 = 16\ \text{cm}^2 \cdot h\ \text{cm}$
also $h = \frac{48\ \text{cm}^2}{16\ \text{cm}^2} = 3\ \text{cm}$

Das Wasser steht 3 cm hoch.

Aufgabe 3

a) P(zweimal weiß) = $\frac{1}{4} \cdot \frac{1}{4} = \frac{1}{16}$

Die Wahrscheinlichkeit beträgt $\frac{1}{16} = 6$ %.

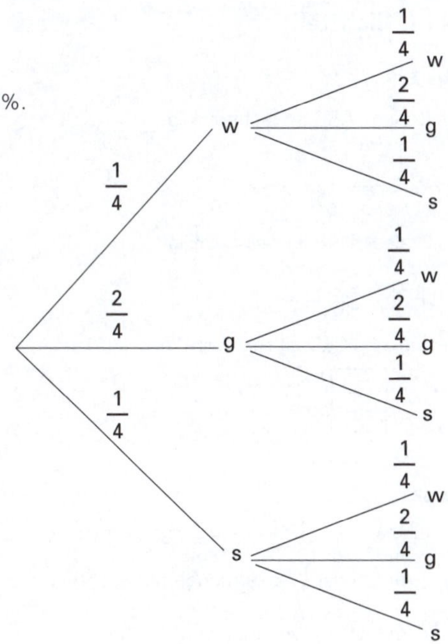

b) P(schwarz und grau) = P(erst schwarz dann grau) + P(erst grau dann schwarz) =

$\frac{1}{4} \cdot \frac{1}{2} + \frac{1}{2} \cdot \frac{1}{4} = \frac{1}{8} + \frac{1}{8} = \frac{2}{8} = \frac{1}{4} = 25$ %

Die Wahrscheinlichkeit für das Ereignis „schwarz und grau" beträgt $\frac{1}{4} = 25$ %.

Aufgabe 4

Die Kennwerte sind x_{min}, x_{max}, q_u, q_o und z. Aus der Rangliste erhält man:

$x_{min} = 20$ und $x_{max} = 180$.

Das untere und obere Quartil ist $q_u = 40$ und $q_o = 120$.
Der Zentralwert ist z = 90.

Diese Werte findet man nur in der Darstellung (B), Boxplot (B) gehört zur Rangliste.

Aufgabe 5

$58 \cdot 10^4 + 42 \cdot 10^4 = (58 + 42) \cdot 10^4 = 100 \cdot 10^4 = 10^6 = 1\,000\,000$

☑ Das Zahlwort heißt 1 Million.

Aufgabe 6

a) Für die Anzahl der Kärtchen im Muster erstellt man folgende Tabelle:

Muster	1	2	3	4	5	6	7
Anzahl der Kärtchen	1	3	9	16	25	36	49

Das Muster 7 hat 49 Kärtchen.

b) Emma sollte die Formel $s = n^2$ wählen.

Aufgabe 7

Der reduzierte Preis beträgt: 120 € · 70 % = 84 €.
Der nochmals reduzierte Preis beträgt: 84 € · 80 % = 67,20 €.

Liam hat nicht recht, denn die Sportschuhe kosten mehr als die Hälfte des ursprünglichen Preises.

oder

Die 2. Preissenkung bezieht sich nicht auf den ursprünglichen Preis (Grundwert), sondern auf den verminderten Preis (verminderter Grundwert). Deshalb kosten die Schuhe mehr als die Hälfte des ursprünglichen Preises. Liam hat nicht recht.

Teil A2

Aufgabe 1

Für den Umfang des Dreiecks ADC gilt:

$u_{ADC} = \overline{AD} + \overline{DC} + \overline{AC}$
$u_{ADC} = \overline{AD} + \overline{DC} + 9{,}5\text{ cm}$

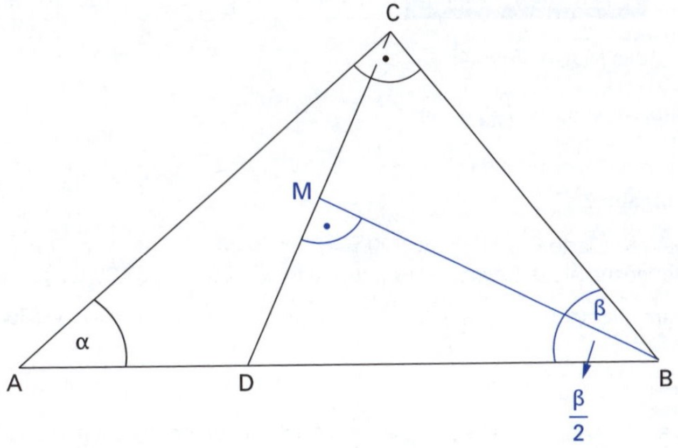

Zur Berechnung von $\overline{AD}$ wird $\overline{AB}$ benötigt.
Nach Pythagoras ist:

$\overline{AB}^2 = \overline{AC}^2 + \overline{CB}^2$
$\overline{AB} = \sqrt{\overline{AC}^2 + \overline{CB}^2}$

$\tan\alpha = \dfrac{\overline{CB}}{\overline{AC}}$
$\overline{CB} = \tan\alpha \cdot \overline{AC}$
$\overline{CB} = \tan 40° \cdot 9{,}5\text{ cm}$
$\overline{CB} = 0{,}84 \cdot 9{,}5\text{ cm}$
$\overline{CB} = 7{,}97\text{ cm}$

$\overline{AB} = \sqrt{9{,}5^2\text{ cm}^2 + 7{,}97^2\text{ cm}^2}$
$\overline{AB} = \sqrt{90{,}25\text{ cm}^2 + 63{,}52\text{ cm}^2}$
$\overline{AB} = \sqrt{153{,}77\text{ cm}^2}$
$\overline{AB} = 12{,}40\text{ cm}$

$\overline{AD} = \overline{AB} - \overline{DB} = 12{,}40\text{ cm} - 7{,}97\text{ cm} = 4{,}43\text{ cm}$

damit ist:
$u_{ADC} = 4{,}43\text{ cm} + \overline{DC} + 9{,}5\text{ cm}$

Bleibt $\overline{DC}$ zu berechnen:
In der Abbildung werden Beschriftungen ergänzt.
$\overline{DC} = 2 \cdot \overline{DM}$
Wegen der Winkelsumme im Dreieck ABC ist
$\beta = 180° - \alpha - 90° = 180° - 40° - 90° = 50°$

Im rechtwinkligen Dreieck DBM ist:

$\sin\dfrac{\beta}{2} = \dfrac{\overline{DM}}{\overline{DB}}$

$\sin\dfrac{\beta}{2} \cdot \overline{DB} = \overline{DM}$

$\sin 25° \cdot 7{,}97\text{ cm} = \overline{DM}$
$3{,}37\text{ cm} = \overline{DM}$
$\overline{DC} = 2 \cdot \overline{DM} = 6{,}74\text{ cm}$

$u_{ADC} = 4{,}43\text{ cm} + 6{,}74\text{ cm} + 9{,}5\text{ cm} = 20{,}67\text{ cm}$

Der Umfang des Dreiecks ADC beträgt 20,67 cm.

Aufgabe 2

Zunächst wird das Wachsvolumen V_{Wachs} berechnet.

$V_{Wachs} = 1000 \cdot V_{Kugel}$
$V_{Wachs} = 1000 \cdot \frac{4}{3}\pi \cdot 1{,}5^3\ cm^3$
$V_{Wachs} = 14\,137{,}17\ cm^3$

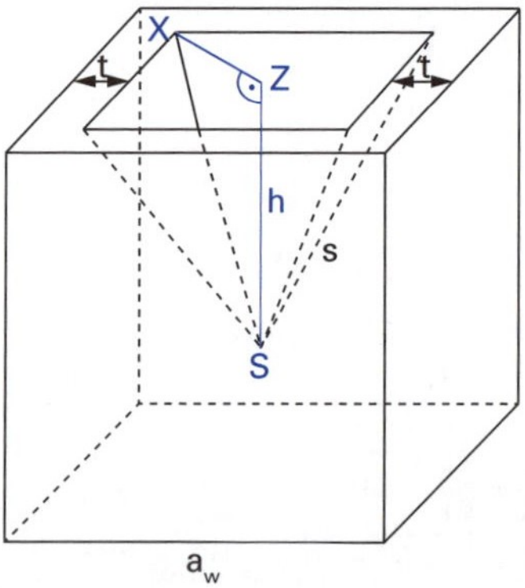

Das Volumen der Pyramide $V_{Pyramide}$ ist:

$V_{Pyramide} = \frac{1}{3} \cdot A_G \cdot h$
$A_G = (a_w - 2t)^2$
$A_G = (10\ cm - 2 \cdot 1\ cm)^2$
$A_G = 64\ cm^2$

Damit ist
$V_{Pyramide} = \frac{1}{3} \cdot 64\ cm^2 \cdot h$

Zur Berechnung der Höhe der Pyramide fügt man in der Abbildung der Aufgabenstellung Beschriftungen ein.
Es gilt nach Pythagoras im rechtwinkligen Dreieck SZX:

$\overline{SX}^2 = \overline{XZ}^2 + h^2$

Zunächst wird $\overline{XZ}$ berechnet:

$(2 \cdot \overline{XZ})^2 = 8^2\ cm^2 + 8^2\ cm^2$
$(2 \cdot \overline{XZ})^2 = 128\ cm^2$
$2 \cdot \overline{XZ} = 11{,}31 cm$
$\overline{XZ} = 5{,}66\ cm$

Damit gilt:

$s = \overline{SX}$
$\overline{SX}^2 - \overline{XZ}^2 = h^2$
$(9\ cm)^2 - 32{,}04\ cm^2 = h^2$
$48{,}96\ cm^2 = h^2$
$7\ cm = h$

Damit ist:

$V_{Pyramide} = \frac{1}{3} \cdot A_G \cdot h$
$V_{Pyramide} = \frac{1}{3} \cdot (8\ cm)^2 \cdot 7\ cm$
$V_{Pyramide} = 149\ cm^3$

Anzahl = $V_{Wachs} : V_{Pyramide}$
Anzahl = $14\,137{,}17\ cm^3 : 149\ cm^3$
Anzahl = 94,88

Es können 94 Wachspyramiden gegossen werden.

Aufgabe 3

$$(x + 2)(x - 4) - x = 2(x - 3)^2 - 12$$
$$x^2 + 2x - 4x - 8 - x = 2(x^2 - 6x + 9) - 12$$
$$x^2 - 2x - 8 - x = 2x^2 - 12x + 18 - 12$$
$$x^2 - 3x - 8 = 2x^2 - 12x + 18 - 12$$
$$-3x - 8 = x^2 - 12x + 6$$
$$-8 = x^2 - 9x + 6$$
$$0 = x^2 - 9x + 14$$

Zur Lösung der Gleichung wird die pq-Formel verwendet:

$$x_{1,2} = -\frac{p}{2} \pm \sqrt{\left(\frac{p}{2}\right)^2 - q}$$

$$x_{1,2} = \frac{9}{2} \pm \sqrt{\left(\frac{9}{2}\right)^2 - 14}$$

$$x_{1,2} = 4,5 \pm \sqrt{4,5^2 - 14}$$

$$x_{1,2} = 4,5 \pm \sqrt{6,25}$$

$$x_{1,2} = 4,5 \pm 2,5$$

$$x_1 = 2; \quad x_2 = 7$$

Die Lösungen der Gleichung sind $x_1 = 2$ und $x_2 = 7$.

Aufgabe 4

$f(1) = 0$ und $f(7) = 0$

Die allgemeine Gleichung einer Normalparabel lautet: $y = x^2 + px + q$

I $\quad 0 = 1 + p + q$
II $\quad 0 = 49 + 7p + q$

I $\quad q = -p - 1$
II $\quad 0 = 49 + 7p + q$

I $\quad q = -p - 1$
II $\quad 0 = 49 + 7p + (-p - 1)$

I $\quad q = -p - 1$
II $\quad 0 = 49 - 1 + 7p - p$

I $\quad q = -p - 1$
II $\quad 0 = 48 + 6p$

I $\quad q = -p - 1$
II $\quad -6p = 48$

I $\quad q = -p - 1$
II $\quad p = -8$

I $\quad q = 8 - 1$ $\qquad$ I $\quad q = 7$
II $\quad p = -8$ $\qquad$ II $\quad p = -8$

Die Gleichung der Parabel ist $y = x^2 - 8x + 7$.

Durch Einsetzen der x-Werte erhält man die dazugehörenden y-Werte:

$(-3)^2 - 8 \cdot (-3) + 7 = 40$
$(-2)^2 - 8 \cdot (-2) + 7 = 27$
$(-1)^2 - 8 \cdot (-1) + 7 = 16$
$(-0)^2 - 8 \cdot (-0) + 7 = 7$

x	-3	-2	-1	0
y	40	27	16	7

$-2x + 2 = x^2 - 8x + 7$
$0 = x^2 - 6x + 5$

Zur Lösung der Gleichung wird die pq-Formel verwendet:

$x_{1,2} = -\frac{p}{2} \pm \sqrt{\left(\frac{p}{2}\right)^2 - q}$

$x_{1,2} = -\frac{-6}{2} \pm \sqrt{\left(\frac{-6}{2}\right)^2 - 5}$

$x_{1,2} = 3 \pm \sqrt{9 - 5}$

$x_{1,2} = 3 \pm \sqrt{4}$

$x_{1,2} = 3 \pm 2$

$x_1 = 1; \quad x_2 = 5$

$g(1) = -2 \cdot 1 + 2 = 0$
$g(5) = -2 \cdot 5 + 2 = -8$

Die Schnittpunkte sind S_1 (1 I 0) und S_2 (5 I -8).

Aufgabe 5

Zunächst erstellt man ein Baumdiagramm.

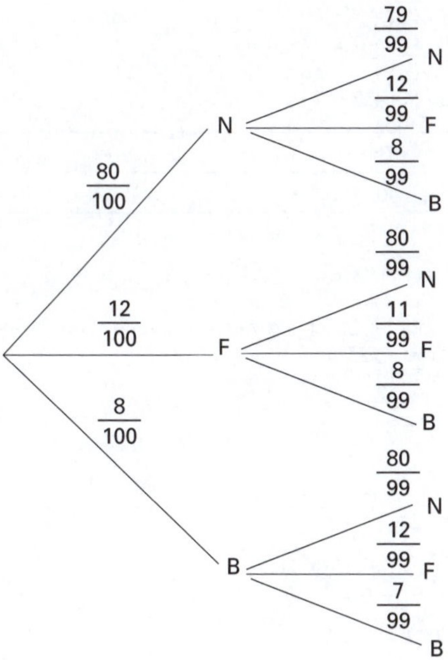

$P(N,N) = \frac{80}{100} \cdot \frac{79}{99} = \frac{632}{990} = \frac{316}{495} \approx 64\ \%$

Die Wahrscheinlichkeit, zwei Nieten zu ziehen, beträgt etwa 64 %.

$P(\text{F und B}) = P(\text{erst F, dann B}) + P(\text{erst F, dann B}) = \frac{12}{100} \cdot \frac{8}{99} + \frac{8}{100} \cdot \frac{12}{99} =$
$\frac{96}{9900} + \frac{96}{9900} = \frac{192}{9900} = \frac{16}{825} \approx 2\ \%$

Die Wahrscheinlichkeit, einen Fußball und einen Basketball zu gewinnen, beträgt etwa 2 %.

Aufgabe 6

$2{,}78 \Leftrightarrow 100\ \%$
$1 \Leftrightarrow \frac{100\ \%}{2{,}78}$
$3{,}65 \Leftrightarrow \frac{3{,}65 \cdot 100\ \%}{2{,}78} = 131{,}295$

Die Paketzustellungen haben um 31,3 % zugenommen.

oder

$G = 2{,}78, \quad W = 3{,}65$

$G = \frac{W}{p}$

$p = \frac{W}{G}$

$p = \frac{3{,}65}{2{,}78} = 131{,}295$

Der Zuwachs beträgt 31,3 %.

57 % von 3,65 Mrd entspricht:
$0{,}57 \cdot 3\,650\,000\,000 = 2\,080\,500\,000$, also 2,0805 Mrd.

DHL hat etwa 2 Mrd Pakete zugestellt.

$3{,}65 \cdot 1{,}097 = 4$
$4 \cdot 1{,}125 = 4{,}5$

Im Jahr 2020 wurden 4 Mrd Pakete zugestellt, im Jahr 2021 4,5 Mrd.

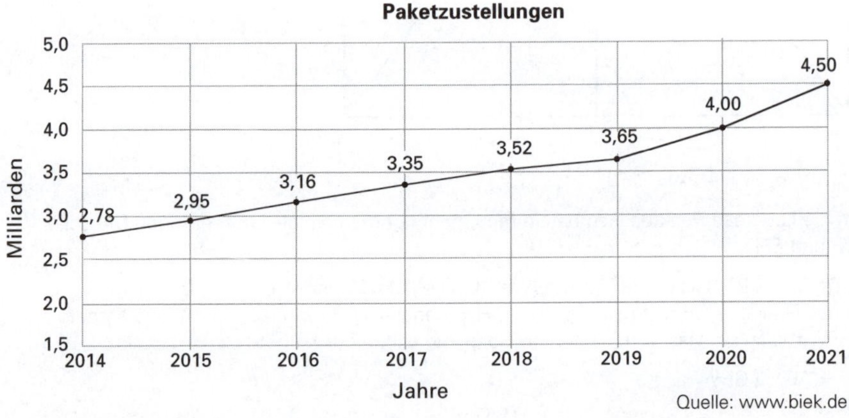

Teil B (Wahlteil)

Aufgabe 1

a)

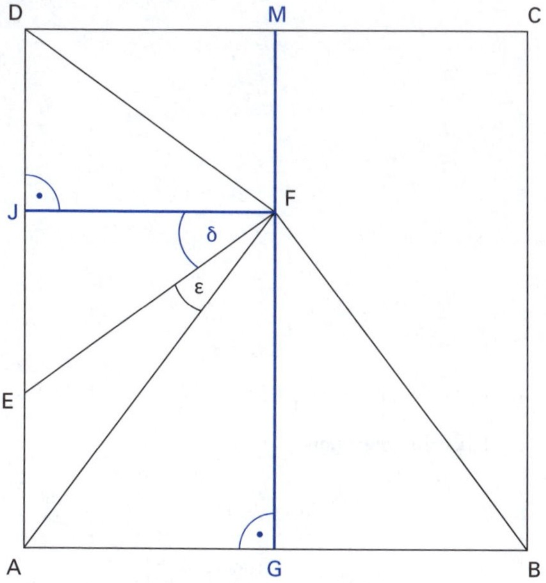

$A_{AFE} = \frac{1}{2} g \cdot h = \frac{1}{2} \cdot \overline{AE} \cdot \overline{JF}$

Um die Lage des Punktes F zu bestimmen, benötigt man die gleichschenkligen Dreiecke ABF und EFD.

Im Dreieck ABF halbiert der Punkt G die Strecke $\overline{AB}$, also ist $\overline{M_1B} = 7$ cm.
Da das Dreieck AGF rechtwinklig ist, die Hypotenuse AF 12 cm lang ist und die Kathete AG 7 cm lang ist, lässt sich nach Pythagoras die Länge der Kathete GF berechnen.

$\overline{AF}^2 = \overline{AG}^2 + \overline{GF}^2$

$\overline{GF}^2 = \overline{AF}^2 - \overline{AG}^2 = 12^2 \text{ cm}^2 - 7^2 \text{ cm}^2 = 95 \text{ cm}^2$

$\overline{GF} = \sqrt{95} \text{ cm} = 9{,}75 \text{ cm}$

damit ist:

$\overline{FM} = 14 \text{ cm} - 9{,}75 \text{ cm} = 4{,}25 \text{ cm}$

$\overline{JD} = 4{,}25 \text{ cm}$

$\overline{JE} = 4{,}25 \text{ cm}$

$\overline{AE} = \overline{AD} - \overline{JD} - \overline{JE} = 14 \text{ cm} - 4{,}25 \text{ cm} - 4{,}25 \text{ cm}$

$\overline{AE} = 5{,}5 \text{ cm}$

$A_{AFE} = \frac{1}{2} \cdot \overline{AE} \cdot \overline{JF} = \frac{1}{2} \cdot 5{,}5 \text{ cm} \cdot 7 \text{ cm}$

$A_{AFE} = 19{,}25 \text{ cm}^2$

Der Flächeninhalt des Dreiecks AFE beträgt 19,25 cm².

Das Dreieck AFM_2 ist rechtwinklig.

$\tan(\delta + \varepsilon) = \frac{\overline{JA}}{\overline{JF}} = \frac{9{,}75\text{ cm}}{7\text{ cm}} = 1{,}39$

$(\delta + \varepsilon) = 54{,}3°$

Das Dreieck EFJ ist rechtwinklig.

$\tan\delta = \frac{\overline{EJ}}{\overline{JF}} = \frac{4{,}25\text{ cm}}{7\text{ cm}} = 0{,}61$

$\delta = 31{,}3°$

$\varepsilon = (\delta + \varepsilon) - \delta$

$\varepsilon = 54{,}3° - 31{,}3° = 23°$

Die Größe des Winkels ε beträgt 23°.

b) $x + 2 = -x^2 + 8$

$0 = x^2 + x - 6$

$x_{1/2} = -\frac{1}{2} \pm \sqrt{\left(\frac{1}{2}\right)^2 + 6}$

$x_{1/2} = -\frac{1}{2} \pm \frac{5}{2}$

$x_1 = -3$ und $x_2 = 2$

$y_1 = -1$ und $y_2 = 4$

Die Punkte sind P (-3 I -1) und Q (2 I 4).

Durch Einsetzen der Punkte P und Q in die Gleichung der Normalparabel $y = x^2 + px + q$ erhält man:

I $-1 = 9 - 3p + q$
II $4 = 4 + 2p + q$

I $-10 = -3p + q$
II $0 = 2p + q$

I $-10 = -3p + q$
II $-2p = q$

I $-10 = -5p$
II $2p = q$

I $2 = p$
II $-4 = q$

Die Gleichung der Normalparabel lautet $y = x^2 + 2x - 4$.
Umwandlung in die Scheitelpunktform:

$y = (x^2 + 2x + 1) - 1 - 4$

$y = (x + 1)^2 - 5$

S_2 (-1 I -5)

Der Scheitelpunkt ist S (-1 I -5).

Im Dreieck PQS_2 sind die Längen der Strecken:

$\overline{PS_2} = \sqrt{2^2 + 4^2} = \sqrt{20}$
$\overline{QS_2} = \sqrt{3^2 + 9^2} = \sqrt{90}$
$\overline{PQ} = \sqrt{5^2 + 5^2} = \sqrt{50}$

Wenn das Dreieck rechtwinklig wäre, müsste der Satz des Pythagoras gelten. Aber:
$\sqrt{90}^2 \neq \sqrt{20}^2 + \sqrt{50}^2$

Robin hat nicht recht.

Alternativ berechnet man die Steigungen der drei Geraden, auf denen die Punkte P, Q und S_2 liegen. Für senkrecht stehende Geraden muss das Produkt der Steigungen -1 ergeben. Dies ist aber bei keiner der Geraden der Fall.

Aufgabe 2

a) Einsetzen der Punkte R (4 I 5) und T (-2 I 5) in die Gleichung der Normalparabel:

I $5 = 4^2 + 4p + q$
$-11 = 4p + q$
$-11 - 4p = q$

II $5 = 4 - 2p + q$
$1 = -2p - 11 - 4p$
$1 = -11 - 6p$
$12 = -6p$
$-2 = p$

I $-11 + 8 = q$
$-3 = q$

II $-2 = p$

Die Gleichung der Parabel p_1 ist: $y = x^2 - 2x - 3$.
Umwandlung in Scheitelpunktform:
$x^2 - 2x - 3 = (x - 1)^2 - 1 - 3 = (x - 1)^2 - 4$

Der Scheitelpunkt von p_1 ist S_1 (1 I -4).

p_2 erhält man durch Einsetzen in die allgemeine Parabelgleichung $y = ax^2 + bx + c$.
Da der Scheitelpunkt von p_2 auf der y-Achse liegt, gibt es keine Verschiebung in x-Richtung und S (0 I 6) ist Scheitelpunkt der Parabel. Also ist b = 0.
$y = ax^2 + c$

I $6 = 0a + c$
$6 = c$

II $5 = (-2)^2a + c$
$5 = 4a + 6$
$a = -\frac{1}{4}$

Die Gleichung der Parabel p_2 ist $y = -\frac{1}{4}x^2 + 6$. Der Scheitelpunkt von p_2 ist S_2 (0 I 6).

Die Geradengleichung der Geraden durch S_1 und S_2 ist g: $y = mx + n$.

I $\quad 6 = 0 + n$

$\quad 6 = n$

II $\quad -4 = m + 6$

$\quad -10 = m$

Die Geradengleichung g lautet $y = -10x + 6$

h ist senkrecht zu g.

$m_g \cdot m_h = -1$

$-10 \cdot \frac{1}{10} = -1$

$m_h = \frac{1}{10} = 0{,}1$

R eingesetzt ergibt:

$5 = 0{,}4 + n$

$n = 4{,}6$

Die Geradengleichung von h ist $y = 0{,}1x + 4{,}6$.

Der Scheitelpunkt von p_3 muss oberhalb von S_2 (0 I 6) liegen, damit es keinen Schnitt mit p_2 gibt. Damit es keinen Schnitt mit p_1 gibt, muss die x-Koordinate des Scheitelpunktes von p_3 der von p_1 entsprechen, also 1 sein.

Damit ist z. B. $y = (x - 1)^2 + 7$ oder $y = (x - 1)^2 + 1000$ eine Gleichung für p_3.

b)

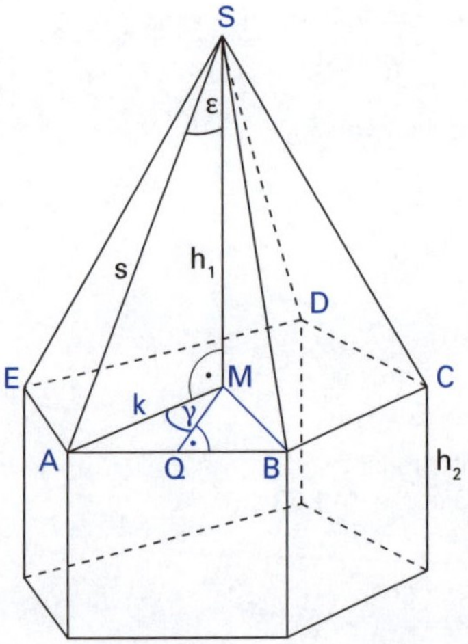

Das Dreieck AMS ist rechtwinklig.

$\sin \varepsilon = \frac{k}{s}$

$0{,}54 \cdot s = k$

$0{,}54 \cdot 12{,}6 \text{ cm} = k$

$k = 6{,}86 \text{ cm}$

Betrachtet man das Fünfeck ABCDE, so erkennt man, dass die fünf deckungsgleichen Dreiecke mit Spitze M in M einen Winkel von $\beta = 72°$ haben. Also besitzt das rechtwinklige Dreieck AQM in M einen Winkel $\gamma = 36°$.

$$\sin \gamma = \frac{\overline{AQ}}{k}$$
$$\sin 36° = \frac{\overline{AQ}}{6{,}86}$$
$$\sin 36° \cdot 6{,}86 = \overline{AQ}$$
$$\overline{AQ} = 4{,}03 \text{ cm}$$
$$\overline{AB} = 8{,}06 \text{ cm}$$

Das Dreieck AQS hat einen Flächeninhalt von $A_{AQS} = \frac{1}{2} \cdot \overline{AQ} \cdot \overline{QS} = \frac{1}{2} \cdot 4{,}03 \text{ cm} \cdot \overline{QS}$.

Das Dreieck AQS ist rechtwinklig, also gilt nach Pythagoras:

$$s^2 = \overline{AQ}^2 + \overline{QS}^2$$
$$\overline{QS}^2 = s^2 - \overline{AQ}^2 = s^2 - 4{,}03^2 \text{ cm}^2$$
$$\overline{QS}^2 = 12{,}6^2 \text{ cm}^2 - 4{,}03^2 \text{ cm}^2$$
$$\overline{QS} = 11{,}94 \text{ cm}$$
$$A_{AQS} = \frac{1}{2} \cdot \overline{AQ} \cdot \overline{QS} = \frac{1}{2} \cdot 4{,}03 \text{ cm} \cdot 11{,}94 \text{ cm} = 24{,}06 \text{ cm}^2$$

Von zehn dieser Dreiecke wird die Pyramide gebildet. Die Mantelfläche der Pyramide ist $M_{Pyramide} = 10 \cdot A_{AQS} = 240{,}6 \text{ cm}^2$.

Die Seitenfläche des Prismas wird aus fünf Rechtecken gebildet, deren Fläche $M_{Prisma} = 5 \cdot \overline{AB} \cdot h_2 = 5 \cdot 8{,}06 \text{ cm} \cdot 5{,}6 \text{ cm} = 225{,}68 \text{ cm}^2$ beträgt.

Die Grundfläche G besteht aus zehn Dreiecken der Flächen von A_{AQM}.

$$A_{AQM} = \frac{1}{2} \cdot \overline{AQ} \cdot \overline{QM}$$
$$\cos 36° = \frac{\overline{QM}}{k}$$
$$\cos 36° \cdot k = \overline{QM}$$
$$\cos 36° \cdot 6{,}86 \text{ cm} = \overline{QM} = 5{,}55 \text{ cm}$$

Damit ist $G = 10 \cdot \frac{1}{2} \cdot 4{,}03 \text{ cm} \cdot 5{,}55 \text{ cm} = 111{,}83 \text{ cm}^2$.

Die gesamte Oberfläche des zusammengesetzten Körpers ist:
$A_{gesamt} = M_{Pyramide} + M_{Prisma} + G = 240{,}6 \text{ cm}^2 + 225{,}68 \text{ cm}^2 + 111{,}83 \text{ cm}^2$

Der Körper hat einen Oberflächeninhalt von 578 cm^2.

Aufgabe 3

a)

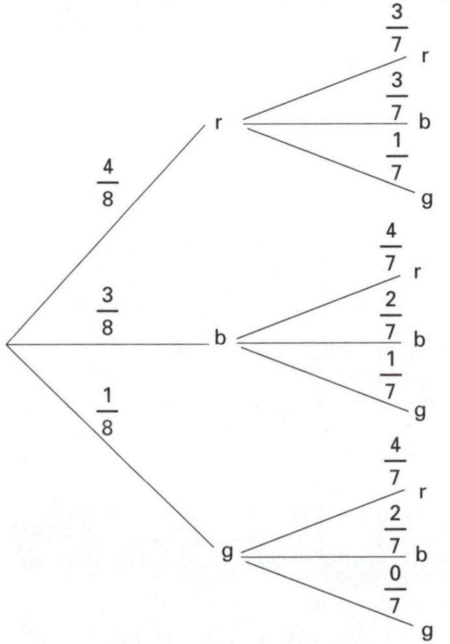

Dem Baumdiagramm kann man entsprechend der Pfadregeln die Wahrscheinlichkeiten entnehmen.

P(zwei Gleichfarbige) = P(r,r) + P(b,b) + P(g,g)

$= \frac{4}{8} \cdot \frac{3}{7} + \frac{3}{8} \cdot \frac{2}{7} + \frac{1}{8} \cdot \frac{0}{7} = \frac{18}{56} = \frac{9}{28} = 0{,}32 = 32\ \%$

$E = P(w_1) \cdot w_1 + P(w_2) \cdot w_2 -$ Spieleinsatz

P(gelb und blau) = P(g,b) + P(b,g) $= \frac{1}{8} \cdot \frac{3}{7} + \frac{3}{8} \cdot \frac{1}{7} = \frac{6}{56} = \frac{3}{28} = 0{,}11 = 11\ \%$

$E = \frac{9}{28} \cdot 4 + \frac{3}{28} \cdot 10 - 2{,}5$

$E = -0{,}14$ €

Der Erwartungswert E beträgt -0,14 €.

Der Erwartungswert soll -0,28 € betragen.

$$E = -0{,}28\text{ €} = \frac{9}{28} \cdot 4\text{ €} + \frac{3}{28} \cdot x\text{ €} - 2{,}50\text{ €}$$

$$-0{,}28\text{ €} - \frac{9}{28} \cdot 4\text{ €} + 2{,}50\text{ €} = \frac{3}{28} \cdot x\text{ €}$$

$$0{,}93\text{ €} = \frac{3}{28} \cdot x\text{ €}$$

$$x = 8{,}72\text{ €}$$

Der Gewinn müsste für „gelb und blau" 8,72 € betragen.

b) Der Ursprung des Koordinatensystems wird auf dem Boden in der Mitte des „Tiny House" festgelegt. Damit liegen die Punkte A (-1,35 I 0), B (1,35 I 0) und S (0 I 3) fest. S ist der Scheitelpunkt der Parabel. Da der Scheitelpunkt auf der y-Achse liegt, gibt es keine Verschiebung entlang der x-Achse.
In der allgemeinen Parabelgleichung
$y = ax^2 + bx + c$ ist $b = 0$.
$y = ax^2 + c$

Einsetzen von S ergibt:
I $\quad 3 = 0a + c$
$\quad c = 3$
II $\quad 0 = 1{,}35^2a + 3$
$\quad -3 = 1{,}35^2a$
$\quad -1{,}65 = a$

Die Parabelgleichung für die Außenkante lautet $y = -1{,}65x^2 + 3$.

Eine zum Erdboden parallele Gerade in der Höhe 2 m hat die Gleichung $y = 2$. Auf dieser Geraden liegt das Vordach. Die Schnittpunkte erhält man durch Gleichsetzen mit der Parabelgleichung.

$2 = -1{,}65x^2 + 3$
$-1 = -1{,}65x^2$
$x^2 = 0{,}61$
$x_{1/2} = \pm\sqrt{0{,}61}$
$x^1 = -0{,}78$ und $x_z = 0{,}78$

Das Vordach ist $2 \cdot 0{,}78$ m, also 1,56 m lang.

Parallele Gerade zum Erdboden in der Höhe 1 m: $y = 1$

$1 = -1{,}65x^2 + 3$
$-2 = -1{,}65x^2$
$x^2 = 1{,}21$
$x_{1/2} = \pm\sqrt{1{,}21}$
$x_1 = -1{,}10$ und $x_2 = 1{,}10$

Die Breite des Hauses in der Höhe 1 m ist 2,20 m.
Die Türe ist $2{,}20\text{ m} - 2 \cdot 0{,}7\text{ m} = 0{,}8$ m breit.
$A_{Türe} = h \cdot b = 2 \cdot 0{,}8\text{ m} = 1{,}6\text{ m}^2$

Der Flächeninhalt der Türe beträgt 1,6 m^2.

Aufgabe 4

a) p_1: $y = x^2 - 8x + 12$
p_2: $y = (x-1)^2 - 7 = x^2 - 2x + 1 - 7 = x^2 - 2x - 6$

$$x^2 - 8x + 12 = x^2 - 2x - 6$$
$$-8x + 12 = -2x - 6$$
$$-6x = -18$$
$$x = 3$$
$$y = 9 - 24 + 12 = -3$$

Q_1 (3 I -3)

$$0 = x^2 - 8x + 12$$
$$x_{1/2} = \frac{8}{2} \pm \sqrt{4^2 - 12}$$
$$x_1 = 4 + 2 \text{ und } x_2 = 4 - 2$$
$$x_1 = 6 \quad \text{ und } x_2 = 2$$

N_1 (6 I 0) und N_2 (2 I 0)

P_1 hat die Nullstellen N_1 (6 I 0) und N_2 (2 I 0).

$$A_{N_1Q_1N_2} = \frac{1}{2} \cdot g \cdot h$$
$$A_{N_1Q_1N_2} = \frac{1}{2} \cdot 4 \cdot 3$$
$$A_{N_1Q_1N_2} = 6 \text{ FE}$$

Der Flächeninhalt des Dreiecks beträgt 6 Flächeneinheiten.

Die Grundseite des Dreiecks $N_1Q_2N_2$ ist $\overline{N_1N_2}$. Der Abstand des Punktes Q_2 von der x-Achse entspricht der Höhe des Dreiecks $N_1Q_2N_2$. Der Abstand wird am größten, wenn der Scheitelpunkt von p_2 erreicht ist.

$$A_{max} = \frac{1}{2} \cdot g \cdot h$$
$$A_{max} = \frac{1}{2} \cdot g \cdot y \text{ (Scheitelpunkt)}$$
$$A_{max} = \frac{1}{2} \cdot 4 \cdot 7 \text{ FE}$$
$$A_{max} = 14 \text{ FE}$$

Der maximale Flächeninhalt beträgt 14 Flächeneinheiten.

b)

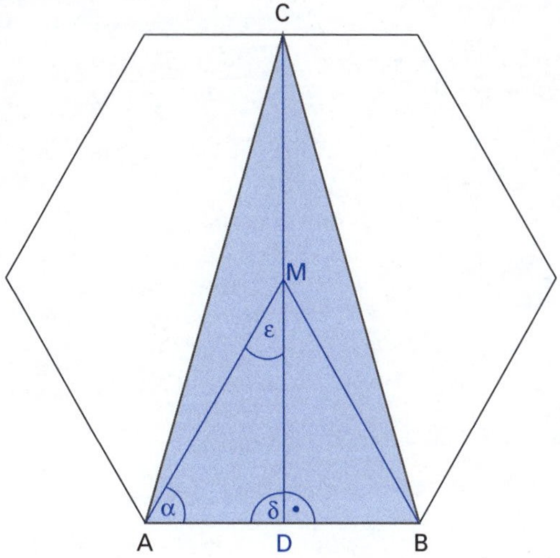

Das Sechseck lässt sich mithilfe des Punktes M in sechs gleichseitige Dreiecke unterteilen. Alle Winkel im gleichseitigen Dreieck sind 60° groß. Das Dreieck ADM ist rechtwinklig mit $\delta = 90°$, $\alpha = 60°$ und $\varepsilon = 30°$.

$$\overline{AD} = \frac{1}{2} \cdot \overline{AB} = \frac{1}{2} \cdot 12{,}4 \text{ cm} = 6{,}2 \text{ cm}$$

$$\sin \alpha = \frac{\overline{DM}}{\overline{AM}}$$

$$\overline{DM} = \sin \alpha \cdot 12{,}4 \text{ cm}$$
$$\overline{DM} = 10{,}74 \text{ cm}$$
$$\overline{DC} = 2 \cdot 10{,}74 \text{ cm} = 21{,}48 \text{ cm}$$

Im rechtwinkligen Dreieck ADC lässt sich dann $\overline{AC}$ nach Pythagoras berechnen:

$$\overline{AC}^2 = \overline{AD}^2 + \overline{DC}^2$$
$$\overline{AC}^2 = 6{,}2^2 \text{ cm}^2 + 21{,}48^2 \text{ cm}^2$$
$$\overline{AC} = \sqrt{499{,}83} \text{ cm} = 22{,}36 \text{ cm}$$

$$u_{ABC} = \overline{AB} + 2 \cdot \overline{AC} = 12{,}4 \text{ cm} + 2 \cdot 22{,}36 \text{ cm}$$
$$u_{ABC} = 57{,}12 \text{ cm}$$

Der Umfang des Dreiecks ABC beträgt 57,12 cm.

$$A_{ABC} = \frac{1}{2} \cdot \overline{AB} \cdot \overline{DC} = \frac{1}{2} \cdot 12{,}4 \text{ cm} \cdot 21{,}48 \text{ cm}$$
$$A_{ABC} = 133{,}18 \text{ cm}^2$$
$$A_{Sechseck} = 6 \cdot A_{ABM} = 6 \cdot \frac{1}{2} \cdot \overline{AB} \cdot \overline{DM} = 3 \cdot 12{,}4 \text{ cm} \cdot 10{,}74 \text{ cm}$$
$$A_{Sechseck} = 399{,}\ 59 \text{ cm}^2$$
$$3 \cdot A_{ABC} = A_{Sechseck}$$

Tom hat recht.

Alternativ durch Argumentation:
Das Dreieck ABC hat den doppelten Flächeninhalt des Dreiecks ABM, denn beide Dreiecke haben die gleiche Grundseite ABC, aber die doppelt so lange Höhe.
Das Sechseck besteht aus 6 gleichseitigen Dreiecken mit dem Flächeninhalt von ABM, was dreimal dem Flächeninhalt des Dreiecks ABM entspricht.

Toms Aussage ist richtig.

Ergebnisse auf einen Blick

Hier finden Sie schnell die richtigen Lösungen für die von Ihnen bearbeiteten Aufgaben.
Es sind nur die Endergebnisse ohne Lösungswege angegeben. Die ausführlichen Lösungswege sind auf den vorangegangenen Seiten dargestellt.

Lösungen Musterprüfung I

Teil A1 – Seite 135

1. siehe ausf. Lösung
2. 72 Kreise
3. 125 %; 66,7 %
4. rot oder blau
5. $\frac{\overline{EB}}{\overline{AB}} = \frac{\overline{CD}}{\overline{AC}}$; $\tan(\alpha) = \frac{\overline{EB}}{\overline{AB}}$;
   $\tan(\alpha) = \frac{\overline{CD}}{\overline{AC}}$
6. siehe ausf. Lösung
7. siehe ausf. Lösung

Teil A2 – Seite 139

1. siehe ausf. Lösung; D (0 I 4);
   $\alpha = \beta = 71{,}6°$; $\delta = \gamma = 108{,}4°$; 36 cm^2;
   8,5 cm
2. a) 362,33 cm^3 b) 67,38°
3. siehe ausf. Lösung; g: $y = 4x - 9{,}5$;
   A (4 I 6,5)
4. 1340,02 €; 1,64 %
5. siehe ausf. Lösung; $\frac{1}{15}$; 13,3 %;
   20,9 %; 7,6 %
6. siehe ausf. Lösung

Teil B – Seite 147

1. a) siehe ausf. Lösung
   b) siehe ausf. Lösung; 7,5 m
2. a) 19,3 g; 4,1 cm; etwa 10 Aluminiumkugeln
   b) siehe ausf. Lösung; p_1: $y = -x^2 + 4$; N_1 (-2 I 0);
   N_2 (2 I 0); P (0 I 4); Q (2 I 0);
   8 FE; 8; T (0,5 I 2,25)
3. a) p_1: $y = (x + 2)^2 - 7$; S_1 (-2 I -7);
   p_2: $y = -0{,}5x^2 + 2{,}5$; S_2 (0 I 2,5);
   Drachenviereck; 12,32 FE
   b) siehe ausf. Lösung; -0,25 €; 4,60 €

Lösungen 2021

Teil A1 – Seite 156

1. a) Figur B
b) 50 cm^3

2. $x_1 = 4$; $x_2 = 2$

3. a) $\frac{2}{6}$; $\frac{1}{5}$
b) P(E) = 20 %

4. a) $g(x) = 3x + 3$; $p_1(x) = -\frac{1}{2}x^2 + 3$;
$p_2(x) = x^2 - 4x + 3$
b) siehe ausf. Lösung

5. siehe ausf. Lösung

6. Johannes hat nicht recht.

7. C; D; A; B

Teil A2 – Seite 161

1. 34,05 cm

2. Oberfläche O = 32,72 m^2;
4 Farbdosen

3. P(E1) = 25 %; P(E2) = 10 %;
P(E3) = 45 %

4. 32,35 %; 7,09 Mrd. €; 6,46 Mrd. €

5. siehe ausf. Lösung

6. siehe ausf. Lösung

Teil B – Seite 169

1. a) $\overline{DF} = 6{,}97$ cm; u = 41,95 cm
b) $y = x^2 - 4x - 5$; A = 32; Q (2 I -6)

2. a) $p_1(x) = x^2 + 6x + 7$; $g(x) = -x - 5$
$p_2(x) = x^2 - 6x + 7$; $p_3(x) = \frac{1}{3}x^2 - 5$
b) A = 122,2 cm; V = 1016,6 cm^3

3. a) E = -0,33; Gewinn 2,25 €
b) $y = -0{,}02x^2 + 0{,}8x + 1{,}8$; 42,14 m; 1,70 m

4. a) P (0 I 5); Q (10 I 0)
b) Fläche EM_1D = 38,98 cm^2; Fläche FBM_2C = 77,93 cm^2

Lösungen 2022

Teil A1 – Seite 187

1. a) $\sin\alpha = \frac{\overline{BC}}{\overline{AB}}$

b) $\tan\beta = \frac{\overline{DE}}{\overline{BE}}$

c) $\cos\varepsilon_1 = \frac{\overline{DE}}{\overline{CD}}$

2. a) $V = 48\ cm^3$
b) $h = 3\ cm$

3. a) $P(ww) = \frac{1}{16} = 6\ \%$
b) $P(\text{schwarz und grau}) = \frac{1}{4} = 25\ \%$

4. Boxplot B, Begründung: siehe ausführliche Lösung

5. ☑ 1 Million

6. a) 49 Kärtchen
b) $s = n^2$

7. Liam hat nicht recht.
Begründung: siehe ausführliche Lösung

Teil A2 – Seite 190

1. $u = 20{,}7\ cm$

2. 94 Pyramiden

3. $x_1 = 2;\ x_2 = 7$

4. $p: y = x^2 - 8x + 7$;
siehe ausführliche Lösung;
$S_1 = (1 \mid 0),\quad S_2 = (5 \mid -8)$

5. $P(N, N) \approx 64\ \%$; $P(F \text{ und } B) \approx 2\ \%$

6. 31,3 %; DHL in 2019 ≈ 2,08 Mrd; siehe ausführliche Lösung

Teil B – Seite 196

1. a) $19{,}25\ cm^2$; $\varepsilon = 23{,}0°$
b) $P(-3 \mid -1)$; $Q(2 \mid 4)$; $S_2(-1 \mid -5)$
Robin hat nicht recht. Begründung:
siehe ausführliche Lösung

2. a) $p_1: y = x^2 - 2x - 3$
$p_2: y = -\frac{1}{4}x^2 + 6$
$g: y = -10x + 6$
$h: y = 0{,}1x + 4{,}6$
mögliche Funktionsgleichung:
$p_3: y = (x - 1)^2 + 7$
b) $O = 578\ cm^2$

3. a) $\frac{9}{28} = 0{,}32 = 32\ \%$; E = -0,14 €; 8,72 €
b) $y = -1{,}65x^2 + 3$; 1,56 m; 1,6 m^2

4. a) $Q_1(3 \mid -3)$; $N_1(6 \mid 0)$; $N_2(2 \mid 0)$; 6 FE; 14 FE
b) $u_{ABC} = 57{,}12\ cm$
Tom hat recht. Begründung:
siehe ausführliche Lösung

Notizen

A – Listening Comprehension

1. Tick the correct ending.

a) A b) B c) C d) B
e) B f) A g) B h) A

2. Decide whether the statements are true or false.

a) false b) false c) false
d) true e) true f) false

3. Take notes to fill the table.

a) She thinks going to a zoo means paying people to harm animals – every ticket supports zoos to do harm to animals.
b) They are separated from their families; moved to different places (have to perform tricks).
c) They provide safe environments for animals who have been treated badly in circuses; they gather information to heal illnesses.
d) watching documentaries

4. Write the correct name.

a) Simon b) Jonas c) Presenter d) Ida

5. Complete the cluster.

a) inspiration to help animals
b) real life experience
c) support endangered species
d) rescue badly treated animals
e) forced to do tricks for entertainment
f) being enclosed distresses them very much; they die earlier or commit suicide

B – Text-based Tasks

Text 1: Star Wars and the Hero Myth

1. Finish the following sentences.

a) ... in Joseph Campbell's 1949 book, 'The Hero with a Thousand Faces'.
b) ... he sees Darth Vader kill Obi-Wan.
c) ... are changed by their experiences forever.

2. Decide whether the following statements are right, wrong or not in the text.

a) wrong → they called it unpredictable and unoriginal
b) right
c) wrong → he finds a message from princess Leia in the robot R2D2
d) not in the text
e) right

3. Answer the questions in complete sentences.

a) They don't like it because it is very similar to the first movie in 1977.
b) A monomyth is a pattern for a certain kind of story that you can find in every culture.
c) They are typical tales of the hero myth.

Text 2: Robot Teachers

1. Match the headings with the parts of the text.

a) – 5; b) – 3; c) – 1; d) – 6; e) – 4

2. Finish the following sentences.

a) ... personal information with a machine than with a person.
b) ... robots will do the main job of transferring information.
c) ... it is unlikely that robots will ever have empathy.

3. Answer the questions in complete sentences.

a) They will be able to read students' faces and maybe even brain signals.
b) They are leaving because it is a difficult job and they feel overworked.
c) They can do all the non-teaching work like marking homework and writing reports.

4. Finding information

- It is a difficult job.
- Teachers waste a lot of time doing non-teaching work.
- Teachers spend 11 hours a week marking homework and writing reports.

Text 3: A Burning Question

1. Decide whether the following statements are right, wrong or not in the text.

a) right
b) wrong → Germany is lagging behind the climate protection targets.
c) right
d) not in the text
e) not in the text

2. Finish the following sentences.

a) ... emits large quantities of carbon dioxide (CO_2) / ... contributes significantly to climate change.
b) ... the companies' position in international competition.
c) ... by 2038 at the latest (with most power plants being shut down by 2022).

3. Answer the questions in complete sentences.

a) Energy from coal is cheap because it is (relatively) easy to mine.
b) Environmentalists are demanding to quit coal as soon as possible.
c) The government intends to help these federal states by paying them 40 billion euros to restructure their local economies.

4. Finding information

- There shall be settled other industries in order to replace the jobs that will be lost.
- The energy companies will receive compensation.

C – Use of Language

Text 1: Star Wars and the Hero Myth

1. Find the opposites.

a) unpredictable (unexpected, unforeseeable)
b) to stay (to remain, to arrive)
c) unusual (uncommon, special, out of the ordinary, extraordinary)
d) failing tests
e) seldom (rarely, infrequently)
f) weakness

2. Find words in the text for the following explanations.

a) unoriginal
b) director
c) myth
d) adventure
e) mentor

3. Find the synonyms.

a) difficulty (hindrance, stumbling block, hurdle, impediment)
b) foe (rival, antagonist, competitor, adversary, opponent)
c) tale (narrative, narration, saga, fable)
d) initially (first, at the outset)
e) to fix (to patch, to restore)
f) level (phase, step)

4. Fill in the correct verb forms.

❶ claims	❷ was
❸ believes	❹ has existed
❺ analysing	❻ told
❼ asked	❽ made

5. Ask questions.

- ▶ Did you know that the story follows the pattern of the monomyth?
- ▶ How did you like the movie?
- ▶ Would you recommend this movie?

Text 2: Robot Teachers

1. Find words or expressions in the text which mean more or less the same.

a) creativity
b) to transfer (transferring)
c) to adapt
d) popular
e) software

2. Find the opposites.

a) worse
b) disconnect
c) relaxed

3. Give a definition of the following words.

a) an act of taking control of a thing or a place
b) someone who helps someone else to do a job
c) the feeling of having to work too much

4. Fill in the correct forms.

1 to think
2 stronger
3 smarter
4 best
5 will be
6 certainly
7 probably
8 parts
9 easiest
10 quickly

5. Paraphrasing

a) The question is, do we underestimate what robots can do?
b) It is likely/possible that robots will never have the empathy to really connect with humans.
c) Having no teacher at all is worse than having a robot teacher.
d) Teachers would like to (should, want to, need to) focus their time on teaching rather than on non-teaching work.

Text 3: A Burning Question

1. Find the opposites.

a) same (similar, alike)
b) disadvantage
c) expensive (costly)
d) join (remain, enter)
e) problem (difficulty, trouble)
f) leave (depart)

2. Find the synonyms.

a) origin (provenience)
b) rather (comparatively)
c) finish (end, pause)
d) depart from (exit from)
e) stop (way out of the problem)
f) scheme (proposition, strategy)

3. Find words for the following definitions.

a) supply
b) to worry
c) international

4. Give a definition of the following words.

a) the amount or number of something
b) to change the organization or pattern of something
c) progressing or taking place slowly or by degrees

5. Find the nouns.

a) nature
b) agreement
c) payment
d) variety
e) decision

6. Fill in the words in the correct form.

❶ has been
❷ is searching
❸ especially
❹ depending
❺ replacing
❻ obviously
❼ providing
❽ extremely

7. Ask questions.

- Why is electricity based on coal so climate-damaging?
- How shall the federal states where coal mining is important restructure their local economies?
- What has been done to get rid of coal so far?

8. Paraphrasing

a) Germany has not reached the climate protection targets yet.
b) The government would help the federal states that mine coal with 40 billion euros.
c) There is no doubt that everybody will see the need of finding much more climate-friendly solutions.

D – Writing

1. The Internet has improved our lives.

Some people call the invention of the Internet the beginning of a new era. I totally agree with that statement. The Internet has changed our lives completely and it has brought about a variety of improvements in our everyday life. In my opinion, the change of communication is the biggest improvement. Nowadays you can send a video, voice or text message from the US to a friend in Germany, and within micro-seconds, this message is transferred. We are living in a fast and well-connected world, now. Thanks to the Internet, distance is no longer a barrier to communication.

2. Schools should ask students to evaluate their teachers.

Students have an opinion, too! Students want to be asked about their teachers! Most of my friends at school think that way. But do you think most students would be fair and honest when grading their teachers?

Teachers have mixed feelings about having their students grade them. On the one hand, it might be true that students use the grading system to have their revenge on teachers but on the other hand most student feedback could be really helpful.

First, the feedback can help teachers to improve their teaching skills. It gives teachers concrete advice on making the education process more enjoyable and effective.

Second, feedback is good for students, too, because it helps them feel more engaged in their education. Students who feel their opinion matters are far more motivated.

I am sure there are many more reasons why students should grade their teachers. What do you think? Please write your ideas in the comments.

3. Write a story.

Picture A: The moment

There is this one moment. A moment in which you think time stands still. You are standing in a huge crowd and everyone stops breathing at the same time. The light goes out and the crowd is waiting expectantly for the stage to come alive. It is this incredible moment of calm and peace in the midst of thousands of people. Everyone needs a second to fill up with energy just to discharge it explosively in the next moment when the band enters the stage. This short moment, which seemingly lasts forever, when the band members enter the stage one by one. And then, from one second to the other, everybody goes from calm to ecstasy when the band hits the first chords[1] and one more time when the singer hits the mic[2]. I get goose bumps[3] at every concert from this one moment and it is this one moment why I love going to concerts.

[1] chord: Saite, Akkord
[2] mic: microphone
[3] goose bumps: Gänsehaut

Picture B: Up to the top

In the summer of 2019, I decided to climb a high mountain to its top. Growing up in a rural area, my parents encouraged me to be outdoors all the time. I did like wandering in the Black Forest with its beautiful hills and landscapes, but I wasn't a serious adventurer at all. Last summer, however, I wanted to see if someone ordinary like me could climb a high mountain. I decided to climb Dufourspitze in Switzerland which is 4634 metres high. I didn't do any special preparation, but I made it and I have to tell you that it was exhausting but also deeply rewarding. Climbing mountains is an experience that is hard to put into words. When you reach the top, you feel incredible and you are rewarded with a breathtaking view. While climbing down the mountain, I could only think of the next mountain to climb. Next summer two of my dearest friends and I will climb the highest mountain in Europe, Mount Elbrus in Russia. This time I will be prepared.

4. Write a letter of application.

Dear Sir or Madam,

I am a seventeen-year-old exchange student from Germany. Since we now have summer holidays, I would like to work at a fun place. I found your ad on the Internet and it says that there are different opportunities at Aquaramp. I decided to apply for your offer because I am interested in your place and your crew always seems to enjoy what they are doing. That is exactly what I am looking for in a job, because I am a very communicative and friendly person who likes to work in teams. I have already worked as a sales assistant in an indoor water park and I also have experience launching boats because I own one myself. I am very flexible and can work any shift.
My resume is attached to this email.
I'm looking forward to hearing from you.

Sincerely yours, X

5. Write a diary entry.

Dear diary,

Yesterday was the worst day ever when my friends and I went to the theme park. We took the train at 6 a.m. and arrived at 9 a.m. in the morning. Me and my friends jumped out of the train and ran for the shuttle service to get to the park as fast as possible. When we finally entered the place, we ran from attraction to attraction. But soon everybody wanted to ride the most exciting rollercoaster I have ever seen in my life. It was fast, high and included not only one but three loopings. The mere sight made me freeze in fear. I wasn't sure what to do now. What would you have done? Would you have dared to say you were afraid to your friends? I couldn't. I went along for the ride. When it was over, I threw up on myself[1] and my friends. The good mood was gone, and I still feel so awfully ashamed. What do you think? Will my friends ever take me on a trip again?

[1] to throw up on someone – jdn. vollspucken, vollreihern (ugs.)

E – Interpreting

1. Pass on the information.

a) Diese Schule gibt es an drei Standorten im Vereinigten Königreich und in den USA: in Yale, Cambridge und St. Andrews.
b) Das Programm wird von ISSOS organisiert.
c) Es geht drei Wochen lang.
d) ISSOS beschränkt die Teilnehmerzahl pro Land auf 10 %, damit garantieren sie eine internationale Erfahrung und dass Muttersprachler und Nichtmuttersprachler immer durchmischt sind.
e) Es gibt ein Pflicht- und ein Wahlangebot.

2. Buzzword

a) Der Begriff bedeutet, dass man sich von zu Hause aus mit Freunden über digitale Medien trifft, anstatt sich persönlich zu treffen.
b) Der Begriff wird aus den englischen Wörtern *sofa* und *socializing* zusammengesetzt.
c) Der Begriff *sofalizer* bezieht sich auf Menschen, die ihre Freundschaften über digitale Medien pflegen.
d) Ein Casino-Unternehmen mit dem Namen Yazino hat diesen Begriff im Rahmen einer Umfrage, wie Benutzer miteinander interagieren, erfunden.
e) Drei Gründe dafür sind: Bequemlichkeit, Zeitdruck, Faulheit.
f) Die Leute wollen lieber kurzen, regelmäßigen und schnellen Austausch haben, der über die digitalen Medien geht, als den zeitintensiven, gelegentlichen analogen Austausch.

3. A Conversation I

a) We would like to see as much of New York as possible.
b) Er würde uns die „New York an einem Tag"-Tour empfehlen.
c) What are we going to see, for example?
d) Wir werden alle berühmten Sehenswürdigkeiten sehen, wie zum Beispiel das Rockefeller Center, die 9/11-Gedenkstätte, Ellis Island, die Freiheitsstatue und noch viel mehr. Die Tour wird im Central Park enden.
e) How long is the tour?
f) Die Tour dauert 6 Stunden.
g) When does the tour start and where is the meeting point?
h) Die Tour beginnt jeden Tag um 10 Uhr morgens. Man trifft sich an der 7th Avenue, Hausnummer 770.
i) How much are the tickets?
j) Die Tickets kosten ungefähr 40 Dollar pro Person.
k) Thank you for your help, here's your tip.

4. Interpreting a text

a) She is considered one of the most influential teenagers at the Vienna International School.
b) In 2017 she was voted one of that year's most successful teenagers by 'Time Magazine'.
c) She introduced a new emoji, the headscarf emoji, because she wears a headscarf herself.
d) On her iPhone she didn't find an emoji fitting her style, so she started a campaign.
e) The emoji is important for many Muslim women and girls, so Apple finally published it.

5. A Conversation II

a) Sie möchte nach München fahren, was wäre die beste Verbindung?
b) One way or return?
c) Sie weiß noch nicht, wann sie zurückfahren wird, also einfache Fahrt.
d) There are different options. The best connection involves only one change of trains, the cheapest involves two changes. The cheaper connection takes 45 minutes longer. It costs 70 euro. The faster connection with one change costs 95 euro.
e) Sie nimmt die Verbindung mit einmal umsteigen.
f) That's 95 euro then. Do you want to pay cash or by credit card?
g) Sie bezahlt mit der Kreditkarte. Wann fährt der Zug ab?
h) The train leaves in 40 minutes from platform 3.

6. Pass on the information.

a) The school is centrally located, close to one of the most famous shopping streets in the historic West of Berlin, the Kurfürstendamm.
b) The school is a small villa with accomodation for 40 students. It offers a cosy, comfortable atmosphere and has a cafeteria and a large garden to relax after the German lessons. It also has a lounge and five large classrooms.
c) The classes take place in the mornings. Every afternoon you will explore Berlin and its sights. At the weekends there will be day trips to Potsdam, for example.
d) Yes, the classes are attended by students from all over the world and you will go on sightseeing tours in international groups.
e) The rooms provide accomodation for three to six people and come with shared bathroom facilities on the floor. You will get three meals a day in the cafeteria.

A – Listening Comprehension

1. Tick the correct ending.

a) B b) C c) A d) C

2. Fill in the table.

a) 'The Hate U Give' by Angie Thomas
b) determined and authentic; (an inspiration for girls)
c) Kids annoy each other but stick together in difficult situations; parents don't always get along but love each other.
d) Starr lives in poor neighbourhood but goes to a fancy school; one day she witnesses her best friend getting killed by a police officer; Starr knows a secret that could endanger friends and family.
e) racism, police brutality, discrimination and prejudice in society

3. Complete the cluster.

a) boys: 23 %
girls: 33.3 %
b) don't get enough sleep;
are too tired to concentrate (feel low; may harm themselves)
c) 'lying in' / fear of being lazy
heavy social media use (in the evening)
d) leave phone in the living room when going to bed;
improving sleeping habits

4. Write the correct name next to the statement.

a) Ben b) Karen c) X d) Theresa e) Theresa

B – Text-based Tasks

1. Match the headings with the parts of the text.

1) – c) 2) – a)
3) – X 4) – b)
5) – X 6) – e)
7) – d)

2. Decide whether the following statements are true, false or not in the text.

a) not in the text b) true
c) true d) false
e) not in the text f) false

3. Finish the sentences.

a) A
b) B
c) B
d) C
e) A

4. Explain how the two 'Zombie' ingredients work.

- main ingredient: puffer fish neurotoxin
- leads to a death-like state / simulates death
- second ingredient: datura plant
- keeps the victims in a submissive state after they are revived

5. Answer the questions in complete sentences.

a) Our current image of a zombie comes from a 1968 horror film in which it is a flesh-eating monster.
b) The threat is not real because there is hardly any proof that zombies even exist.
c) With their help the secret police could threaten their opponents to turn them into zombies.
d) The difference is that the nzambi is a victim forced to be a slave whereas the zombie in movies and books is a dangerous monster who kills people.

C – Use of Language

1. Find words or expressions in the text which mean more or less the same.

a) current
b) ingredient
c) decade

2. Find the opposites.

a) criminal, culprit
b) medicine, drug, antidote
c) generally accepted, undoubted, uncontroversial

3. Choose two of the following words and give a definition.

a) a person who is legally owned by someone else and has to work for that person
b) a group of people with official power to make and enforce laws
c) to examine a crime, a problem or a claim to discover the truth

4. **Complete the text by using suitable forms of the words. Find words of your own to replace the question mark.**

   1. probably
   2. outrageously
   3. are
   4. many
   5. attracts
   6. arrives
   7. novel (fictional book)
   8. will complete

5. **Ask questions.**

   a) What do you like about these flesh-eating monsters?
   b) Do you know where zombies come from?
   c) Can you explain why they are so popular at the moment?

6. **Paraphrasing**

   a) I've never seen more terrifying effects in my whole life.
   b) There's no doubt that the leading actress will win an award.
   c) I expect that watching *World War Z* tonight will be fun.
   d) I'll have to avoid dark alleys tonight.

D – Writing

1. **Write a comment.**

   Lösungsvorschlag für A:
   Are you too tired to get up in the morning? German students usually get up at 6 am to begin their day. Some of them even earlier than that. In my opinion, school starts at an unearthly time and a later start would increase mental performance and focus for both students and teachers.
   Experts say that schools should not start earlier than 9 am due to the natural sleep patterns of teens. The hormones tell the body when to sleep, rise and eat. Lack of sleep leads to obesity, mood disorders and, of course, lack of concentration.
   I conclude that it is in our best interest to have a later start of school.

2. **Task A: Job application email**

   Dear Sir or Madam,

   I am a seventeen-year-old exchange student from Germany and I am spending a year abroad. Since we now have summer holidays, I would like to spend a lot of time outside and earn some extra money for my stay in the US. I found your ad on the Internet and it says that I can work both for you and on my tan, so I decided to apply for your offer. I have already worked on music festivals and art fairs. I am a very responsible and reliable person who loves to work with other

people. I am also an open and communicative person, which I think is very important for the job. That is why I am sure that I will fit in quite well with your Grounds or Food Crew. Another reason why I would like to work for you is that with this job it is also possible to make many new acquaintances.
I am looking forward to hearing from you.

Sincerely,
X

Task B: Lösungsvorschlag für A

The snowboarding experience!
Winter is here at last, and I am glad that I can grab my board and my gear and leave for the mountains to enjoy myself. Snowboarding is so much more than just a sport. When the snow starts falling, I start packing. Since snowboarding requires a mountain and snow, the adventure is part of the sport. First you have to do some research to find the perfect spot, then you have to put together a group of friends, after that you have to find a way to travel to the location and finally you can surrender to the moment and enjoy the thrill of sliding down a mountain. Snowboarding is not only an event, it is also therapy. On my board I can leave everything else behind and focus on myself and my thoughts. Additionally, there is this amazing scenery. Being in the mountains is not just beautiful, it is breathtaking. In the picture you can see me, the lord of the board.

E – Interpreting

1. The perfect trip

a) Hier steht, dass wir von der Ostküste zur Westküste im Bus fahren und 22 Tage unterwegs sein werden. Außerdem werden wir 12 Staaten und 16 Städte besuchen.
b) Von der Ostküste bis zur Westküste durchqueren wir vier Zeitzonen, wir müssen also mehrmals die Uhr umstellen.
c) Wir werden Blues in Memphis hören und/oder singen, ein Käsesteak in Philadelphia essen und in Las Vegas „sündigen" bzw. ins Casino gehen.
d) Ja, wir gehen z. B. ins Alligatoren-Zentrum.

2. Influential teenagers

a) Yusra Mardini is a 19-year-old Syrian swimmer who lives in Berlin.
b) She was the star of the Olympic Refugee Athletes Team in Rio de Janeiro. Her story attracted worldwide attention.
c) With her sister she saved a refugee boat on the Mediterranean Sea which was about to overturn. After three and a half hours they managed to pull it ashore.
d) About one year ago Mardini came to Berlin as a refugee. The IOC made it possible for her to take part in the Olympics in Rio de Janeiro.
e) UN Refugees Commissioner Filippo Grandi said that Mardini is an inspiring young woman who represents the fears and hopes of millions of young refugees all over the world.

A – Listening Comprehension

1. Write the correct name next to the statement.

a) Peter b) Lisa c) Dr Sing d) Peter e) Lisa

2. Complete the cluster.

a) Places they came from:
- Sweden
- Denmark
- (other) northern areas

b) Reasons for leaving their homelands:
- (due to) overpopulation
- to get rich

c) Swords:
- long swords with horrifying names
- passed on from father to son
- used to keep Viking history alive by telling stories of victims

d) Ships:
- Vikings used war ships and trading ships
- played an important role in Viking culture
- some people were even buried in them
- images of them were minted on coins and jewellery stones

3. Mark the correct ending.

a) … two months ago.
b) … was too expensive.
c) … by Derek.
d) … was the same as Mary-Lou's.
e) … danced with Tiffany.

4. Fill in the table.

a) two examples of leaving a digital footprint
- by registering for an online service
- by sending emails
- by downloading/uploading photos/videos

b) what employers check out about candidates
- online profiles

c) what to do when you find something upsetting
- tell an adult
- report disturbing content to web managers

d) how to protect your identity online
- use a nickname and no real photos
- be careful with sharing personal information

e) advantage of your digital footprint
- you can use the history button and the bookmark function

B – Text-based Tasks

1. Decide whether the following statements are true, false or not in the text.

a) true	b) false
c) not in the text	d) false
e) true	f) false

2. Match the headings with the parts of the text.

a) – 2)	b) – x	c) – 4)	d) – x
e) – 5)	f) – 1)	g) – 3)	

3. Finish the sentences.

3.1 – c)	3.2 – a)
3.3 – d)	3.4 – c)
3.5 – d)	3.6 – b)

4. Answer the questions.

a) With e-commerce you can now order a carpenter or a plumber online to help you around the house.
b) Jeff Bezos' customers never should worry about shipping, about how much it costs, or about how long it takes.
c) Amazon's focus on shipping speed forces other retailers to deliver their products as quickly as Amazon does.
d) Boxes have to be light to save packaging costs and fuel and, therefore, to be more eco-friendly.
e) One part of the carbon footprint of online stores is all that plastic and paper which is used in the boxes, the other part is the traffic that is caused by tricking customers into buying more than they need which eventually leads to returning unwanted items.

C – Use of Language

1. Find words or expressions in the text which mean more or less the same.

a) help	(l. 4)
b) fee	(l. 14)
c) symbol	(l. 20)
d) conflict	(l. 21)
e) citizens	(l. 30)

2. Find the opposites.

a) always
b) sold (to sell)
c) less (fewer)
d) doubled (to double)
e) same; (similar)

3. Explain two of the following words.

a) to hurry: when you move or act with haste
b) member: all the individuals composing a group are members of that group
c) strong: being firm or powerful and therefore not easily broken, destroyed or overwhelmed

4. Complete the text.

1. threat
2. which/that
3. have disappeared
4. butterflies
5. Earth's
6. have been killed
7. food
8. on
9. won't have
10. dropped

5. Ask questions.

1) What do you like best about your work?
2) How many people did you save from drowning so far?
3) Why did you want to become a swimming pool attendant?
4) Do you also give swimming lessons?
5) What kind of training or education do you need to become a swimming pool attendant?
6) How long does the training or education take?

D – Writing

1. Write a comment.

a) People should use public transport only.

Today, many people think that there are too many cars in the world. Cities in particular are full of them and thus, they take away people's space. The solution these people propose is to use public transport only and to ban cars from city centers. One argument against this idea might be that some people have a long way to their workingplace. In their case, using public transport would take much longer than using a car. Banning cars would make it much more difficult for them to get to work. In my opinion, all people should use public transport whenever possible. However, it must be ensured that the infrastructure is good and the prices are affordable.

b) Young people can only enjoy their spare time when spending money.

The statement I have to comment on claims that young people can only enjoy their spare time when spending money. I totally disagree with that statement. Young people enjoy spending their free time doing things like shopping, going to parties, being with friends, gaming, using social media, texting, watching movies, reading, doing sports and going to the beach or park. Of course, some of these activities are not free and often the activities you pay for are more entertaining or satisfying, like shopping or going to a theme park. But I think it's impossible to make a general statement that all young people can only have fun if they spend money. All teenagers are different and most of them just enjoy hanging out with friends.

c) Life is boring without a computer.

Almost everyone uses a computer these days, either a smartphone, a PC, a notebook or similar devices. Some people claim that life must be boring without using a computer. I partly agree with that statement because it is true that computers are very entertaining and provide people with news, education, music, films, TV-shows etc. Computers have become a central part of everybody's life and often have replaced buying newspapers, watching TV, buying CDs etc. But I also think that people still want to have fun outdoors without using electronic devices. People still do sports, go for walks, climb mountains, travel and enjoy their lives without using a computer.

2. Task A: Email of application

Dear Sir or Madam,

I read your job advertisement with great interest. I hereby would like to apply for an interview at your Care Home. As I have been using computers since I am twelve years old, I think I am perfectly suited for this job. My computer skills are very broad. I know how to use the most important data processing software, different operating systems and two programming languages. I am always happy when I can share my knowledge with others, that's why I think this job might be perfect for me. My soft skills include being friendly, patient and communicative. I also like working with people and in teams. Since I set up the computer for my grandparents and explained to them how to use it, I already know about how to explain the operation of a computer to people without basic knowledge. I can also be very flexible according to the needs of the learning group.

I'm looking forward to hearing from you.

Best X

Task B: Write a story.

Picture A:
This summer, my parents and I have been on a trip to the sea. There I met a very special kind of hero. His name is Rocky, and he is one of the most famous members of the U.S. Coast Guard. The special thing about Rocky is that he is a dog. I am still very impressed that a dog can be a lifeguard. His owner, Rebekka, told us all about his last rescue mission. A couple of months ago Rebekka and Rocky were on patrol on their normal route when they saw a capsized[1] boat. They helped the people get on their ship, but there was still someone missing, the people's dog. Rebekka sent Rocky to look for the dog. Without hesitation, Rocky jumped into the water and went searching for the missing dog. After a few minutes, Rocky signalled that the missing dog must be stuck under the capsized boat. So, Rebekka jumped into the water, dove under the boat, and rescued the little dog. Thanks to Rocky no one got harmed.

[1] capsized – gekentert

Picture B:
Do you like theme parks? I didn't like them until this summer. My friends and I went to one and now I am a theme park addict. For the first time in my life, I dared to ride on the most exciting attractions, and I was scared as hell but after my first ride I got hooked. From then on I have ridden on all roller coasters and thrill rides. I was really sad when the day ended but my friends told me that we could use the holidays to go on a theme park trip through the country and visit at least five different parks in the next two weeks. This not only comforted me, but also spurred me on to take over the travel planning. I spent the whole night to do research about

the most interesting theme parks in the United States. The trip was awesome, we managed to go to six different theme parks and I can tell you one thing – these were the craziest holidays ever.

Task C: Write a diary entry.

Dear diary,

You won't believe it. This morning something really strange happened to me. Like every morning I got up at seven o'clock and got ready for school. I ate my breakfast and ran for the bus. But from then on, the strangest things started happening. On the bus, my best friend Suzy hadn't saved my seat and instead sat next to my crush[1] Tom. Can you believe it? My best friend and my crush. I was really jealous and felt terrible. I swore to myself to talk to Suzy in private as soon as the bus arrived at school. But when the bus arrived, Suzy and Tom ran away. I am so angry that I need to write to you. What do you think? Are they too afraid to talk to me? Are they a couple now? I don't understand why Suzy is avoiding me. What should I do now? I know, I really should talk to Suzy and demand an explanation.
All in all, it was a horrible morning so far, I will tell you later how it went on.

See you,

X

[1] crush – Schwarm (ugs.)

E – Interpreting

1. Answer the questions in German.

a) Es ist die günstigste und einfachste Variante.
b) Man kann die wichtigsten Sehenswürdigkeiten sehen und das Tempo selbst bestimmen, weil man an jedem Halt ein- und aussteigen kann. Der Bus fährt im Kreis um das Stadtzentrum herum.
c) weil man auch durch den Grand Canal fährt
d) Man folgt den Spuren von Dublins Geistern und Grabräubern. Dabei sitzt man in einem speziellen Doppeldeckerbus, in dem zusätzlich noch Schauspieler für Unterhaltung sorgen.
e) Panoramaausblicke auf die Kaianlagen und das Hafenviertel

2. Inform Lara.

a) Two groups will be smaller than expected, Sarah and Selina left the project.
b) As you can see in the attachment to the email, one group has already finished their videos about the most important sights.
c) Could we change the scheduled Skype date from Wednesday to Thursday? Some of the boys have to participate in a football tournament.
d) Could you please tell us about the accommodation? Will we stay with host families or in a youth hostel?
e) Our headmaster, Mr Bender, is very much looking forward to seeing you.

A – Listening Comprehension

1. Write the correct name next to the statement.

a) Mr Jones b) Ms White c) Mr Paulsen d) Ms White e) Mr Jones

2. Mark the correct ending.

a) … is the last public speaking place in use in London.
b) … they were social events.
c) … did not accept the ban on meetings.
d) … did not even reach Hyde Park.
e) … their speeches are lawful.

3. Complete the mind map.

a) Content of the magazine:
- ▶ (reports about) environment
- ▶ photos (from all over the world)

b) How often Paula buys it:
- ▶ 6 times a year / every second issue

c) How and where to get it:
- ▶ newsstand
- ▶ online

d) Tom's reasons for reading it:
- ▶ crazy about gaming
- ▶ to keep updated about latest computer games / to stay informed
- ▶ competitions / win equipment
- ▶ QR codes for testing (new) games

e) How Tom gets the money for it:
- ▶ part-time job
- ▶ money from parents

4. Fill in the table.

a) place where basketball was invented
- ▶ Canada

b) year basketball was invented in
- ▶ 1891

c) why basketball was invented
- ▶ keep students from getting bored during winter

d) disadvantage of Naismith's basket
- ▶ bottom was still there / ball couldn't fall through / ball got stuck / you had to get ball out with a long stick

e) rule that made the early version of basketball different from today's game
- ▶ no dribbling (was) allowed / each player had to throw from where he caught the ball

f) why basketball became more popular after 1924
- ▶ new sport at the Olympics (in Paris)

B – Text-based Tasks

1. Decide whether the following statements are true, false or not in the text.

a) false
b) not in the text
c) false
d) true

2. Match the headings with the parts of the text.

1) – f) 2) – c) 3) – a) 4) – g) 5) – d)

3. Finish the sentences.

3.1 – c) 3.2 – b) 3.3 – a) 3.4 – d)

4. Match the people with the statements.

1) – b) 2) – d) 3) – a) 4) – f)

5. Answer the questions.

a) They all
- ▶ play / played an important role in American history
- ▶ are / were talented
- ▶ have achieved a lot
- ▶ have / had a strong will
- ▶ fight / fought for equality
- ▶ fight / fought for their dreams

b)
- ▶ She developed computer coding that made launches of weather satellites possible.
- ▶ Her computer skills made launches of weather satellites possible (which are the basis of the weather forecast).

c)
- ▶ She encouraged women and/or students of ethnic minorities to start a career in science, technology, engineering, and mathematics.
- ▶ She fought for equal employment opportunities regardless of gender, age, and race.

C – Use of Language

1. Find words or expressions in the text which mean more or less the same.

a) by hand b) (to) reach the top c) aid

2. Find the opposites.

a) smaller b) majorities c) to fail

3. Explain one of the following words.

a) The word describes the state of being equal / of having the same rights and opportunities.
b) If someone is interested and motivated to learn about things, you call this person curious.
c) If you give support, hope or confidence to any other person, you encourage them.

4. Complete the text.

1. have played / have been playing
2. wanted
3. settlement
4. agricultural
5. which / that
6. transporting
7. began
8. knowledge

5. Paraphrasing

a) Rosa Parks is not as famous as Martin Luther King.
b) Annie Easley suggested that you should fight for your rights.
OR
Annie Easley suggested fighting for your rights.

6. Ask questions.

1) How long do astronauts have to train before going into space?
2) What made you want to go into space?
3) When did the first female astronaut go into space?
4) Have you ever been to the moon?

D – Writing

1. Write a comment.

a) Cars should be powered by solar energy only.

The development of environmentally friendly cars has led to different approaches. These approaches include hybrid, electric, hydrogen and solar-powered cars. The most successful approaches so far are the hybrid and electric cars. But what about solar-powered cars? Shouldn't they get the most attention? – After all, they get their energy directly from the sun. The solar-powered car would probably be the most sustainable because it does not use a non-renewable resource, such as gasoline. In addition, the electricity that is produced does not cause any greenhouse gas emissions as electricity does, that is generated by power plants. But of course, there could also be problems with energy availability if the sun doesn't shine or the efficiency of the photovoltaic panels. In my opinion, the advantages outweigh the disadvantages, which is why the development of solar-powered cars should be supported. (138 words)

b) Learning online is as good as learning at school.

Online teaching has certain advantages over traditional teaching, but it also brings new disadvantages that do not exist at school. One of the most important advantages of learning online is probably that you can work in your familiar environment and don't have to leave your comfort zone. So, students don't have to face outside distractions that are present in a school environment. Also, students can take more breaks when needed. One of the main disadvantages, however, might be the fact that some students need a lot of support which requires a person being physically present. In addition, a lack of social interaction could lead to loneliness. I think that the advantages and disadvantages of both concepts roughly balance each other out, so that one could say both concepts are equally good or equally bad.

(132 words)

c) Parents should pay their children for helping in the household.

When parents ask their children to help around the house, they usually argue that this will prepare them for their future lives because they will learn to take responsibility. One question is: should they be paid for helping in the household? On the one hand, when parents pay their children for housework, the children may learn the concept of work and probably also how to handle money. But on the other hand, if children are paid for housework, then it could happen that they will demand money for every task at home. I think that children should help in the household without being paid, as parents are not paid for this either. Children also learn how to handle money properly when they get pocket money. In a family, everyone should help voluntarily and without payment, otherwise it can't work.

(140 words)

2. Task A: Write a story.

Picture A:

Inline skating has saved me!

All my life I had been afraid to go outside the door. I was insecure, unathletic, had a thousand smaller and bigger fears of contact with other people, and because of that I had always crawled deeper into the darkest corner of my own house. My fears started probably because the few friends I had all wanted to play basketball, football and other difficult ball sports that I didn't know how to play. Not only did I not master them, I was so bad at them that they made fun of me. But then I discovered inline skating. I liked the movements and how fast you could get from one place to another. For me, it felt like flying. I flew from the darkest corners of my house to the most beautiful and brightest parks. And I saw myself in a completely different light. Equipped with new self-confidence, I looked for other crazy inline skaters with whom I could spend time. We entered marathons and races. The inline skating community has now become my family! (180 words)

Picture B:

My story of success – let the pets play!

As a programmer for touchscreen games, I have always been under pressure to develop something new, fun, entertaining and innovative. That's why I have learned to examine my surroundings carefully with attentive eyes to find out what kind of game people might need right now. During the pandemic, I read that many people had bought themselves a dog. I was also one of those people and one day I noticed that my dog reacted to the sounds and images on my tablet and tried to interact. So, I came up with the idea to create a game for me and my dog – "Dog Days!" This app is training your dog's behavior and at the same time it feels like playing a game. Using simple tasks that can be solved through touchscreen interaction, followed by a reward, every dog remains willing to learn and play. This app has been a huge success and I guess I've become a programmer for video-playing pets. (169 words)

Task B: Write a review.

The Hate U Give (THUG) is a young adult novel whose protagonist, sixteen-year-old Starr, witnesses her friend Khalil getting murdered by the hands of a police officer. She is shocked, but this tragic experience makes her realize that she needs to raise her voice to get Khalil's story heard. The book deals with important questions about race, discrimination, and police brutality in the USA. It is an important and realistic insight into what unfortunately is going wrong in contemporary societies. Everything about this book is great and I want to recommend it to everyone because reading it will be more than just enjoyable. What I like most about the book is how empowering it was. Throughout the novel, you see Starr growing up from a young person into someone who fights for justice and equality. Furthermore, through the main character, white readers can see the way things are from a different and very important perspective. As a white reader you realize that there is another reality for black children growing up in America.

(172 words)

Task C: Write an email of application.

Dear Mr Smith,

while surfing the Internet I came upon your advertisement offering a job on your farm in England. I finished school this year and would now like to get some working experience as well as improve my language skills. And since I'm thinking about becoming an English teacher, it would do me good to speak to as many native speakers as possible.
First, I would like to know if you are still looking for help and what kind of experience is required. I have a driver's license and I have worked on a horse farm for several years. So, I am already used to working on a farm.
Second, what sort of papers do I need to bring, for example health insurance, visa, parental permission etc.? Also, I would like to know more about the payment and length of the stay.
Do you need a letter of recommendation, too?
I hope to hear from you soon and am looking forward to your answer.

Kind regards,
X

(168 words)

E – Interpreting

1. Answer the questions in German.

a) stolz, trotz des harten Marktes / niedrige (Salat-)Preise (im Supermarkt) im Vereinigten Königreich erfolgreich zu sein

b) Erstens: schnelle Ernte und Lieferung (in weniger als einer Stunde)
Zweitens: günstiger Transport / niedrige Transportkosten

c) Erstens: Temperaturen immer über 15 Grad Celsius / Temperaturen nie unter 15 Grad Celsius
Zweitens: keine Heizung notwendig
Drittens: bis zu 60 Ernten im Jahr möglich / mehr Ernten möglich (60 anstatt 25 im Gewächshaus)

d) Preisgünstigere erneuerbare Energien

2. Inform the English students.

a) Do you know how to make / set up / design a homepage / website for our project?

b) We should / could find out and compare what English and German teenagers eat. / Let's do / make a survey / and compare eating habits of English and German teenagers.

c) Let's show how buying locally grown fruit and vegetables change your ecological footprint.

d) How / What about producing a digital cook(ery) book with recipes from both countries? We can put it / the result / cook(ery) book / recipes on our website / homepage.